U0597045

突 围

我国电视经济节目发展历程研究

董华峰 著

人民日报出版社

北京

图书在版编目（CIP）数据

突围：我国电视经济节目发展历程研究 / 董华峰著
. —北京：人民日报出版社，2020. 12
ISBN 978-7-5115-6772-7

Ⅰ. ①突… Ⅱ. ①董… Ⅲ. ①经济—电视节目—发展
—研究—中国 Ⅳ. ①G229. 29

中国版本图书馆 CIP 数据核字（2020）第 235146 号

书　　名：突围：我国电视经济节目发展历程研究
　　　　　TUWEI：WOGUO DIANSHI JINGJI JIEMU FAZHAN LICHENG YANJIU
作　　者：董华峰

出 版 人：刘华新
责任编辑：林　薇
封面设计：中联华文

出版发行：人民日报出版社
社　　址：北京金台西路 2 号
邮政编码：100733
发行热线：（010）65369509　65369512　65363531　65363528
邮购热线：（010）65369530　65363527
编辑热线：（010）65369526
网　　址：www. peopledailypress. com
经　　销：新华书店
印　　刷：三河市华东印刷有限公司
法律顾问：北京科宇律师事务所　010 – 83622312

开　　本：710mm × 1000mm　1/16
字　　数：368 千字
印　　张：20. 5
版次印次：2021 年 4 月第 1 版　　2021 年 4 月第 1 次印刷

书　　号：ISBN 978-7-5115-6772-7
定　　价：85. 00 元

目　录
CONTENTS

绪　论

一、研究缘起

"当景观①停止三天不谈论某事的时候,好像这事就已经不存在了。"②这是居伊·德波《景观社会评论》中最著名的一句话。它再形象、准确不过地揭示了大众传媒对社会的主宰作用:大众传媒不仅仅决定事物的价值,而且决定事物的存在。这意味着,任何行为的意义和价值不再由行为本身的价值来决定,而由是否被媒体关注、谈论所决定。当媒体不再谈论某事的时候,你谈论某事还有价值吗?这是一个不能不追问的问题。当新媒体崛起,电视媒体已经彻底沦为娱乐媒介;在全媒体运营、媒体融合发展、传统媒体转型这些关键词充斥业界、学界及各类媒体,成为各种峰会、论坛讨论的主题时,本书的研究对象却是即使在传统电视媒体上也位居边缘的电视经济节目,这种强烈的不合时宜感,有时会让我们对自己研究问题的价值产生疑惑,进而产生一种深重的虚无感。但事实上,电视经济节目的确是一个颇值得研究的电视节目类型。截至 2018 年底,我国大陆仍旧有 22 个呼号不一的经济类电视频道存在(见附录 1)。当然,我们研究它不单纯是因为电视经济频道仍大规模存在,而是迄今为止,它依然是一个必须面对的问题。

（一）深陷专业化和大众化之困

选择研究这个题目的动议始于 2008 年国际金融危机爆发之后。当时,新媒体中,微博才刚刚问世,还未能成为一种引人注目的力量,微信及其他移动客户端尚在摇篮中,电视仍在大众传媒中雄踞霸主地位。席卷世界的金融风暴的到来,似乎是在电视盛极而衰前,要给予它一次充分展示自己的机会。在这次波及全世界,几乎人人都有可能被卷入、陷入的巨大危机中,电视媒体利用其独一无二的权

---

① 在居伊·德波的《景观社会》中,"景观"主要指大众传媒。
② 居伊·德波:《景观社会》,王昭凤译,南京大学出版社,2007 年,第 116 页。

威性和聚合性、仪式性,以及不逊色于互联网的时效性,表现出了其他媒体难以企及的威力,一直位居边缘地位的电视经济节目,在这次危机中,呈现出跻身电视媒体中心之势。2008年9月央视经济频道连续推出101天的大型直播节目《直击华尔街风暴》,令央视经济频道的收视率比上一年同期增长了40%;一年后,央视二套节目由经济频道改为"财经"频道,泛经济频道模式革命性地改为专业财经模式。紧接着,2010年2月8日,上海第一财经频道与宁夏卫视的合作亮相荧屏,原本小众化的电视财经媒体开始利用跨区域传播方式,谋求更广阔的市场,显示出对财经节目潜力的充分自信;与此同时,浙江经视、湖北经济频道、BTV财经频道等各地经济频道也都出现了新的收视气象。因此,从学界到业界,几乎都将电视财经节目视为电视媒体的新贵、电视媒体新的生长点。

　　的确,伴随着经济的急速发展和投资者队伍的壮大,财经信息的需求人群由部分专业人士扩展为社会大众,经济问题由专业领域进入日常生活领域,就此而言,专业电视财经节目的确有着广阔的发展前景。然而事实却是,电视经济节目的特殊性决定了无论其受众规模如何发展,都无法与其他大众化题材比肩而行,而在开路免费频道模式下,电视财经频道又必须追求受众规模最大化,与其他类型的节目竞争收视率,这意味着如何在节目的专业化和大众化之间做好平衡这个一直困扰电视经济节目的问题,即便是在经济飞速发展、投资者规模急剧扩张的前提下依旧存在。如何找到解决问题的症结,这是我们选择研究这个问题的原因所在。

　　我们知道,电视经济节目在发展过程中,始终都在不断尝试以各种方式向大众化、娱乐性靠拢,以获得和娱乐节目比肩而立的效应,但同时又要保证能够具有足够的经济特色,以利于差异化竞争。电视经济节目的整个发展过程,很有些西西弗斯推巨石上山的意味,始终都在"大众化"和"专业化"这两个问题之间徘徊。最初,由于经济节目与生俱来的专业性,促使节目制作者不得不将"大众化"当作生存的基本策略;而当电视媒体迈入分众传播时代后,经济节目又不能无视"专业化"发展的大趋势,开始强调专业性;但过分专业、经济浓度过高,又会影响受众规模,因而又需要大众化来平衡。与之遥相呼应的是,有关电视经济节目的研究也几乎都集中在"大众化"和"专业性"如何平衡这个问题上。可以说,有关电视经济节目的研究,几乎等同于电视经济节目如何解决大众化和专业化关系的研究。我们以"电视经济节目"(或"电视财经节目")、"大众化"、"专业化"为关键词,在中国知网上对近10年的研究文献进行了检索,在各种针对电视经济节目的研究文献中,有关大众化和专业性的研究占据41%。当然,毋庸讳言,对于作为大众传媒的电视媒体而言,大众化和专业化的关系是任何时候、任何类型的节目都必须面对的,这是电视传播的一个终极问题,从这个意义上说,电视经济节目的实践和研究多聚焦于此也不无道理。但正如心理学家罗克奇在其《人类价值的本质》一书中所说,在人的生命历程中,存在着终极价值和工具价值两个层次的诉求。所谓"终极价值"指的是人们最终想要达到的目标,"工具价值"则指人们为实现既定目标而实施的阶段性目标或手段;终极价值是稳定性的,而工具价值因不同阶段面对的环境不同,因此始终是变化着的。电视经济节目作为人的行为,这种认识无疑也适用于它。从这个意义上说,如何平衡大众化和专业化的问题,对于大众媒介产品,其实属于终极问题。正因为是终极问题,一方面应该看到,这个问题是任何时候都存在,都需要探讨的;另一方面,由于不同历史阶段所处的历史情境不同,即便是同一问题,不同时期面临的主要矛盾也是有所区别的,如果忽略了特定的语境,笼统地谈论大众化或专业化,很容易在辩证思维中原地踏步,甚至陷入相对主义的泥潭。因此关于电视经济节目的大众化和专业化的研究,任何历史情境下都会有新问题和新发现。

目前,电视经济节目研究面临的是全媒体时代传统媒体整体转型带来的影响。在媒介环境和社会大环境急剧变化的现实境遇中,原本就一路坎坷、被收视率纠缠着的电视经济节目,遭遇的挑战更为严峻,社会的各个场域之间和电视场内不同场域之间的关系更加纠缠不清。一方面,随着资本主导市场大趋势的到来,全社会对经济问题的关注度会日益加深,对经济信息的需求也会不断增强,这对于立足经济信息传播的经济节目是一个机遇;另一方面,电视媒体自身在新媒体冲击下,面临更为严峻的生存危机。电视媒体尚且如此,原本就位居边缘地位、小众化的电视经济节目的处境将会怎样? 中国大陆22个呼号不一的电视经济频道将如何生存与发展? 这是一个不容忽视的问题。我国最权威的电视财经媒体——央视财经频道和一直致力于产业价值链建设的第一财经在媒体融合发展大势下,都已经做出了反应,它们的探索、尝试,为我们科学探讨电视经济节目的未来发展,提供了实践依据。

(二)作为最能体现我国电视媒体发展逻辑的节目类型

类型是意识形态的体现。在我国,电视经济节目是一种最具特殊意义的电视节目类型。其特殊性在于,一方面,它是诸多电视节目类型中专业性最强、相对小众的一种,但又要和一般的社会新闻以及文艺、娱乐节目等大众化的节目类型在同一平台竞争;另一方面,基于改革开放之后经济自身在我国社会政治生活中的特殊地位,电视经济节目的发展也必然有自己特殊的地位和发展逻辑。专业性和小众性意味着电视经济节目在赢得受众这一具有普遍性的问题上,会遇到更多挑战;尤其是经济在我国现阶段的地位,使电视经济节目的发展受到来自其他如文化、政治场域的干预相对较小,因此,其发展历程更具独立性和自觉性。正因如此,其自觉探索的曲折历程,更能具体、全面而深刻地折射出我国电视媒体发展中的较多常被人忽视的细节,更能真实地反映我国电视媒体从传播理念到传播方式的发展轨迹。

二、研究现状:微观研究的繁荣和宏观审视的薄弱

纵观近十多年有关电视经济节目的研究,学界同仁不乏洞察幽微者,真知灼见比比皆是。这些研究主要集中在这样几个方面:

一是各个时期的典型经济栏目,着力于其成功经验的总结和未来发展展望。主要集中在央视财经频道和第一财经电视频道的一些具有一定影响力的栏目上,如央视财经频道历史悠久、影响力广泛的《经济半小时》《对话》《央视财经评论》,以及近年推出的《创业英雄汇》等;第一财经频道的《头脑风暴》、已经停播的《波士堂》以及《梦想下一站》等,着重研究这些典型栏目之于财经节目在拓展电视财经节目内容,丰富财经节目的表现形式上所做的探索、贡献。其中雷蔚真的《经济半小时》个案研究《名牌栏目的策略与衍变——〈经济半小时〉透析报告》①,对《经济半小时》这一历史悠久的深度报道栏目所做的研究颇具启发性。该著作以《经济半小时》为样本,从栏目定位、栏目品牌创建、栏目包装、节目形态设置、栏目组织管理等方面,对这个有着最长历史跨度和巨大影响力的经济栏目进行了非常透彻的分析。虽然,旨在揭示一个成功的品牌电视栏目内容特点、运作的规律和发展管理策略,而未着重强调其作为经济栏目所具有的特殊性,但由此从一个侧面折射出了经济节目和历史及媒介环境之间有着怎样的互动关系。蔡海龙的《电视财经栏目研究》(2018)则集中研究了央视财经频道的《经济半小时》《生财有道》《对话》,第一财经的《今日股市》《波士堂》《头脑风暴》,北京财经频道的《首都经济报道》《财富故事》《理财》等14个栏目,将这些财经节目分为资讯类、专题类、评论类、深度报道类、谈话类5种类型,分别对其内容特点和表达方式进行了总结、概括,研究涉及各类财经栏目,比较全面地描述了我国各种电视财经栏目的

---

① 雷蔚真:《名牌栏目的策略与衍变——〈经济半小时〉透析报告》,中国人民大学出版社,2005 年。

基本面貌、特征。但其研究主要着眼于栏目自身特点的呈现,未对每种类型的特点以及整个电视财经节目的共同规律做整体观照。

二是从电视经济(财经)节目的特殊性出发,就其在某一阶段、某种情境下如何获得市场认可、走向大众化,展开研究。这类研究占比最大。如以 CCTV2 特别节目《直击华尔街风暴》为例,有对金融危机中的电视经济节目报道策略进行探讨(沈慧萍,2009);有对新经济背景下电视经济节目发展走向进行思考(袁文丽、王渊,2006);还有的则对电视财经报道如何应对新媒体进行分析(金谷,2017;刘俊,2014);还有的则针对地方财经节目如何破除危机(郭丽娟,2016),电视财经新闻节目如何处理好专业化和大众化的关系(徐静君、徐涛,2017),电视财经节目如何提高可视性(李红,2016)等一些基本的、常态的问题进行探析。这些研究看似问题不一,但研究的几乎都是不同背景下电视经济(财经)节目如何走向大众化的问题;而且几乎都强调内容的专业性和表现形式的通俗性、趣味性相结合,并倡导充分利用新媒体平台,开启新的传播渠道。在这类研究成果中,特别需要提出的是,央视经济频道时期的频道负责人汪文斌依据频道所做的一系列探索实践和进行的思考。他在《大众化与新形态——关于电视经济节目变革的对话》(上下)(2002)中,对我国电视经济节目的生存环境、存在问题及发展走向进行了清醒透彻的剖析,其中提出的经济节目不仅要在内容上拓展,而且要突破形式上的藩篱,实现节目形态多样化的经济节目制作观念,至今对于我们理解经济节目的内涵以及我国电视经济节目的生存处境和发展方向,有着非常有益的启示。

三是有关电视经济节目的系统、宏观、历时性研究。主要见诸相关历史著作中。刘习良的《中国电视史》和沈毅编著的《中国经济新闻史》,赵化勇主编的《中央电视台发展史》分别从电视节目类别发展史和不同媒介的经济新闻发展史角度,勾勒了中国经济类电视节目的发展历程,但基于其研究视角的规定性,这些研究都只将电视经济节目作为新闻类节目中的一个子类别来看待,研究目的主要是为反映电视新闻报道面不断扩大的趋势,而非着重研究经济类节目自身的发展变化规律。

而专门针对电视经济节目展开研究,并从整体、宏观层面对我国电视经济节目发展历程进行比较具体呈现的,是孙凤毅的《电视经济新闻》一书,其中对我国电视经济节目的兴起、发展及特点,做了比较细致、具体的梳理和概括;同时,又在《与中国经济一同成长——中国电视经济节目30年》中,依据央视经济频道的发展历程,以典型栏目的开办为标志,将我国电视经济频道1978—2008年的发展历程划分为起步、发展、完善、由综合频道逐步走向专业频道四个阶段,并依托每个阶段的频道定位、节目制作理念和主要栏目的特点,概括了四个发展阶段的特征。其研究对象主要是央视经济频道,而央视经济频道是我国经济频道和经济节目发展的先导,其发展历程的确可以视为我国经济节目发展的缩影。但是,文章以点带面,虽然能够比较清晰地让我们了解了我国电视经济节目的发展趋势,明确每个发展阶段的经济频道和节目的主要特点,却未能充分体现我国经济节目发展的复杂性。

我国电视经济节目研究最突出的特点和难点,恰恰在于它的复杂性。这种复杂性不仅体现在中央台和地方台的差异,还体现为经济类节目内部不同节目形态之间的差异;同时还存在电视经济节目和其他类型节目纠缠不清的关系。所以,没有纵向的历史审视,即便每一个个案研究成果都具有非常强的针对性,整体上也会出现研究问题重复、原地徘徊的现象;与此同时,如果忽视了横向比较,也会使对我国经济节目发展变化的把握陷入简单化。有鉴于此,我们认为有必要通过对电视经济节目的纵向梳理,从其发展流变中,揭示电视经济节目的特殊性以及生存与发展的基本规律。

总的来看,有关电视经济节目或电视财经节目的研究多集中在微观层面,专就某一栏目、某一现象的研究硕果累累,而针对电视经济节目的宏观、系统的审视则相对欠缺,尤其是对于电视经济节目的类型特征、共同规律缺乏观照。我们认为,要接近事物的真相,揭示其本质,典型个案及即时的现象研究固然必不可少,但是历时性、系统性的考察更能逼近问题的本质。

三、研究对象:关于电视经济节目的边界

纵览已有研究文献,“电视经济节目”“经济类电视节目”等,已经是一个被广泛使用的概念。但怎样界定“电视经济节目”的内涵和外延,哪些节目可以归类于经济类电视节目,迄今为止,鲜有人专门就此做出具体诠释,即便是刘习良的《中国电视史》,虽然将经济节目专门提出,并对其在不同历史阶段的发展状况做了特别聚焦、分析,而且事实上已经将其作为一种特殊的电视节目类型看待,但也未对经济节目的内涵和外延做明确界定。不言而喻,这是因为其题材本身具备很高的辨识度,很容易和其他节目区别开来,所以,可以不言自明,独立成类。但这种不做界定的现象其实暗含着一种不言而喻的界定:所谓经济节目就是指所有报道、反映经济生活的电视节目。经济活动包括了生产、流通、消费、资本运行四个环节,自然,有关这四个方面的内容,都可以归类于经济类节目中。如此说来,我们的研究对象——电视经济节目或者经济类电视节目是非常明确的。

但问题并非如此简单。在电视经济节目诞生初期,它不仅数量少,节目形式

也比较单一,主要包括经济新闻和市场信息两类节目,所以无须考虑什么是经济节目、哪些节目形态可以归为经济节目。但在进入 20 世纪 90 年代中期以后,伴随频道资源的骤增,频道意识觉醒,各类电视频道开始真正进入频道化运行机制,经济频道为了体现经济特色,不得不增加经济节目的比重。数量的急剧增加,必然促使经济节目在"大经济"观支配下,在形式上开疆拓土,通过节目的丰富多样,获得高收视率。于是经济频道中出现了形态各异、题材模棱两可的节目。如 1996 年央视经济频道首次改版时推出的《欢乐家庭》栏目,表现形式是当时颇为流行的室内剧,内容反映的却是百姓的消费生活;2004 年推出的《超市大赢家》,内容聚焦消费,形式却是游戏竞技型真人秀。诸如此类的节目在各类经济(财经)频道中屡见不鲜,第一财经的《中国职场好榜样》放在综合频道,完全可以算是娱乐节目。这些似是而非的节目的出现,让电视经济节目不再等同于经济新闻、市场信息报道,变得边界模糊,形式多样,若脱离了经济频道完全可以将其放置在经济节目之外,因此,频道性质也是界定一档似是而非的节目形态是不是经济节目的不可或缺的因素。不过,这也并不意味着经济频道中的所有节目都是经济节目。在经济综合频道或大众化的财经频道中,为了提升收视率,其中的节目实际由两大类构成,一类是和经济生活相关,用于体现频道属性的反映经济活动的节目;一类则是用于扩大受众面的娱乐性及服务类节目,比如:央视经济频道时期的《开心辞典》《非常 6 + 1》,以及后来的《下班吃饭》《是真的吗》;浙江经视的养生节目《养生星期一》等,这类节目显然不能归入电视经济节目之列。

总之,这里要研究的电视经济类节目,是指内容与"经济"活动(包括生产、消费、流通、资本运行)相关的各种形式的电视节目;基于电视节目和频道不可分割的关系,这里的研究对象主要指向电视经济(财经)频道中的所有内容上和经济生活相关的节目形态。

四、特别解释:何以是"经济节目",而不是"财经节目"

"经济节目"和"财经节目"之别是一个绕不过去的问题。央视财经频道一位主创人员在接受课题组的访问时说:"我们现在已经不提'经济节目'这个概念了,我们现在不做泛经济节目,要走专业化之路,做的是财经节目。"这种表述暗含两层意思,一是它们的内涵宽窄有别;二是它们代表着两段不同的历史,是两个具有历时性关系的概念,即从"经济节目"到"财经节目",意味着电视频道的定位从综合到专业的变化。

所谓宽窄不同,我们知道,按照马克思主义经济学的解释,经济活动是指人类一切和生产、流通、分配、消费相关的活动,它和政治、文化活动一起,构成人类社会生活的组成部分;而"财经"则主要指经济活动中的投资行为。因此,经济节目的内容涵盖面包含了和上述四个环节相关的所有活动,而财经节目则指的是以投资者为核心受众、以投入产出为主线,通常是和证券市场、各类金融投资市场相关的节目。

但是,媒体对经济活动的反映,一方面取决于所在历史阶段经济活动的特点,不同历史时期,经济活动具有不同的内容和重心,因此,经济节目呈现的内容也有不同;另一方面,节目聚焦什么内容,更重要的取决于媒体的利益诉求和传播理念、市场定位。因此,是"经济"节目还是"财经"节目,不仅是内容宽窄的问题,还体现着历时性关系和媒体定位、属性。电视经济节目意味着其内容指向生产、消费等所有经济领域,有什么就反映什么,无选择,呈现泛化特征,这个概念的盛行,意味着内容和受众媒体细分观念的缺失;而财经节目则是内容充分聚焦证券金融等投资行为,立足分众传播的产物。

所谓"经济节目"和"财经节目"的历时性关系,是指我国电视媒体最早出现而且很长一段时期内,都只有"经济"节目这样一个和政治、文化相对的综合性概念。80年代独立的电视经济节目出现之前,只有"电视经济新闻"或"电视经济报道"这样的概念;1981年经济题材成为一种独立的电视节目的支撑性内容后,电视经济节目成了通行的概念。"财经"新闻、"财经"报道的概念则是90年代中期我国证券市场形成之后盛行起来的。有研究者甚至将"经济"媒体和"财经"媒体视为中国传统型和现代型经济类媒体的分界线[①]。改革开放以前及其最初的十年间,我国经济活动中最活跃的部分主要是生产领域,因此,当时的经济报道主要是针对生产领域的各类行业,出发点主要是经济宣传、服务行业,一些经济媒体实际上也是行业媒体;之后,随着市场经济的繁荣,消费在整个经济活动中地位攀升,追逐经济效益的经济媒体开始将目光转向消费领域,服务于广大消费者。这时期的经济报道实际上处于一种以服务消费者为主,囊括经济活动各个领域的综合性状态。90年代中期之后,伴随着证券市场的发展壮大,证券、金融、资本市场等问题走进人们的视野,且伴随着社会经济结构转型,资本市场的主导地位逐渐确立,证券、金融等投资领域成为我国社会经济生活中最活跃的部分,因此,着力聚焦投资活动的财经媒体应运而生。这类媒体不仅表现的内容、关注的问题区别于以往的经济媒体,而且目标受众也更为清晰,"经济"和"财经"因此成了传统和现代的代名词。

由此也可以看出,"经济节目"和"财经节目"两个概念,内容上是宽和窄的区

---

① 贺宛男:《财经报道概论》,复旦大学出版社,2009年第2版,第9页。

别,性质上是综合和专业的体现,目标受众上则是作为消费者的普通"大众"和作为投资者的"小众"之别。由于本研究建立在历时性研究基础上,因此使用外延相对宽广的电视"经济"节目这个概念,不仅可以涵括今天的财经节目,更能体现其历史感。

伴随着我国社会经济结构的变化、资本市场影响力的加剧,以及投资问题的愈加社会化,在传媒领域,"财经"概念开始逐渐代替"经济"概念;尤其是自2008年国际金融危机之后,央视用财经频道代替经济频道,这一转变,不仅仅体现的是概念的变化,更重要的是反映了电视经济频道关注点的变化。虽然无法考察电视媒体从使用"经济节目"转为"财经节目"的明确时间节点,但央视财经频道的推出,至少可以视为一个基本参照。所以,在本书中,随时而动,自2009年之后,我们更多会用财经节目取代经济节目,在此特别说明。

五、研究思路:历史视野·频道背景·场域意识

(一)历史观照贯穿始终

媒介社会是一个没有历史,只有当下的社会①。居伊·德波这一论断是针对占统治地位的大众传媒只重当下(即时性)、大信息量、不求深度而提出来的。毫无疑问,电视媒体的崛起是媒介社会到来的始作俑者,它一次性即过,来有行,去无影,无法回看,虽然网络媒体的出现,使电视节目拥有了可供复读的条件,但也只能不完全地看到近两三年内的节目,稍早一些的节目,基本无迹可寻。这一特点也决定了电视媒体必然是一种只有当下没有过去的媒体。因此,在电视研究领域,现状、策略、热点等进行时性的问题,永远是学界追逐的对象,电视节目发展的历史却鲜有人问津。

但恰恰"历史就是真正新奇事物的尺度"②,意为没有对历史的观照,就无法发现新事物"新"之所在,无法揭示事物的本质。因此,历史轨迹探寻是现状研究绕不过去的问题。当然,今天的现实就是明天的历史,但如果仅仅只是立足当下就事论事,忽视背后的历史逻辑,是难以真正发现问题的关键所在的,而且对当下的认识和解读也一定不完全、欠透彻。

纵观我国电视经济节目的发展历程发现,其实很多时候无论业界还是学界,都在同一个问题上徘徊,比如电视经济节目的大众化、平民化问题,这其实是一个永恒话题,但是人们常常囿于特定的历史情境,只做孤立的阶段性解释,忽略了同

---

① 居伊·德波:《景观社会》,王昭凤译,南京大学出版社,2007年,第132页。

② 居伊·德波:《景观社会》,王昭凤译,南京大学出版社,2007年,第113页。

一历史问题在历史发展过程中的承继关系,因而,不仅导致认识上的止步不前、让简单问题复杂化,而且很多时候会导致只顾表象,忽视本质的现象出现。因此,本书对电视经济节目的研究从历史的回溯和梳理开始,通过揭示经济类节目发展的历史逻辑,以历史观照现实,以使一个眼花缭乱庞杂的世界呈现出有序状态,由此去接近电视经济节目的本质。所以,电视经济节目发展历程研究将是这里研究经济类节目的一个重要起点和组成部分。

任何一种节目类型既是媒介产品,又都具有意识形态意味①。经济报道的历史由来已久,但是,我国电视经济节目的出现却并非源自媒介市场自身的需求,而是基于政治宣传的需要,可以说,电视经济节目在所有电视节目中,是最具特殊意义的一种节目类型。1978 年之后,我国政治生活的重心由阶级斗争转入经济建设,经济节目是作为党和政府喉舌的电视媒体为服务于经济宣传而登上历史舞台的,这就决定了电视经济节目一开始就带着浓重的政治意识形态烙印,而不是单纯的市场行为,其发展遵循的也非简单的市场逻辑。这意味着电视经济节目是一个颇具复杂性的电视文本,而其复杂性只有通过历史的钩沉才会真正呈现出来。因此,在本研究中,历史视角将贯穿始终。

(二)于频道发展的大背景下审视经济节目

任何电视节目都是频道中的节目,频道化发展模式下,不存在孤立的电视节目,除非是媒体策划播出的"媒介事件"或者特别节目,其他所有节目都必须按照频道的定位、节奏来确立自己的定位和风格,因此,这里对电视经济节目的研究始终放置在经济(财经)频道发展这个大背景下,将其作为"频道中的"节目,以频道的发展定位为参照进行考察、研究。

我国电视经济频道的发展经历了比较曲折的历程。不同的历史阶段,其所面临的政治经济以及媒介环境不同,频道的目标诉求、定位也就不同。而频道目标诉求不同,自然就会影响到其中的节目布局和内容风格取向,因此,对电视经济节目的研究,离不开对经济频道的考察。从某种程度上说,对经济节目的判断应该是以频道发展状况为依据的。所以,在本研究中,节目研究和频道研究始终是两位一体的,频道研究和节目研究占据同等重要的地位。

(三)依据场域观念确立研究范围及主体

场域观念就是从关系的角度思考问题,即不能仅仅将历史和现实视为一个笼统的整体、一种单线条的发展状态。布尔迪厄认为,整个社会是由各种大大小小

---

① 大卫·麦克奎恩:《理解电视》,华夏出版社,2003 年,第 23 页。

的场域构成的①。所谓场域，"从分析的角度来看，一个场域可以被定义为在各种位置之间存在的客观关系的一个网络，或一个构架。正是在这些位置的存在和它们强加于占据特定位置的行动者或机构之上的决定性因素之中，这些位置得到了客观的界定"。② "在高度分化的社会里，社会世界是由大量具有相对自主性的社会小世界构成的，这些社会小世界就是具有自身逻辑和必然性的客观关系的空间，而这些小世界自身特有的逻辑和必然性也不可化约成支配其他场域运作的那些逻辑和必然性。例如，艺术场域、宗教场域或经济场域都遵循着他们各自特有的逻辑。"③毫无疑问，电视节目生产属于一个独立的场域，其中，由于经济节目生产具有自身独特的运行逻辑和规律，是一个"小世界"，因而构成一个独立场域，即电视经济节目生产场域。与此同时，布尔迪厄又提出，任何一个场域的状况是和其所处位置密切相关的，不同的位置可以构成一个场域，而位置的场域又会成为立场的场域，前者指向物理的，后者指向性质上的："在方法论上，各种位置的场域与各种立场的场域，或者说基于客观位置的主观态度的场域密不可分……不论客观位置的空间还是主观立场的空间，都应该放在一起分析。"④而且"位置的空间仍然倾向于对立场的空间起到支配作用"⑤。依此原理看，我国电视经济节目显然也不是一种笼统的存在，在偌大一个经济节目生产场内，因有众多频道存在，而这些频道又占据不同的位置，这就决定了其中又可分为诸多不同的场域。如何理解这些不同的场域？由于央视距离政治中心更近，属于国家媒体；地方台距离政治中心相对较远，而且受制于地方经济发展，因此，在电视经济节目场域内，又可分为央视经济节目场和地方台经济节目生产场两个子场域，或者也可将二者视为电视经济节目生产场域中的两大不同的行动者。

央视和地方两个子场域的关系，毫无疑问不是孤立的，央视经济频道因其地位和资源优势，必然会对实力、地位相对较弱的地方经济台起到影响、引领作用，因此，央视经济频道是我们不能规避的研究对象。与此同时，因每一个场域都有自主性，不可化约为权力场的特性，所以，也不能忽略作为独立场域的地方经济频道的特殊性。然而，强势场域对弱势的影响又不是均衡的，在强势场域或者行动者所掌握的资本、权力强大时，便会将自己的规则强加于弱势场；而当弱势场内部的自主程度高涨时，强势场的影响便会减弱。如此看来，央视经济频道和地方经

---

① ⑤ 皮埃尔·布尔迪厄、华康德：《实践与反思：反思社会学导引》，李猛、李康/译，中央编译出版社1998年，第143页。

② ③ ④ 皮埃尔·布尔迪厄、华康德：《实践与反思：反思社会学导引》，李猛、李康/译，中央编译出版社1998年，第134页。

济频道,并不是我国经济节目发展的两条截然分明的平行线,在不同的历史阶段,二者的强弱对比是不同的。在二者的自主性都比较强的时期,央视经济频道和地方经济频道相对独立,都需要观照审视;当央视经济频道强势引领时,则主要研究前者。因此,我国电视经济节目的发展,其实是一条时而由央视经济频道统领,时而是两场并行发展的状态。这种状态决定了本研究选择的研究主体、范围在各个阶段会有所不同,当央视经济节目生产场处于强势引领状态时,研究对象主要是央视,当其和地方经济节目生产场并行发展时,将对二者同时观照。

(四)关于经济节目的历史

关于我国经济节目的发展历程,专门的研究并不多,孙凤毅在其《电视经济新闻》(2007)一书中,对此问题做了梳理。他将我国1978—2007年间的电视经济节目分为四个阶段,分别是:起步阶段(1978—1989年)、发展阶段(1992—1996年)、完善阶段(1996—2000年)和由综合频道走向专业频道阶段(2000—2007年)。其分期的依据是,以央视代全国,将央视经济频道的节目发展作为主要参照。比如,起步阶段定为1978—1989年的依据是央视二套《经济半小时》于1989年诞生;确定发展阶段的依据是《经济半小时》的开播;第三个阶段即完善阶段确定为1996年,依据是当年6月央视首次改版一次性推出了《生活》《中国财经报道》等9个经济栏目;而第四个阶段划分的依据则为2000年央视确立了“大经济”观,推出了包括《开心辞典》《对话》等在内的新经济节目形态。这种分期方式有其合理性。首先,以新的典型节目为参照,较充分地体现了以节目为主体的理念;其次,由于我国电视经济频道繁多,各频道推出的经济节目更是丰富多样,因此需要用同一个参照、尺度来统领这种庞杂的局面,而历史上,央视一直是作为行业标杆存在的,央视经济频道也不例外,其节目发展始终体现着经济节目的最新发展趋势,因此,以央视为尺度统领全国电视行业不无道理。

但这种理解显然也存在一定的问题,因为地方台电视经济节目在其中是缺失的。如前所说,由于众多电视经济频道在整个媒介场的位置不同,虽然央视场有着巨大的影响力,但是,地方台发展有着自己的运行逻辑,因此,步调并非完全和央视一致。所以,无论是考察历史还是现状,都不能忽视地方台经济节目的存在。然而,通过对地方台经济节目的考察发现,正因为它们有自己的节目生产逻辑,因而在进入一定发展阶段之后,会进入一种相对稳定的状态,并不像央视经济频道,一直将“变”作为常态。从这个意义上说,变化中的央视财经频道的确更能体现我国经济节目的最新发展状态。

基于上述理解,借鉴既有的研究成果,本研究也以不断变化中的央视经济节目的发展脉络为参照,同时兼顾地方经济台在当时的生存状态,采取双线并举的方式展开叙事,主线是央视经济频道的节目。依此原则,结合将经济节目放置在频道发展背景下考察的研究思路,这里将我国经济节目的发展分为三个阶段:自发探索时期、经济综合频道时期、"财经"频道时期。

自发探索时期的经济节目以1981年第一个独立的经济节目《市场掠影》诞生为起点,直到1996年央视二套明确定位为以经济节目为特色频道之前。这段历史虽然长,但是,由于频道意识尚未觉醒,因此经济节目从内容到形式都显得比较单一,处于高度模式化状态。1996年央视二套第一次改版,开启频道化建设,经济节目规模扩大,因此,带来了经济节目内容形式的变革,这种变化始终围绕着专业化和大众化的平衡问题展开,其纠结、探索直到2009年央视经济频道改为财经频道,对经济节目的理解有了更明确的认识,经济节目的概念也让位给"财经节目"之后,才有了改变。因此,2009年央视财经频道的推出,可以视为我国电视经济节目发展的一个分水岭,是质的转折点。

2009年之后,我国电视经济节目在新媒体的冲击下,虽然也在不断调整,但是主要精力都放在全媒体建设上,面对的问题、矛盾都是一致的,经济节目实际上都在"财经"频道框架下发展,因此,2009年以来的电视经济节目可以视为一个阶段。

第一章

最初的探索:受众意识"在场"与媒介意识缺席

在各类电视节目中,除了一般新闻节目,没有哪种节目像经济节目这样和社会现实联系得如此密切,而且此社会现实又是社会活动中最活跃的因素——市场经济,这就决定了电视经济节目既有其他电视节目类型的一般特点,同时又有自己特殊的发展逻辑。

我国电视经济节目是我国政治环境变革的直接产物。众所周知,1978年之后,我国经历了从"政治中国"到"经济中国"的变革,"经济"的意义不再是单纯的经济问题,它其实是作为政治问题出现的,因为"以经济建设为中心"已是当时的基本国策。在这当中,由于电视是当时的新兴媒体,因而,被作为推动国家政治经济发展的工具参与其中。在经济问题被提升到政治高度的背景下,电视媒体自然是不能缺席的。所以,电视经济节目的出现是一种必然,这也决定了它一开始遵循的必然是宣传的逻辑。不言而喻,宣传逻辑即传者的逻辑。然而,当时的节目实践却出现了与此逻辑相悖的现象:自1981年我国第一个经济栏目《市场掠影》诞生,到1996年我国第一个经济频道诞生,这段时期的经济节目表现出了比较清晰的对象感,客观上呈现出一定的受众意识,而实质上,这一时期电视的大众传媒身份在我国并未真正确立,它还是政治宣传的喉舌、工具,"1982年新的广播电视部在国务院机构下设立,电视上升为最重要的政治传播工具"①。这种客观上具有受众意识,但实际上又将电视媒体当宣传工具看待的悖论性状态,是我国电视工作者在经济宣传背景下做出的自发探索,正因为是自发探索,这一时期的节目制作思路显得异常曲折。本章所诠释的正是这一历史时期我国电视经济节目的特点和变化趋势。

一、以窄化内容的方式亮相

在我国电视节目发展史上,相对于电视文艺和一般电视新闻节目,经济节目

---

① 赵月枝:《传播与社会:政治经济与文化分析》,中国传媒大学出版社,2011年,第183页。

作为独立的节目形式,是出现得最晚的一种。学界一般将我国第一档经济节目视为 1981 年 10 月 3 日上海台在电视新闻栏目中开辟的经济专栏《市场掠影》。这档节目其实只是一个子栏目,严格来说,尚不能算是真正独立的经济节目。第一档真正独立的电视经济节目应该是 1982 年 4 月 16 日广州电视台推出的以报道百姓衣食住行方面信息为主的《市场漫步》栏目。但《市场掠影》栏目有开经济节目之先河的作用,自此之后,各地方电视台相继推出了以"市场""信息"命名的经济栏目,央视也于 1985 年推出了首档经济节目《经济之窗》。我国电视经济节目由此在 20 世纪 80 年代中期初具规模。

虽然我国电视经济节目起步较晚,但是它一开始就有一个非常令人意外的高起点:这批经济栏目定位明确,内容都窄化在供销信息领域。下面是 1999 年 11 月出版的《上海广播电视志·第四编电视节目》对《市场掠影》的描述:

这是国内电视台中最早开办的市场新闻性栏目。1981 年 10 月 3 日在新闻节目中辟出,每次两三分钟,周六播出,传递五六条吃穿用的商品信息。它把经济报道的领域从过去单纯报道生产,拓展到消费,这在全国电视系统是个突破。该栏目的宗旨是:传播信息、沟通产销、引导消费、促进生产。播出后即受到欢迎,如:"南京路上新开一家特色商店""夏令期间冷饮食品的生产和供应""市场上平板玻璃供应紧张的原因""何处有定做皮鞋?""多用家具谁家供应?""一种新型洗衣机即将投放市场"等,对一些商品的产销供应趋势,也及时做出分析和解答。这些都引起观众的兴趣和反响,江浙沪观众纷纷来信,称它为"沟通产销的桥梁,指导消费的参谋"。1982 年,新闻部财贸小组也由此被评为上海市和全国优秀新闻工作者集体。①

从中可以看出,这档节目的内容非常集中,均聚焦于消费领域,主要是市场供求信息。这个小栏目一经推出就在观众中获得了良好的反应,在《市场掠影》栏目的带动下,各地方电视台陆续出现了与此相似的经济栏目。"1982 年 4 月 16 日,广州电视台推出以报道群众衣食住行方面信息为主的《市场漫步》栏目;1984 年 10 月,内蒙古电视台在新闻节目中开辟了《市场信息》栏目。据统计,到 1985 年底设立经济栏目的省、直辖市、自治区的情况为:北京台的《经济信息》和《市场信息》专栏节目;江苏台定期的《经济信息》和不定期的《江苏轻工优质产品介绍》;浙江台的《企业家》栏目;福建台的《市场信息》;辽宁台的《致富之路》等。"②单从

---

① 《上海广播电视志·第四编电视节目》,1999 年 11 月,http://www. shtong. gov. cn/Newsite/ node2/node2245/node4510/node11098/node11730/node63820/userobject1ai12661. html。

② 沈毅:《中国经济新闻史》,北京大学出版社,2008 年,第 316 页。

这些栏目名就可以看出，我国第一批独立经济栏目都走的是《市场掠影》的路子，即内容均着眼于市场供求信息。

虽然电视经济节目一诞生就呈现出了内容窄化现象，但它并不意味着当时的电视人已经拥有了受众意识。这种现象的出现，是由 80 年代初期我国各类宣传媒介基于提升宣传效果的需要而发生的一场范围甚广的经济报道改革引发的。

众所周知，在"以经济建设为中心"，经济成为国家政治生活的重心的背景下，作为党和国家的喉舌、工具，以及当时正在崛起中的"新媒体"，电视媒体"理所当然地把自己的工作重点，迅速转到搞好经济宣传方面来"①。既为宣传，就要追求相应宣传效果；然而，在此之前，电视经济节目的宣传效果并不尽如人意。有文献显示，1980 年经济报道已在各类媒体上占据了 50%—60% 的比重②；1983 年的研究文献显示，央视《新闻联播》中经济新闻的比重当时也已经占到 50%—60%。但是，一个非常普遍的现象是，经济报道在观众中的反应和经济报道数量的增加并没有成正比，预期的宣传效果并未达到，经济报道少人问津成为非常普遍的现象。1981 年，上海电视台曾就电视经济新闻的收视情况做过一次小范围的受众调查，调查显示，"对于电视新闻，喜欢看社会新闻的占 96%，喜欢看经济新闻的只占27%"③。因此，改革经济报道，成为学界和业界共同关心、关注的问题。翻阅 80年代初有关新闻传播的研究文献，有关改进经济新闻报道的研究文章占据相当大的比重。研究者针对经济报道存在的问题，从内容和形式两个方面提出了改进思路。

内容上，一方面提出扩大报道面，从单一性地重视报道工农业生产领域，扩大到消费生活这一和百姓生活密切相关的经济领域。"我们的经济报道受片面性思想支配，重点是工业生产，在工业生产中，重点是重工业，就是说，画面里有炼钢炉和大机器……"但"社会经济活动的全过程，是一根很长很复杂的链条。例如资金、银行、信贷投资、基本建设、原料、生产、销售、税收、利润、工资福利、商品流通、进出口、资金周转、消费、竞争……如果经济报道只着眼于生产，在这么长的一根链条中，只取一环，这个片面性是很大的"④。因此，扩大报道面成为学界和业界改革经济报道的一个共识。另一方面，针对以往经济报道中的"见物不见人"现象，即只关注工农业生产中的数据、产品，忽略经济活动中"人"的存在，提出将人的行动及精神面貌作为报道的重心，以拉近经济报道与观众的关系。"经济新闻

---

① 高光：《经济宣传随想》，《北京广播学院学报》1980 年第 1 期。
② 裴玉章：《面向群众，改进电视经济新闻报道》，《北京广播学院学报》1980 年第 3 期。
③④ 周济：《电视经济新闻报道应该面向社会》，《北京广播学院学报》1984 年第 3 期。

的改革,从某种意义上讲就是事实选择上的改革,从工作角度选择事实,转为从群众角度选择事实,从侧重选择物到重点选择人。"①所谓关注人,既指关注人的需要,也指关注经济活动中人的存在。

表现形式上,强调充分利用电视的形象性特点,改变一直以来的"画面＋解说"式的声画分立的报道方式,倡导画面和报道内容的有机统一,完整全面地表现事件的过程,即做到从典型画面拼贴,到完整记录呈现的转变。但这种形式上的改革理念并未真正得以落实。这次改革对我国经济节目之后的影响主要体现在内容上。

上海电视台《市场掠影》的负责人论及创办思路时说:"长期以来,观众反映经济新闻没啥看头,认为题材雷同、内容单调,无非是某某公司提高了经济效益,哪家工厂进行了技术改造,等等,镜头陈旧、形式呆板,不外乎机器加产品,厂房和工地,画面配解说词……那么,经济新闻是否就一定不受欢迎呢? 其实并非如此。社会经济活动的领域是很广阔、很复杂的,表现形式也是丰富多彩的。从大的环节来说,它除了生产以外,还包括流通和消费,而后者,是电视经济报道所忽视的方面,正是广大群众所关心的。由此出发,我们办起了《市场掠影》节目。"②显然,我国电视经济节目的诞生是对当时经济报道改革思路的全面回应和具体实践,是在改进经济报道的思潮中,为打破以往经济报道内容单一、形式模式化、八股化而产生的。这种特殊背景,决定了经济栏目一诞生就必然会有非常明确的针对性,就是要改变以往一味聚焦工农业生产,忽略最能体现人们共同兴趣的消费领域的状态,而改变这种局面的最直接手段就是弥补缺失,这是经济栏目最初聚焦供求信息的逻辑起点。

我国计划经济在向市场经济转型的初期,整个经济活动链条上,供求、消费是当时最活跃的经济因素,也与普通百姓距离最近,因此成为最能体现百姓共同兴趣的部分,虽然电视观众年龄不同,文化悬殊,职业繁多,爱好和兴趣也各异,但他们都生活在同一个社会里,他们的利益和命运是与社会的变化和发展牢不可分的,因此一定拥有共同的关注点和兴趣,而这共同的兴趣便是经济节目受众最大化的依据。"目前,电视机越来越广泛地进入千家万户,工农商学兵、男女老幼童,都成了荧光屏前的常客。由于职业不同、年龄不同、文化素养不同,个人的兴趣爱好是不一致的。但不管是谁,都得吃饭、穿衣、休息。尤其是党的十一届三中全会以来,生产的发展促进了消费水平的提高,人们对这方面的事情更为关心。可见,

---

① ②　冯正治:《改革电视经济新闻的新尝试》,《新闻战线》1984 年第 9 期。

生活消费问题无疑是观众的共同兴趣的内容。"①而且,随着经济的复苏,社会消费水平的提升,人们对市场信息的需求大大增加,也使拥有这种"共同兴趣"的人群逐渐形成规模,供求信息成为最能体现百姓"共同兴趣"的内容。因此,《市场掠影》等早期栏目一经播出,就在观众中引起了很大反响,尤其"它的把经济报道的领域从过去单纯报道生产,拓展到消费,在全国电视系统成为一个突破"②。

有意识地聚焦人们的共同兴趣、聚焦供求信息,站在今天的立场上看,显然是一种窄化内容的方式,但并不意味着早期的这种选择是建立在明确的媒介意识和分众传播理念基础上的。它所依据的其实是传统审美经验中最朴素、通用的"老少咸宜、雅俗共赏"原则。"老少咸宜、雅俗共赏"意味着一档节目要吸引各个层次观众的目光,自然就必须找到他们的"共同兴趣",正是在此意义上,《市场掠影》栏目一开始就将"从共同兴趣着眼,开拓新的报道领域"放在了首位。

以受众为中心,传播者的出发点是受众,终点仍旧是受众。从具体历史情境看,早期的这批经济栏目,虽然内容的选择具有明确的对象意识,但受众在这一时期其实是作为面目模糊的"百姓"存在的;而且,如此选择的目的不单单是为了受众,而是为了达到有效宣传的目的,真正发挥好电视的喉舌功能。因此,这里的内容窄化从传播学意义上看,并非一种自觉追求,而是一种自发探索。这可以从之后经济栏目出现的综合性转向中得到证明。

二、由"窄化"走向"综合"

第一批经济栏目通过关注观众的"共同兴趣",使节目拥有了贴近性和相关性,扭转了经济报道无人看的局面。但这种情况持续了三年之后,经济节目开始纷纷转向,被一大批综合性经济栏目取代。这次的"综合"转向的背后,同样基于电视媒体宣传功能的驱使。

1985 年 2 月 10 日,《市场掠影》被扩展成《经济之窗》,成为一档完全独立的具有经济特色的综合性新闻杂志栏目。栏目下设了"调研与探讨""专题报道""市场掠影""经营之道""上海之最""外汇牌价""商品价格"等子栏目,内容可谓无所不包。而在这之前,1985 年元旦中央电视台开办的《经济生活》栏目,其性质和形式与之相似,主要内容为介绍国内外经济、科技发展动态、经验和行情,提供各类社会服务等,其中包括"经济生活"和"科技生活"两个子栏目。之后,又陆续增设了"经济快讯""供求动态""市场预测""世界经济信息之窗"等板块。经济栏目由原来的主要聚焦市场信息,伸展到经济活动的各个领域,"综合性"成为经济

---

①②　冯正治:《改革电视经济新闻的新尝试》,《新闻战线》1984 年第 9 期。

栏目的一大特点。1987 年 2 月 1 日央视二套《经济生活》又改为《综合经济信息》,栏目内容涉及的范围更加广泛,综合性更强:"国内外经济领域中新近发生的重要事件;市场信息、农贸市场行情、金融动态,外汇比价及外汇、股票行情;地方经济资源,名、土、特、优、新产品,以及经济领域中的专题报道"等,几乎囊括了经济活动的各个环节和领域,下设子栏目达 12 个之多。

1987 年上海电视二台开办的《经济交流》栏目也是一档融新闻性、政策性、指导性、服务性于一体的综合杂志栏目。一个 15 分钟的栏目下设"东南西北""国际经贸快讯""经济对话""经济 ABC"等 5 个小栏目,不仅要传递、解释党和政府有关经济问题的政策、政令、法规,探讨经济生活中的经验和做法,介绍国际经济、贸易、金融最新的行情,报道新技术、新工艺、新材料的研究成果和应用,沟通产、供、销各类经济信息,普及经济知识,而且还担当揭露和批评经济活动中的不正之风的使命①。1987 年 5 月 2 日山东电视台开设了《经济与生活》栏目,辟有"市场信息""企业之家""名优特新产品""科技交流""经济综观""消费者之友""山东部分城市集市商品价格"7 个子栏目。可见,经济栏目从初创期的寻找"共同兴趣"、"窄化"内容,转向全面、综合性地进行经济报道是一种普遍现象。

这种无所不包的策略,显然与此前立足大众的共同兴趣,将内容窄化至供求信息领域以实现经济节目观众最大化的方式是完全相反的。从信息传播规律看,这种综合化的发展趋势似乎是一种"倒退",然而,历史地看,这种"倒退"却是一种必然要历经的历史阶段,是争取观众规模的一种有效策略。此前,为了拉近和观众的距离,根据经济复苏、消费需求急速增长的态势,改变了经济报道一味关注生产领域的传统,选择了与观众距离最近的供求信息作为主要报道对象,无疑具有一种"革命"性。但是,人们很快发现:过犹不及。对于作为经济宣传主要阵地的电视媒体来说,经济节目长时间窄化在供销领域,过分淡化其他经济活动,显然有违自己的历史使命,因为,当时各类媒体包括电视媒体所必须承担的任务是要"全面地反映国家经济建设的成就,宣传好党的纲领路线、方针政策和各项工作任务"②,而经济节目仅仅局限于消费环节,和此前只一味报道生产环节一样,有顾此失彼之嫌,这显然不合乎电视媒体应全面服务于经济建设的要求。而且,单一化地徘徊于供求信息领域,久而久之,使节目丧失了经济宣传应有的大格局,演变成了"和广告差不多"的变相广告宣传。

有鉴于此,经济节目开始从此前的单纯着眼"共同兴趣",聚焦供求信息,转为

---

① 《中国广播电视年鉴》,北京广播学院出版社,1988 年。

② 裴玉章:《面向群众、改进电视经济新闻报道》,《北京广播学院学报》1980 年第 3 期。

无所不包地反映所有经济活动,以弥补节目在经济宣传中的片面化。"对于市场经济的报道不应局限在市场上的交易,要关注更为广泛的范围,应该包括为其服务或相应地产生的一切上层建筑,如科研、教育、法制、金融、行政管理、信息传递、甚至还应包括为维护公平竞争而形成的某些伦理道德。"①可见,从窄化走向综合,真正做到扩大报道面,是作为经济宣传的喉舌、阵地的经济栏目必须做出的选择。

当然,经济栏目的"综合"化转向,客观上也起到了更全面地满足观众需求、丰富节目内容,吸引更广泛受众的作用。

三、开平民化、大众化风气之先

众所周知,在我国,平民化、大众化并非电视节目与生俱来的追求,1978 年至 80 年代末,电视媒体始终是政治动员和精英话语的阵地。一般认为,平民化、大众化是 90 年代之后,电视媒体从单纯的国家意识形态的工具向产业化、媒介化转型之后的产物。而实际上早在 80 年代中期综合性经济栏目诞生之时,我国电视媒体已经开始了平民化、大众化转向。出现在 1985 年前后的综合性经济栏目,今天看来虽然有违传播规律,但正是这种面面俱到,缺乏明确目标受众意识的节目形态,迫使经济节目向平民化、大众化迈进。可以说,电视经济节目是我国电视媒体从精英化走向大众化的先声。

如前所说,经济栏目从"窄化"走向"综合",既是基于经济宣传的需要,也是为了扩大受众规模,然而,这种面面俱到、缺乏针对性内容以及栏目内部版块过于琐碎的状况,很难在观众中形成黏附度。而当时逐渐深入的传媒体制改革,促使市场化运行机制在电视媒体已经展开,广告的作用开始得到重视。自 1979 年 1 月 28 日上海电视台开播出广告之先河后,各电视台纷纷开始吸纳广告。在此背景下,观众规模就显得更为重要。这就需要节目制作者必须在如何吸引观众问题上,做出进一步探索。当时电视经济节目普遍采用了这样两个吸引观众的策略:一是继续借鉴以往的经验,内容上尽可能贴近百姓生活,强调信息的实用性。从前面提到的那些综合性经济栏目中可以看出,几乎每档节目都设有"消费者之友""农贸市场行情"以及名优土特产品价格介绍之类的子栏目。通过加入这些日常化的供需信息,拉近与百姓的距离,以此吸引观众;另一个吸引受众的策略则是,表现形式和节目风格的生活化转向。这种转向主要体现为播音风格的改变,即由"播"转向"聊"和"说"。"聊"和"说"所蕴含的正是平民化、大众化追求。

---

① 陈泰志:《努力拓宽市场经济报道领域》,《新闻知识》1993 年第 3 期。

一直以来，被视为开中国"说新闻"风气之先的是 1998 年凤凰卫视陈鲁豫主持的《凤凰直通车》。实际上，中国"说新闻""聊新闻"的尝试最早始于我国电视经济节目，而这一事实却往往被忽略。1981 年诞生的《市场掠影》节目一开始就有意识地对一直以来我国广播电视媒体采用的去个人化的宣传式播音风格进行了改革，其栏目成员在总结该栏目的成功经验时说，《市场掠影》除了重视内容与观众的贴近性外，"在播放时采用对话的形式，变播音为播讲，改解说为闲聊，增强了生活气息，便于观众接受"①。早期经济节目在信息播报方式上所做的"闲聊式"尝试，到"综合"经济栏目阶段，被进一步发扬光大。

央视二套的《经济半小时》栏目是我国电视节目发展史上历时最长、影响力最大的一档经济栏目。它于 1989 年 12 月 18 日开播时，令人耳目一新的首先是它的主持方式和风格。《经济半小时》的第一期节目由王晓真、王红蕾主持。两人一左一右并排坐在两个单人沙发上，以有问有答、聊天拉家常的方式拉开了这个长达几十年的电视经济栏目的序幕。虽然是第一期节目，却没有新栏目开播时常有的浓郁的仪式感，主持人以平和、家常的姿态出现，"尽量不用过去的播音腔，改用生活化、大众化的语言"，"有问有答，相互交流，像是和坐在家里看电视的观众聊天一样，随和、轻松、亲切、自然，从而开创了新闻类节目亲切、朴实的播讲风格，突破了以往那种单一的播音腔"②，拉近了与观众的距离。这种尝试旋即就唤起了广大观众对主持人语态、风格的关注。开播不久，"不少观众来信，称赞这种形式活泼、自然、贴近群众，看起来顺眼，听起来入耳"③。后来栏目组成员在总结经济半小时成功的经验时指出，《经济半小时》栏目最大的特色就是强烈的服务意识，另一个就是主持人采取的亲切自然的主持方式。

1992 年，央视二套推出的《经济信息联播节目》也承继了这种主持风格。在该栏目收到的观众来信中，肯定最多的，除了节目内容"信息量大，内容丰富，实用性强"外，"主持人贴近生活的主持风格使节目的可视性得到了加强"④，也成为受众关注的焦点。可见，相较 1998 年陈鲁豫的"说新闻"，央视经济频道在经济新闻节目中呈现的平民化语态要早近 10 年之久。

我们知道，主持风格由"播"转向"说""聊"，体现的不仅仅是节目风格的变化，而是传播者角色、立场的变化，意味着电视传播者改变了居高临下的国家代言人的身份，开始以平视的目光、平民化的姿态传播信息。特别需要说明的是，《经

---

① 冯正治：《改革电视经济新闻的新尝试》，《新闻战线》1984 年第 9 期。

②③④ 王进友：《加强服务意识办出栏目特色——谈〈经济半小时〉的总体构想及栏目特色》，《中国广播电视学刊》1992 年第 1 期。

济半小时》的这种播音语态的变化,和《市场掠影》相比,是建立在自觉的受众意识基础上的。《经济半小时》栏目组成员在 1991 年总结《经济半小时》的经验时说,《经济半小时》从内容到形式的革新,都是在"分清观众层次,明确服务对象"①的前提下实施的,而且明确强调"尊重大众传播的规律,电视是大众的"②。由此可见,综合经济栏目时期,我国电视机构已经开始拥有比较明确的受众意识和大众化诉求。

四、追求观赏性:对泛审美化电视时代的回应

经济节目重视"艺术性""观赏性",在今天看来似乎很难理解,但在 80 年代,它却再正常不过。特别要说明的是,这里的"艺术性",不只是指我们所理解的传播的艺术,即传播手段、方式的巧妙和恰当程度,更是指经济节目用艺术标准来要求和衡量自己,将个性化和美感这些艺术属性作为衡量经济节目质量的尺度。

如前所述,伴随经济的飞速发展,经济报道虽然在电视新闻中占据比重最大,但并不是观众最爱看的电视节目类型。为此,经济节目制作者开始调动各种手段吸引观众。在进行如前所述的内容上的贴近性和丰富性改革,以及主持风格生活化的尝试的同时,表现形式上,则主要通过艺术化追求、赋予审美价值,来提高经济节目的关注度。

当时的研究者是这样评价当时的经济报道的:"表现方法上,互相因袭模仿,缺乏别开生面的创新精神,形式呆板,手法雷同,千片一面","反映提高产品质量,不管是在此厂或彼厂拍摄,也不管是拍这种产品或那种产品,总逃不了几组老镜头:生产操作──安装──检验──一堆成品;要反映创造发明或技术革新,不管是这种或那种革新创造,无非是这样的老顺序:转速慢的机器──画图纸研究──机器转速快了──一大堆成品或发(受)奖场面……凡此等等,给观众留下这种印象:好像各地记者之间事前有过什么'约定'和'默契',彼此套用着一种格式"③。如何改变这种高度模式化的状态? 80 年代乃至更长的时间内,学界和业界都一直将艺术性当作电视的基本属性之一,将电视视为一种独立的艺术形式,因此,不只是当时的电视文艺节目,包括电视新闻在内的各类节目,都十分重视对审美价值的追求。有研究者在一篇研究经济报道的文章中这样写道:"电视是视觉形象的报道工具,

---

①② 　王进友:《加强服务意识办出栏目特色──谈〈经济半小时〉的总体构想及栏目特色》,《中国广播电视学刊》1992 年第 1 期。
③ 　裴玉章:《面向群众,改进电视经济新闻报道》,《北京广播学院学报》1980 年第 3 期。

内容、形式相互依存,既有新闻属性,又有形象的艺术属性"①,基于这种认识,文章提出,"要使报道有声有色,引人入胜,除了在报道内容上探索出路,还要根据群众欣赏水平逐步提高的现实,刻苦地寻求新颖的表现技巧,调动多种艺术手法,充分发挥电视这个现代化、形象化宣传工具的特长。而这一点,对经济报道来说,显得尤其重要。"②这实际上代表了那个时代人们对电视和电视经济节目的共同认识。有研究者曾将我国电视节目发展史划分为宣传品、作品和商品三个阶段,认为从1978年到20世纪90年代中后期,电视内容生产属于强调个性、原创性的"作品"生产阶段。将电视节目作为"作品"看待,其实质就是将艺术性视为电视的一种基本属性③。正因为电视本身被视为一种艺术样式,因此电视经济节目追求"美感"、个性化和陌生化也就成为顺理成章的事。

《经济半小时》栏目是当时最具影响力的经济栏目,从它对艺术性、观赏性的追求中,可以了解全貌。《经济半小时》对艺术性的追求主要体现在两个方面,一是设置体现艺术性、观赏性的栏目,二是将经济节目本身视为艺术作品,或者说以艺术品创作代替经济节目生产。《经济半小时》栏目中,设有一个子栏目"开眼界",该栏目每期介绍一件奇闻趣事,比如1991年1月25日的《开眼界》,介绍的是"民族精神的丰碑——抗日战争纪念馆卢沟桥";1991年6月25日介绍的是"瓷坛奇葩"——福建德化的瓷雕作品"滴水观音"。姑且不说这些内容是否合乎经济栏目的定位,只说表现形式:栏目从音乐、解说词到镜头风格、氛围营造,都十分考究,俨然一个微型电视艺术片。由此可以非常清晰地看出,其目的不只是为了传递商品信息,而是为了进行艺术欣赏,可以说这是一个欣赏性的子栏目。

这种现象不是个案,在整个经济栏目制作过程中,都渗透着艺术思维。一个非常突出的例子是主持人的结束语。《经济半小时》栏目每期节目结束时,主持人的道别语都是"感谢您的欣赏",而不是今天的"感谢您的收看"。从这一看似不经意的细节中可以看出,栏目编导其实是将经济栏目当作可供"欣赏"的作品对待的,凸显的是节目的观赏性、艺术性。

将经济栏目当艺术品做,显然有悖于经济栏目的属性,但在电视的媒介身份尚未确立的前提下,用艺术性改变模式化、八股化状况,不失为一种最有效的吸引受众的方式。

首先,电视经济节目重视观赏性和电视当时的特殊地位不无关系。20世纪八九十年代,电视作为当时的"新媒体",在百姓生活中尚处于开始普及的时期,在观

---

①② 裴玉章:《面向群众,改进电视经济新闻报道》,《北京广播学院学报》1980年第3期。
③ 胡智锋、周建新:从"宣传品""作品"到"产品",现代传播2008年第4期。

众眼里,电视不仅仅是一个了解政策和社情民意的平台,更是一个看景致的窗口,而且,后一种需求较前一种更迫切、普遍。因为,百姓的热情还停留在它的可"看"性上,将电视上的一切内容都当"奇观"看。因此,经济节目也就毫无例外地强调"观赏性"。

其次,与艺术本身在那个年代的特殊地位有密切关系。众所周知,"文革"时期整个社会生活的泛政治化,在中国人心理上留下了难以抚平的伤痛。这种状况直接导致了 80 年代之后相当长一段时期整个社会的"去政治化"倾向。所谓去"去政治化",即是要去意识形态化、去标准化。而艺术本身对个体性、独创性的强调,恰恰与"去政治化"诉求相契合,因此,在当时,艺术很大程度上被当作了对抗"政治化"的武器和策略,"泛审美化"成为我国电视节目的一大特征。这一点也可以从当时文学艺术空前繁荣的景象中得到印证。电视媒介与报纸、广播等其他传统媒介相比,其特殊性毫无疑问是它的"形象性",而"形象性"恰与强调"形象性"的文学艺术相契合,因此,当时电视媒体被普遍认为是一种和文学、电影并行的新艺术样式。在此背景下,"把思想性、科学性、知识性、趣味性和艺术性结合起来"也成为电视经济节目制作的基本思路,因此,它借助艺术性和观赏价值吸引观众也就不难理解。电视经济节目对观赏性的重视,在一定程度上弱化了以往电视经济节目过于生硬、教条的状态。

第二章

经济频道的诞生与"经济综合"模式的生成

众所周知,我国电视经济节目由单纯的经济报道到多样化局面的真正形成,是在拥有了频道意识,实施频道化运行机制之后。频道资源的增多,必然带动频道之间的相互竞争,这就促使各频道不得不在节目多样化上做文章,以避免同质化现象的出现,因此,电视经济节目的发展变化,必然是在经济频道产生、发展的前提下展开的;经济频道的诞生与发展,是电视经济节目发生质的飞跃的助推剂。因而,这里有必要将经济频道的发展历程作为经济节目发展的背景和驱动力进行梳理,由此揭示我国电视经济节目发展的内在逻辑。

如绪论中所说,我国经济节目并非一种笼统的存在,由于行政地位不同,央视经济频道和地方经济台分属于两个不同的经济节目生产场,二者的发展也因此不可能完全同步。面对这种复杂的局面,如何梳理出我国电视经济频道发展的整体脉络?纵观我国电视经济频道的发展历程,央视和地方虽然属于两个不同的经济节目生产场域,但二者并不是两条独立发展的平行线。央视的国家媒体身份,决定了它不仅具有地方台所不具备的各种资源优势,同时,由于电视媒体的发展在很长一段时期都处于行政主导的状态,因此央视始终作为标杆、尺度,引领着整个行业的发展;尤其是在市场机制尚未引入电视媒体时,向央视看齐,是地方台发展运行的基本依据。电视经济频道的发展也不例外。就此意义上说,处于引领地位的央视经济频道的发展历程,其实就是我国经济频道的发展历程,因为地方台经济频道在相当长一段时期内都是追随它的发展思路向前推进的。纵然地方经济频道由于覆盖面的局限以及特殊媒介环境的影响,在追随央视经济频道的同时,会因地制宜进行个性化探索,但地方台经济频道的探索并不能构成和改变我国电视经济节目的发展方向,因此,这里主要以央视经济频道的发展脉络为依据,诠释我国电视经济频道诞生的历史背景和发展轨迹。

央视经济频道的雏形是 1987 年元旦开播的央视第二套节目,虽然最初并没有赋予经济频道呼号,但它主要是基于经济宣传的使命诞生的,因此,可以视为我国经济频道的开端。从整体上看,在 1987—2018 年的 30 多年间,无论是央视还是地方台电视经济频道都经历过大小不计其数的改版、改革,如果以央视经济频道的变革为依据,其中真正对我国电视经济节目的基本面貌、样态、发展定位、制作理念产生影响的,主要有三次大的变革,这三次大的变革将我国电视经济频道发展划分成了三个大的阶段:第一阶段即有名无实的初创时期,指 1987 年央视二套的推出,到 1996 年央视二套首次改版之前近 10 年的时间,这 10 年中,包括地方"经济台"在内的我国经济频道和经济节目的发展理念高度相似。第二阶段以1996 年央视二套节目明确定位为经济特色频道为起点,直至 2009 年央视财经频道推出之前这 10 多年的时间。这期间,从央视经济频道到地方台经济频道,在频道专业化理念导引下,于大众化和专业化之间来来去去,最终确立了"经济综合"模式。虽然这一时期也有第一财经电视频道这样的专业财经频道出现,但是它并没有真正改变我国电视经济媒体主要由经济综合模式统领的格局。2009 年央视经济频道改版为大众财经频道之后,各地方经济频道即便是依旧维持经济综合模式,"财经"概念也逐渐代替了"经济"概念,为投资者服务,几乎成为所有电视经济频道的目标诉求,因此,这里将 2009 年央视经济频道改版为财经频道至今,视为我国经济频道发展的第三阶段。本部分主要梳理的是 1987—2008 年这 20 多年间我国经济频道的发展历程。

一、诞生期的央视经济频道:不仅仅服务于经济建设

一般认为,经济频道的开设主要是为了传播经济信息、服务国家经济建设,但是作为我国最早开设的经济频道,央视二套节目的功能并非如此单纯,它还被赋予了一个非常重要的功能,那就是为满足百姓在文化娱乐方面的需求。这种开办频道的初衷必然会对这一时期的电视经济节目产生影响。

80 年代,改革开放的大幕甫一拉开,电视作为新兴的现代化媒介,首当其冲成为国家重点发展的对象。尤其是作为国家媒体的中央电视台,每前进一步,都是一种国家行为,其中不少动作、举措都是相关政府部门参与甚至是上级领导直接授意的结果。央视第二套节目开办,就和时任国务院总理的李鹏及副总理万里等的建议和指示有着直接关系。

"1985 年 3 月 8 日,中共中央书记处书记胡启立打电话传达了国务院副总理万里的指示:'要办一个经济电视台,着重传播经济新闻、经济信息、商业行情和广告。'"1986 年 3 月,国务院副总理李鹏批示:"今年年底中央电视台开办一套经济节目,以适应四化建设需要。"①于是,1986 年 12 月 20 日,当时的国家广播电影电

---

① 赵化勇:《中央电视台发展史》,中国广播电视出版社,2008 年,第 149 页。

视部特意召集各省市宣传部门的负责人,在青岛市召开专题会议,部署中央电视台第二套节目向全国传送的相关事宜。1987年2月1日,强调以传播经济信息为主的央视第二套节目正式向全国播出。但当时并未赋予这套节目以经济频道的呼号。

国家领导人提议开办经济频道的目的,源于"以经济建设为中心"的基本国策和飞速发展的经济形势。因为自1978年十一届三中全会召开决定我国实施改革开放政策,国家政治生活的重心向"经济建设"转移之后,伴随着经济特区的设立、农业包产到户的实施等一系列国家发展策略的推行,市场经济的格局基本形成,我国经济得到了飞速发展。随之而来,社会对经济信息的需求也大大增加,迫切需要一个现代化的宣传平台。正是基于这样的形势,开设专门服务于经济建设的电视频道才会得到国家领导人不约而同的重视。从这个意义上说,着重经济报道的央视第二套节目的开办,也是我国社会真正进入"以经济建设为中心"时代的一个象征。

然而,二套节目开办的目的又并不如此单纯。在青岛会议上,时任广播电影电视部副部长的聂大江亲临会议并讲话,讲话明确指出,开办二套节目的目的和任务有三个,"第一,更及时、更集中地宣传中央有关经济建设的方针政策,传播经济信息和经营管理知识,推动社会主义商品经济发展,引导消费,活跃经济。第二,除了经济栏目以外,还有较多的文艺、体育、科技等内容,能更好地满足全国广大观众日益增长的文化生活需要。第三,推动和促进全国电视事业的建设。"①这就是说,央视二套节目固然要"以传播经济信息为特点",但功能并不仅仅局限于传播经济信息,并非要建设成一个完全的经济频道,它同时还要担当起丰富百姓文化生活、推动全国电视事业进一步发展的重任。这意味着,它实际上是一个和央视一套节目性质相似的综合频道。

央视二套最初的这种综合频道定位不难理解。因为当时电视媒体面临的主要矛盾并不仅仅是能否满足受众对经济节目的需求问题,强调经济报道主要是基于经济宣传的需要而不是受众的需要,毕竟在80年代,经济问题尚未真正全面进入百姓的日常生活。当时电视亟待解决的是大众最基本、最普遍的文化娱乐需求和电视节目资源的极其匮乏之间的矛盾,因为电视当时毕竟还是处于发展的初级阶段的新兴媒体,百姓将电视当作一种远距离欣赏的对象看待,而当时的电视节目和频道资源又都处于严重匮乏状态。因此,满足百姓文化娱乐需求在当时和宣传经济建设同样重要。虽然,在此之前,即1983年3月31日至4月10广播电影

---

① 《第二套节目二月起向全国播出》,《中国电视报》1987年第1期。

电视部召开的第十一次全国广播工作会议,已经制定了中央、省、市、县"四级办电视,四级混合覆盖"的方针,随着这一方针的贯彻落实,全国的电视台数量开始迅速增加,但是,在央视二套开播时,频道资源和节目资源依旧严重不足。全国各地能够收看到的电视节目,除了央视一套和各省级台的节目之外,各地、县级电视台尚无制作能力,几乎都只是重播中央及省台的节目。即便是省级台,大多时间也都在重播自己或者央视的节目:"各台几乎播的节目都是大同小异,省台播了市台播,市台播了区台播,区台播了系统外的台还在播。"①这表明,允许"四级办台"之后的一段时间内,电视台数量虽然增多,但只是播出渠道的增加,电视节目并没有真正得到丰富发展,仍不能满足激增的受众需求。因此,作为国家电视台新开播的电视频道,既要服务于当时最大的政治任务经济建设,同时也要兼顾全国人民更重视的文化娱乐需要,也就不难理解了。

　　这样的既兼顾经济特色,又全面服务百姓文艺娱乐生活的功能定位自然不会仅仅停留在顶层设计层面,在具体的节目布局上,也非常清晰地体现和诠释了这一频道建设思路。本书第三章将会对此做具体阐述。

二、地方"经济台":电视媒体初涉市场的试验田

　　地方"经济台"的出现及其发展路径,在我国经济频道发展史上,是一个颇耐人寻味的现象。

　　首先,地方"经济台"出现的直接诱因是央视二套节目的开播。80 年代中期,虽然全面发展经济的国策已经在各地初见成效,各地经济发展也需要一定数量的经济节目支持,但央视二套节目开播前,并未有地方电视台开办经济频道。以传播经济信息为主的央视第二套节目推出之后,各地方电视台竞相效仿,先后推出了自己的"经济台"。央视第二套节目正式开播的第二年即 1988 年 12 月 1 日,湖北电视台率先推出了江汉经济电视台;1988 年至 1995 年间,各省市电视台都陆续开办了"经济台"。"单是 1992 年一年,各地批准建立的经济电视台 8 座,其中省级台有吉林、山东、河南、四川经济电视台和钱江电视台(浙江)。"②

　　所谓"经济台"其实就是以经济节目为特色的综合性电视频道。由于当时频道意识还未真正确立,各地方电视台为了拓展播出空间,陆续在第一套节目的基础上,增设了一套新节目;同时,基于当时电视行业只有"台"的概念,且是一台一频道的格局,因此新开设的这套经济独立核算、将经济报道作为特色的新频道,就

---

① 韩松:《关于电视台办二套"经济台"的思考》,《视听界》1995 年第 2 期。
② 《经济广播电台和电视台概况》,《中国广播电视年鉴》1992—1993 年,第 29 页。

成了"经济台"。各"经济台"隶属原电视台,实质为"台中台"。"经济台的管理体制大体可以分为三种类型:一是厅、局管台,即经济台是厅、局领导下的一个独立的宣传单位,自己拥有宣传的人、财、物权;二是台管台,即经济台归属总台领导,大政方针由总台领导决定,但是经济台内部拥有相对完整的编制和相对独立的人、财、物权;三是台中台,即经济台是总台的一套节目,拥有一两个节目编辑部,但是无独立的人、财、物权。"①可见,无论采取的是上述哪一种管理体制,"经济台"实质上都是所属电视台的一个下属机构。

其次,相较央视第二套节目诞生的初衷,地方"经济台"的大规模出现,除了服务于经济建设为中心这一基本国策、繁荣电视事业外,还拥有自己更特殊的目的,那就是明确作为电视台的盈利渠道而存在。在1995年一篇题为《关于电视台办二套经济台的思考》的文章中,作者非常全面、客观地将"经济台"大规模出现的原因归结为三个方面,一是"为电视业发展提供资金",二是受当时影响广泛的珠江经济广播电台经济台的启发;三是有央视第二套节目引领。② 三个原因中,他认为最关键的动力是"为电视业发展提供资金",即创收需求才是催生各地方经济台的直接决定因素。可以这样说,这种被冠之以"经济"名号的子电视台的出现,一方面表明,该频道内容偏向经济报道;另一方面,则暗含着这是一种以争取经济效益为目的的电视频道的意思,当时就有电视工作者明确指出:"办二套(经济台)的重要动因就是增加广告收入","就是电视台扩大生产规模的一种经济行为"③。但这层意思往往被人有意无意地忽略或无视。

那么,创设经济台用以创收的内在机理是什么? 一是在电视媒体的产业化转型中,"有偿服务"被政策允许;二是在电视业疾速发展的同时,电视台所依赖的行政拨款逐渐减少,远远不能满足电视台的生存与发展,"经济台"通过着力追求经济效益,以补充事业经费的不足。

改革开放以来,伴随着经济的发展,文化建设也得到重视。物质文明和精神文明一起抓,是当时的基本国策。电视业作为当时的"新媒体",一跃成为国家文化建设、传播党和国家声音的重要阵地。为了改变电视频道资源不足、满足不了百姓日益增长的文化娱乐需要的缺憾,国家一方面采取扩大电视业发展规模的方式,于1983年制定了中央、省、市、县"四级办电视,四级混合覆盖"的方针,试图在短时间内,使电视媒体能够覆盖更多区域,充分发挥其独特作用;另一方面,为了解决这些迅速开办起来的电视机构的运转经费,中央又给予了政策上的配套支

---

① 《经济广播电台和电视台概况》,《中国广播电视年鉴》1992—1993年,第29页。
②③ 韩松:《关于电视台办二套"经济台"的思考》,《视听界》1995年第2期。

持。1983 年,中共中央文件同时明确规定,"应采取措施,广辟财源,增加收入——各级广播电视机构的服务公司或服务部门,要实行事业单位企业管理"。1988 年10 月,经党中央、国务院批准,《全国广播电视厅局长会议纪要》重申了以上规定,并提出了通过有偿服务,为事业发展提供资金保障的策略:"各级广播电台、电视台要主动为各界提供方便,开辟集资合办节目,有偿服务等合作渠道","正确处理好宣传和经营、社会效益和经济效益的关系"。由此,电视业的产业属性得以明确,而且,明确承认了"有偿服务"的合理性。更值得一提的是,1987 年,国家科委首次编制的我国信息产业投入产出表将新闻事业和广播电视事业纳入了"信息商品化产业序列",明确了电视业的商业属性;1993 年 6 月,中共中央、国务院颁发的《关于加快第三产业发展的决定》,又将广播电视业正式纳入第三产业。至此,电视台由原来的"事业单位企业化管理"的双轨制转向"自负盈亏、自主经营、自我约束、自我发展"的产业化发展道路。电视台的身份变化,必然会带来经济结构的变化,原来电视台所依赖的行政拨款,在电视机构规模扩张的情况下,远远不能满足其生存与发展,因此电视台也不得不开始重视经济效益。

当时最能够名正言顺追求经济效益的无疑是"经济台"。一方面,如前所述是基于当时"经济"自身的特殊政治地位,且有珠江广播电台经济台以及以经济信息为特色的央视二套的先例,开办"经济台"有名正言顺且充分必要的理由;另一方面更直接的原因还在于,经济节目具有非常特殊的功能:它不仅可以直接反映经济活动,而且能够直接参与经营,有利于开展"有偿服务"。当时央视二套就有编导这样解释有偿服务的合理性的:"信息传播与服务是直接与经济效益相联系的,它本身就是一种经济活动。电视媒介采集经济信息需要大量人力、物力,既需要投入,媒介自身也需要生存和发展。纯粹的无偿信息服务,仅仅把电视媒介视作公益事业,而缺乏产业意识,电视传播事业也难以为继。从信息产业的角度看,将信息和信息服务以商品形式向需求者提供,必然是有偿性的。"①在各类信息传播中,显然经济信息之于有偿服务更名正言顺,因此各级电视机构率先开辟"经济台"作为最有效的盈利空间。今天看来,这种有偿为报道对象服务,而非通过受众规模取得广告商支持的认识,有着巨大的历史局限性,是对大众传媒商品属性的误解。可以说,当时"经济台"中"经济"一词的意义,既体现的是这套节目的内容偏向,同时也暗含着频道的目标诉求,即以获取经济效益为直接目的。

---

①　屈小平:《我看经济信息联播》,《电视研究》1994 年第 3 期。

三、"副频道"身份和"经济+娱乐"节目格局的形成

如前所述,新开办的地方"经济台"几乎都是所在电视台的二级电视台,或者说是"台中台",为母台创收是它存在的一个主要目的。这就决定了它不仅在行政上和母台之间是一种隶属关系,同时在业务上,和所在电视台的第一套节目之间,也存在一种不平等关系。当时人们赋予这些经济台一个非常形象的称谓——各台第一套节目的"副频道":"在上世纪90年代以前,由于技术上的'开路'优势,CCTV-2一直作为CCTV-1的辅助和补充,是中央电视台仅有的两大综合频道之一。"①央视二套尚且如此,地方经济台更是如此。所谓"副频道",是指无论是央视二套,还是地方经济台,一开始就是作为第一套节目的补充、拓展出现的,这种特殊的身份地位就地方经济台而言,主要因其覆盖面窄、影响范围小所致。由于"经济台"在诞生后相当长一段时间内,都只覆盖当地个别城市,其实是"城市"电视台。由于覆盖面窄,影响力小,受各级管理部门关注的程度相较覆盖全省的综合频道也就比较小。而央视二套虽然不存在覆盖面的局限,但在只有"台",没有"频道"概念的时代,由于第一套节目长期被等同于中央电视台,因此相较其后诞生的第二套节目,在人们的认识中有一种天然的优越性。所以,如果说各台第一套节目是各级电视台的前台,那么,第二套节目、经济台就是"后院""自留地";相对于"前台","后院""自留地"的节目内容自然要更宽松、自由,少很多羁绊,其节目设置也就拥有较大的自主空间,怎样有利于创收就怎样安排节目,成为经济台的生存原则。于是,在传播经济信息之外,经济台中的节目主要由重播一套播过的优质文艺娱乐节目,和一些自制的娱乐性比较强的节目构成,形成了"经济+娱乐"的节目格局。这种"经济+娱乐"的节目构成模式体现在以下三个方面:

第一,经济节目在频道中所占比重小。在经济频道诞生之后相当长一段时期内,无论是央视第二套节目还是地方经济台,经济节目都非频道的主体内容,这类节目在整个频道中只有一两档;相反,各种娱乐性节目占据大部分空间。所谓的"经济台"和央视第二套节目的"经济"特色,其实是将它们与同时期各台的第一套节目做纵横向比较的结果。纵向,是相对于以往经济节目在各电视台的占比而言的,"经济台"中的经济节目较以往各电视台所播此类节目有明显增长;横向是与各电视台的第一套节目相比而言的,经济台的经济节目比第一套节目中的此类节目的数量自然要多。如果撇开纵横两方面的比较,单就"经济台"和央视二套自

---

① 《中央电视台二套全面改版　经济频道今日亮相》,新浪财经,2003年10月20日,http://finance.sina.com.cn。

身的节目构成看,经济节目其实并非该类频道的主导性内容。

以央视第二套节目为例。开播初期,第二套节目每天播出时长为 13 个小时,和"经济"相关的节目共有三档:"《综合经济信息》(每天 40 分钟)、《农业教育与科技》(每周一、二、四、五,每期 30 分钟)和《星火计划》(每周三、六,每次 30 分),《人口与计划生育》(每周日,每次 15 分)"①,其中,除了《综合经济信息》,其余两档都不能算是真正的经济节目。这样,经济节目每天播出时间占据不足 10% 的比重。其余时间则为"电影、电视剧、文艺、体育"节目,这些节目在频道中占据绝对主导地位(90%)。这里根据《中国广播电视报》统计了 1987 年 3 月 2 日—1987 年 3 月 9 日(见附录 2)的节目,当时还未有固定的经济栏目,不固定的经济节目分别为:周一《经济纵横》、周二《经济博览》、周三《世界经济窗口》、周四《科技与效益》、周六《经济发布会》、周日《消费者之友》,这些经济类节目每期都只有 10 分钟时间。每天只有一档经济节目,可见,所谓的经济特色其实是有名无实。直到 1996 年进行全面改版之前,央视二套也只有 1989 年开播的《经济半小时》和 1992 年开播的《经济信息联播》两档真正意义上的经济节目;另外会有不定期推出的系列专题节目和特别节目,如《时代大潮》《中国质量万里行》等。经济节目平均每天拓展至 1 小时的长度。

地方经济台更是如此。以稍后一些 1994 年开播的深圳电视二台即经济台为例。它全天播出 18 小时,其中自制经济节目只有两个半小时,所占比例为 13.9%。处于经济发展最前沿且实力比较强的深圳台尚且如此,其他省市级台更无一例外。天津市和吉林电视台每天播出经济类节目只有 40 分钟,加上转播央视二频道的《经济新闻联播》,也不过 80 分钟。其他省级经济台的经济节目也都维持在一两档之间。所以,直至 1995 年,业内人士还颇为悲观地感慨"经济类节目在近期内尚不可能成为经济电视台的当家节目"②。

第二,经济节目质量不高。由于当时国家允许"开辟集资合办节目、有偿服务等合作渠道",创收也是各电视台开设经济台的初衷,因而,即使是为数不多的经济节目,内容大多选择的也主要是能够"有偿"的报道对象,而不是普通大众需要的内容,因而导致这一时期的经济节目在频道中不仅占据比重小,而且质量不高,影响力也比较弱。当时有研究者明确指出:"从专业台的角度来说,经济台应以经济类节目为主,但实际上,经济电视台的经济类节目不仅在播出总量中所占比例

---

① 《中央电视台有关负责人谈第二套节目》,《中国广播电视节目报》1987 年第 7 期。
② 屈小平:《我看"经济信息联播"》,《电视研究》1994 年第 8 期。

少,而且质量也不高。"①不少节目就是为直接收费开办的,如央视二套的《产品大世界》等。以创收为目的的经济节目,毫无疑问,从内容的选择到表达方式,都只会考虑如何满足付费的企业,而不是观众,这样,经济节目的影响力可想而知。据《中国广播电视年鉴 1992—1993》提供的资料,山东电视台当年年度经济类节目的收视率在该台 12 类节目中,位居倒数第二;兰州电视台和青海电视台收视率居前五位的栏目均无经济类节目;福建、广东、吉林、山东、江苏、安徽、广西等地的调查所提供的情况类似。央视第二套节目中的经济节目的情况怎样呢? 中央电视台自己设立的全国电视观众调查网提供的数据显示,1993 年至 1996 年间,央视第二套节目中的经济节目的收视率从未在前四位出现过,排前四位的均为电视剧和综艺节目《正大综艺》。②　而且这一现象在各经济台是普遍现象:"本来,正常情况下,是收视率决定电视节目的经济收入,而在经济台,收视率却服从了经济收入。"③就是说,经济台的经济效益原本应靠收视率获得,但在经济台,由于经济节目能够直接收费,所以,这类节目可以不必顾及收视率,即"无须受众的认可,它的收入的取得,只关系被报道者,与受众无关"④。虽然收视率并非节目质量高下的绝对标准,但是节目内容的选择忽视受众需求,着力服务于付费企业,节目质量是可以想见的。

　　第三,娱乐节目占比重大,重视娱乐效应。"经济台"中的经济节目并非该频道的主导性内容,那么其主导性内容是什么? 是娱乐节目。这是广东经济电视台开播时刊登在《广播电视信息》上的一则消息:"广东经济电视台 1994 年 12 月 22日正式开播。广东经济电视台是一个融新闻、财经、消费、信息服务、文体娱乐、电影电视剧为一体的电视台。其办台宗旨是服务经济、服务消费、服务大众。"⑤在每天不足 8 小时的播出时间中,平均每天经济节目时长仅为半小时,其余时间均为电视剧和其他娱乐节目。而央视第二套节目在开播时,其负责人就明确表示,央视二套节目不仅具有经济特色,同时还要使"各地的离退休干部、家庭主妇、上夜班的同志和学龄前儿童都可以看到各自喜爱的节目"⑥。可见,第二套节目锁定的目标受众主要是处于消闲状态的人群,因此,电视剧、体育、少儿等不同种类的娱乐节目成为频道的主体内容。

　　进入 90 年代之后,各地方经济台更是成为娱乐节目的试验田。比如出现在

---

①　屈小平:《我看"经济信息联播"》,《电视研究》1994 年第 8 期。

②　《中央电视台收视率排行榜》,《电视研究》1994—1996 年。

③④　韩松:《关于电视台办二套——经济台——的思考》,《视听界》1995 年第 2 期。

⑤　《广播电视信息》1995 年第 1—2 合刊。

⑥　《中央电视台有关负责人谈第二套节目》,《中国广播电视节目报》1987 年第 7 期。

我国20世纪90年代中后期的游戏娱乐节目风潮,最早的就是湖南经济台,当年备受追捧的《快乐大本营》以及湖南卫视主打娱乐节目的定位,就建立在湖南经视娱乐节目《幸运三七二十一》获得成功的基础上。而湖南经视自身,最具影响力的甚至不是它的经济节目,而是综艺娱乐节目,它甚至被业界和学界誉为"综艺节目"的策源地。不仅湖南经视如此,其他地方经济台均走的是这种娱乐大于经济的运行模式,而且央视二套也不例外。央视二套在90年代中期的娱乐节目形态开发曾经走在中央电视台各频道前列。《幸运52》《开心辞典》这类益智娱乐节目,《欢乐英雄》《非常6+1》等轰动一时的真人秀节目,都出现在第二套节目。可以说,"经济台"包括央视二套节目频道是我国早期娱乐节目的实验场。经济频道初创时期的这种节目布局特点对其后来的发展产生了非常深远的影响。

早期经济频道之所以在进行经济报道的同时安排了大量娱乐节目,是因为经济题材的特殊性决定了它不可能聚合大规模的观众,没有规模化的观众,就不会获取高收视率,赢得广告商的青睐。所以,为了谋求经济效益最大化,几乎所有的经济台都将目光投向了风格特点与经济节目截然不同、有着巨大市场空间的文艺娱乐节目。因此,无论是央视第二套节目和各地方经济台,都不约而同地选择"经济+娱乐"这样一种两极化的节目构架。

四、从强调"专业化"到追求"大众化"的转变

从强调"专业化"到追求"大众化",是指1996年到2008年间的我国电视经济频道的发展状态。就是说,我国电视经济频道自1996年开始,最初将频道专业化作为追求的目标,由于这种追求未能解决经济频道的生存与发展问题,因而之后又转而追求"大众化"。然而,在追求大众化的过程中,频道专业化问题并未离场,二者的存在,并未呈现出非此即彼的关系,它们始终纠缠在一起,伴随着经济频道发展的全过程。从强调"专业化"到追求"大众化"的变化主要通过央视二套的几次改版得以集中体现。

1987年央视第二套节目开播之后,地方"经济台"陆续推出。但由于这些经济台覆盖面有限,都主要立足于省会城市,因此,地方"经济台"都处于各自为政的状态,并未真正形成卫星频道那样的竞争格局,所以,一直维持着"经济+娱乐"的节目格局,"经济"频道处于有名无实的状态。但央视二套则不然。它自诞生之日起,就和央视一套节目一样,能够覆盖全国,这意味着它不得不参与到频道资源骤增带来的竞争中,因此,在全国诸多电视经济频道中,它率先在频道专业化呼声中做出反应。1996年7月1日央视二套进行了1987年频道开设以来的第一大改版之后,经济"频道"概念才真正在我国出现,经济节目由此才在经济"频道"中真正

发生了比较大的变化。这次以及此后的几次改版,奠定了全国经济频道和经济节目的发展方向。虽然这期间地方经济台也出现过诸如湖南卫视《财富中国》这样的颇具影响力的经济节目和上海第一财经电视频道捷足先登的特例,但也只是特例而已。所以,这里我们着重通过梳理央视二套的发展脉络,来体现我国经济频道这一时期的发展状况。

(一)以增加经济节目数量的方式开启频道"专业化"追求

我国电视频道专业化追求肇始于 1995 年前后。有关数据显示,随着"四级办台的方针"的持续推广,到了 1995 年底,我国得到官方正式承认而建立的电视台已经有 3125 家,其中无线电视台为 970 余座,有线电视台则多达 1200 多家,另外还有 100 家左右的教育台。而且,各省级台的上星计划也开始实施。自 1994 年山东电视台和浙江电视台节目上星开始,至 1998 年海南卫视开播,短短 4 年间,我国 31 个省级台都有了自己的卫星频道。频道资源的迅速增加,导致全国范围内出现了"小台学大台,大台学中央","千台一面"的同质化局面;而且,"频道越办越多,可看的节目越来越少"。与此同时,卫星频道的出现,打破了以往各省市电视频道的区域性阻隔,更多的电视频道处于同一平台,覆盖面一致,形成了真正意义上的竞争关系。在此背景下,一直以来所有频道均为综合频道、内容高度同质化的状况,让所有电视频道生存空间越来越小,于是,频道化运行、特色频道、频道专业化等一系列概念,作为解决问题的理念和策略被提了出来,成为当时解决频道之间"千人一面"问题的主要措施。但这一时期,整个电视行业对频道"专业化"的理解还停留在内容层面,体现为对某种内容浓度的强调,既不是基于分众传播理念,针对目标受众进行明确定位,也不是特指作为大众传媒的电视,应为受众提供专业的服务,而是认为专业化等于内容窄化,并不考虑这种内容是否具有市场。所以,经济频道的专业化追求最初就是通过大幅增加经济节目的比重,强化频道的"经济"性开始的。

1996 年 7 月 1 日,央视二套进行了开播以来的第一次大改版。此次改版采取的具体措施主要是增加频道中经济节目的数量,使经济节目真正成为经济频道的主导性内容,以此凸显和其他频道之间的差异,体现自己的"专业性"。具体体现为,在对既有的两档节目《经济半小时》和《经济信息联播》进行重新调整的同时,又开办了 8 个新的经济栏目,即《财经报道》《生活》《环球经济》《企业家》《金土地》《商务电视》《供求热线》《欢乐家庭》。改版后,经济节目所占时间由过去每天首播 60 分钟增加到 180 分钟,且 9 个栏目被清晰地分为四个大的板块:深度报道、经济新闻、服务类节目和专业对象节目。① 可见,经济节目在频道中的比重大大增加,打破了十年一成不变,名为服务经济建设,实际经济节目只是频道点缀的状态。自此,经济节目开启了"频道"化运行的曲折历程。

通过强化经济节目在频道的浓度、强度,凸显频道内容的特色化,相较以往经济频道的有名无实,无论如何都是一种进步,因而,这种变革得到了来自业界和学界的高度认可。但是,经济特色的强化,并没有得到受众的广泛回应和市场认可。时任央视二套节目负责人的汪文斌在谈到改版后二套节目的收视情况时这样说道:"1996 年,二套经济节目有一个非常大的拓展,即由 2 个栏目扩展成 9 个栏目,首播时间由每天的 1 个小时拓展成了 3 个小时之多,然而它(收视率)未能带来明显的变化。"②这颇有些像 21 世纪初期的国产电影大片,叫座的,不叫好;叫好的,不叫座。追求内容的特色化、差异化,最终目的是要扩大受众规模,当这种策略不被市场接受时,意味着这种突飞猛进的单纯以提高经济节目数量的方式去体现频道特色的"专业化"方式是行不通的。正是在此背景下,"大众化"理念进入了央视二套节目管理者的视野,2000 年 7 月央视二套启动了第二次大改版。

(二) 专业化之形与大众化之实

1998 年,全国 31 个省都有了自己的卫星频道的同时,央视自己也有少儿、综艺、军事农业等六套节目问世。截至 2000 年,全国上星频道达到 41 个,频道之间的竞争进一步加剧。毫无疑问,这种情境下,差异化、特色化、专业化仍是频道生存的必由之路,但是,1996 年央视二套采取的加大经济节目数量以凸显频道特色的改版措施的失败,实际上是否定了这种意义上的专业化思路,因此,2000 年改版的关键词是"大众化"。

央视二套通过分析 1996 年改版后的市场反应和电视经济节目所处的历史情景,发现经济频道和经济节目要生存与发展,当务之急并不是如何"专业化",而是如何实现"大众化"的问题。当时的频道负责人汪文斌在和一位学人谈到 2000 年央视二套的改版初衷时说:虽然"专业化与大众化、广播与窄播现在是电视界的热门话题,但我觉得这里面有许多的误区"。"我认为中国的电视没有真正的大众化过,没有真正的广播化过,我们现在真正要做的事情,就是真正实现大众化,真正实现广播。"③何以在学界和业界都认为我国电视经济频道的当务之急是走向专业化时,央视二套反倒认为我国电视媒体其实连大众化还未真正做到?

回顾 1980 至 1990 年代我国电视频道资源骤增、从卖方市场走向买方市场的

①②③　汪文斌、李幸:《"大众化"与"新形态"》(上),《现代传播》2002 年第 1 期。

历史,推动这一变化的毫无疑问是国家的"四级办台"政策,以及电视事业发展和经济宣传的需要,而非市场逻辑。正因为基于事业发展需要,电视节目生产秉持的必然是"传者中心"而非"受众中心"的立场。传者中心体现的是传者的需要,节目的本质自然不会是大众化的。正是在此意义上,汪文斌才会认为中国电视节目从未真正大众化过。这就是说,90年代中期,我国学界和业界其实是越过大众化,直接提出了走频道专业化发展之路;当大众化观念尚不具备的时候,对频道专业化理解必然是存在偏颇的,是一种忽视受众需求的"专业化"取向。而央视二套2000年再次改版时提出"大众化"追求,其实反映的是市场逻辑、媒介意识渐渐主导我国电视媒介实践后的一种客观清醒的认识。但是,在当时的历史情境下提出走"大众化"之路,却是在逆势而行,因为如前所说,频道同质化态势日益加剧,特殊化、差异化问题的确亟待解决,频道专业化恰恰是当时一种得到普遍认可的对策。

1999年国家新闻出版广电总局《关于加强广播电视有线网络建设管理的意见》出台,放开了专业频道只能由有线电视操办的局限,促成了地方台专业频道的诞生。以福建电视台新闻频道和湖南长沙电视台女性频道为开端,地方台相继推出了专业频道,频道专业化在我国已经成为一种大趋势。与此同时,学界关于频道专业化的呼声日渐高涨,打开这一时期的研究文章,有关电视媒体的研究,几乎都集中在频道专业化问题上,频道专业化在当时甚至已被视为电视媒体是否具有先进性的标准。这种形势下,央视二套2000年的这次旨在谋求大众化的改版,显然是逆势而动。正因是逆势而动,它不可能完全忽视当时的频道专业化潮流,完全回归到1996年之前那种全然意义上仅将"经济"当门面的综合频道状态,因而,必然会在兼顾"专业化"的前提下进行大众化探索。

如何既能兼顾频道特色,又能实现大众化?2000年这次改版最引人注目的举措有两个:一是赋予央视二套以"经济·生活·服务"的呼号。这是央视第二套节目第一次真正拥有频道呼号。电视频道拥有明确的呼号,意味着频道有了明确的定位,这无疑是频道"专业化"的一种体现;但是,将频道定位于"经济·生活·服务",较以往单纯强调频道的"经济"特色,实际上是大大扩张了频道的内涵和外延,或者说是让经济频道内容不拘泥于经济领域拥有了合法性,因为,"生活""服务"本身就是大众化的内容。可以说,赋予"经济·生活·服务"的呼号,实际上是一个既在形式上回应频道专业化发展趋势,又在内容上体现实质性的"大众化"追求的巧妙策略,目的是要在专业化和大众化之间寻找平衡。央视二套节目负责人直言不讳地表明了频道如此做的用意:"我们的频道叫'经济·生活·服务'频道,并不仅仅局限于经济,它的空间是很大的。中央电视台二套像一块试验田似的,包括《对话》《开心辞典》在内,我们尽可能给他们更多的空间。现在电视观众喜欢了,他们不在乎你是哪个频道。"①很明显,目的就是要将频道内容从狭窄的"经济"领域中解放出来,不再不切实际地刻意追求频道专业化。这其实是借助"专业化"方式,巧妙淡化经济特色,实现实质上的大众化转向。

　　二是节目构成上,与频道定位相适应,不仅拓展了频道内容,同时还开启了对新节目形态的探索。这次改版对栏目设置做了这样的调整:在原有的 10 个老栏目基础上,增加了 8 个新栏目。原有的 10 个老栏目即《经济半小时》《中国财经报道》《生活》《商界名家》《幸运 52》《商务电视》《金土地》《欢乐家庭》《商桥》《中国市场信息》;新推出了 8 个新栏目为:《证券时间》《地球故事》《开心辞典》《对话》《证券之夜》《清风车影》《中国房产报道》《互联时代》;此后不久又推出了《艺术品投资》栏目。虽然这些都是以经济栏目的身份出现的,但它们当中,尤其是新增加的栏目,无论内容还是节目形态,都超越了以往的经济节目范畴,如《幸运52》《欢乐家庭》《地球故事》《开心辞典》,这些新增栏目的娱乐性要远大于其经济属性,如果它们不是出现在经济频道中,完全可以视为全然的娱乐节目。其中,《地球故事》是一档引自国外的野外生存类真人秀节目,节目旨在通过野外离奇、曲折的生活经历,获取娱乐效应;《开心辞典》《幸运 52》均为益智竞猜性节目,这类节目虽然竞猜内容为猜价格等和消费生活相关的问题,但本质是游戏。约翰·菲斯克在《电视文化》中,称其为"提问的游戏",历史上一向将其归类为娱乐节目。《对话》为脱口秀节目,这种节目形态本身就带着浓郁的娱乐性,而且,节目最初的选题也大多聚焦的是张艺谋、韩寒这些文化名人;《欢乐家庭》虽然反映的是百姓消费生活中常见的问题、事件,但却是以室内轻喜剧的方式出现的,本质上更倾向于文艺娱乐节目;《生活》栏目则聚焦的是日常消费、流行趋势等方面的内容,题材性质主要诠释的是"生活""服务"。也正因如此,不少人对此提出了质疑:"中央二套还是经济频道吗?中央电视台新形态的娱乐性节目不是出在文艺部,却出在了经济部。我们说的是《幸运 52》《开心辞典》这样的栏目。"②

　　由此可见,2000 年改版将频道定位为"经济·生活·服务",看起来是频道定位更加具体准确了,但较之此前单纯强调"经济"特色,实际上是让频道在专业化形式下有了名正言顺扩张频道外延和内涵的前提,是借专业化之形,谋大众化之实。经济频道在谈到此次改版时明确表示:"新的频道整体风格更加大众化、多样

　　①②　汪文斌、李幸:《"大众化"与"新形态"》(上),《现代传播》2002 年第 1 期。

化,节目的服务性、娱乐性增强。"①这是央视二套首次如此明确、清醒地将"大众化"提到高于专业化的程度,其实也是一种更切合自身实际的选择。

五、"大经济观"的推出和经济综合模式的确立

如果说央视二套1996年改版采取的提高经济节目数量,强化经济特色的措施,是对当时的频道专业化理念的尝试,那么,2000年确立的"经济·生活·服务"这种内容宽泛的频道定位,则主要是基于频道当时的生存境遇,是一种颇具现实针对性的务实之举。因此,2000年改版改变了央视二套1996年改版之后出现的叫好不叫座局面,实现了改版初衷:"它(2000年改版)所导致的直接结果是经济节目的收视率提高了,中央电视台二套收视率提高了。"②由此,也明确了央视二套的经济综合频道定位。但是,在日益高涨的频道专业化呼声中,2003年,央视二套还是启动了新一轮的改版。

2003年改版的最大动作是,呼号正式确立为"经济频道",其内涵为"大众、综合、实用"。这是一种形式上进一步向专业化迈进,实质上却依旧维持原状的改版思路。从表征层面看,将原来的频道呼号"经济·生活·服务"浓缩为"经济",意味着改版后频道内容更加聚焦、专业;然而,在此同时又推出"大众、综合、实用"的频道宗旨,意味着并不是要收缩频道外延,而是要继续沿着2000年确立的大众化思路深化发展。但此次改版所追求的"大众化"和"经济·生活·服务"频道时期的大众化又有不同。不同在于,此前的大众化是力图弱化频道的"经济"属性,"我们的频道叫'经济·生活·服务'频道,并不仅仅局限于经济,它的空间是很大的。中央电视台二套像是一块试验田,包括《对话》《开心辞典》在内,我们尽可能给它们更多的空间。现在电视观众喜欢了,他们不在乎你是哪个频道"③,从中可以看出对经济频道"经济"性的竭力淡化。2003年这次改版则不然,它不再刻意背离自己的经济属性,而是在"经济"框架内,维系专业性的前提下,谋求大众化。央视二套负责人在2003年改版新闻发布会上关于改版初衷曾做过这样一段陈述:"在央视广告经济信息中心待过多年的人都有一个共识,一直困扰CCTV-2的难题是'频道定位模糊,频道形象含混'。要想再创出一片新的天地,靠开荒占地,跑马圈地已经不可能了,要想扩大成长空间,要想保持持久活力,必须靠'整合'。"将频道呼号由"经济·生活·服务"改为"经济"频道,显然就是一种"整合"、聚焦。但

---

① 央视国际:《一个专业化电视频道的成长路线图:由"CCTV2到CCTV经济"的四个关键阶段》,2003年10月16日。
②③ 汪文斌、李幸:《"大众化"与"新形态"》(上),《现代传播》2002年第1期。

是,这种整合、聚焦中又蕴含着自相矛盾之处,这可以从另一个改版措施中窥见一斑。

这次改版的第二个措施是,将在 CCTV2 中播出的和经济无关的综合新闻、少儿、体育、军事、老年、妇女、文艺等栏目全部撤出,其中包括重播第一套节目的《东方时空》《新闻 30 分》《中国新闻》等栏目,以窄化频道内容,着力打造国家级经济频道;与此同时,加强娱乐节目的分量,即,在已有的《幸运 52》《开心辞典》的基础上,增加《非常 6 + 1》《绝对挑战》两档真人秀节目。这种节目布局思路显然是自相矛盾。综合新闻、少儿、文艺等其他非经济类节目的撤出,无疑让频道更具专业性、更纯粹;但在已有的《幸运 52》《开心辞典》的基础上增加《非常 6 + 1》《绝对挑战》这类严格意义上说和经济关系不大的选秀节目,显然要争取的目标人群依然是普通大众,频道本质依然是综合频道。对于这种充满矛盾的改版思路,频道总监梁晓涛直言不讳地解释道:"频道呼号的改变并不是频道定位的窄化,新版推出的 CCTV - 2 并不是完全专业化的财经频道,而是以经济资讯为核心内容,具有专业特色的服务频道。"①纵然他们明确表示改版后的经济频道并非专业财经频道,但是,《幸运 52》《开心辞典》《非常 6 + 1》《绝对挑战》既非经济节目,也非服务性节目,是完全有悖频道定位的,那么,如何让这类节目名正言顺地在频道中立足?

此次改版创造性地提出了一个之后被各经济频道广为接受的概念"大经济观"。从央视二套负责人到台领导,都明确表示"新版 CCTV - 2 以'大众、综合、实用'的'大经济观'作为频道定位的核心理念"②。所谓"大经济观",顾名思义,就是从更广泛意义上理解经济的内涵,即将"经济"的内涵和外延拓展到大众化、实用性、综合性层面,就此意义上选择经济节目聚焦的对象,而不仅仅拘泥于典型的经济活动。它的提出,让从"经济·生活·服务"到"经济",看起来是在变窄的频道内容,其实是既保留了原来内容的广度,同时又在表征层面显示出是在适应时代潮流,向频道专业化方向迈进。"大经济观"其实是用于解释其"经济综合"定位的合理性的一个策略性概念,让其能够以专业频道之名,行综合频道之实,让专业和综合,经济和娱乐在频道中兼备、统一。这样说,并非要贬低该概念,它的推出在当时其实为经济节目制作扩大视野,拓展思路,解放思想,丰富经济节目的内容和表现形式,走向大众化,发挥了至关重要的作用。这将在后面的节目分析中做进一步阐释。

---

① 吴勇:《央视二套全新改版》,新华网,2003 - 10 - 17。
② 《中央电视台二套全面改版　经济频道今日亮相》,新浪财经,2003 年 10 月 20 日,http://finance. sina. com. cn。

在 2009 年 8 月 24 日央视财经频道推出之前,央视第二套节目又进行过 4 次大改版,中间小的调整不计其数。虽然历次改版所采取的策略都各不相同,总体上看,也一次次地都在逐渐向专业化方向推进,但频道定位始终没有真正改变,即一直延续着经济加娱乐这种"经济综合"模式。电视经济节目正是在这种频道构成模式和"大经济"观的支撑下发展起来的。

总之,2003 年改版以及"大经济观"的提出,是央视二套为了更清晰地回应呼声愈加高涨的频道专业化理念,在充分体现和保证既有的经济综合模式的合理性、合法性前提下,而采取的一种应对策略。

第三章

电视经济节目观念的变革与形态发展

经济频道发展定位、运行理念的变化决定着电视经济节目的内容风格及制作观念的变化。如前所说,基于节目覆盖面以及所处场域的特殊性,我国诸多经济频道中,最富变化、始终在不断探索的,是央视二套节目,它集中体现了我国电视经济节目的发展演变历程。因此,对进入频道化运行机制之后我国电视经济节目的探讨,也主要围绕央视二套节目的变革展开。1996 年,央视二套第一次拥有频道呼号,标志着我国经济节目进入频道化发展时期,具体表现为电视经济节目数量开始激增。节目数量的增加必然促成节目多样化局面的形成,以避免节目之间出现雷同。本章以 1996 年至 2008 年这 20 多年间央视二套经济节目的发展演变为例,探讨我国电视经济节目在走向多元化的过程中,所经历的观念变化和形式变革。

纵览央视二套节目 1996 年至 2008 年间的经济节目,就其节目内容、形式诉求看,经历了四次大的变化,这四次大的变化其实体现的是经济节目发展观念的变革:第一阶段,完全依据题材差异丰富和发展经济节目,表现形式是清一色的专题片;第二阶段,将追求"精品化"作为吸附观众的主要手段;第三阶段,经济节目为了提高传播效果,实现大众化,开始求助于娱乐节目形态,改变了经济节目只有专题片一种表现形式的历史;第四阶段,开始利用大经济观和"经济视角"拓展经济节目的内涵和外延,即不再简单地靠移植娱乐节目形态体现大众化诉求,而是通过从经济视角解读大众化题材,拓展经济节目的报道面,对"经济"自身的局限性进行超越。上述四种发展思路中,尤其是经济视角的提出,大大扩展了经济节目的视野范围,就像是为节目制作者戴上了一副特殊眼镜,有了这副眼镜,任何一种题材都可以拥有经济属性,都可以名正言顺地出现在经济节目中,这种经济节目制作理念自此之后被各地方经济台广泛采用,成为我国经济节目超越"经济"题材羁绊,实现大众化诉求的一种有效策略。

一、借助题材立足与专题片形式统领

就内容与形式看,我国电视经济节目最初的丰富发展主要依据的是题材差异和统一的专题片形式。这种状况普遍存在于 1996 年到 2000 年间。2000 年之后,娱乐节目形态的引进,才打破了经济节目被专题片统领的局面。

所谓题材立足,是指最初电视经济节目的扩张、数量的增加,主要是借助不同的经济题材实现的,利用各种不同的题材,完成了经济节目量的飞跃。这意味着,经济节目最初仅仅是一个题材意义上的概念。1996 年 7 月,为了体现"以经济节目为特色的频道格局",央视二套大规模推出电视经济节目,选择的就是这条路径。这次改版央视二套在已有的两档经济栏目《经济半小时》和《经济信息联播》基础上,一次性增加了 8 个新栏目。这 8 个栏目是:《财经报道》《生活》《环球经济》《企业家》《金土地》《供求热线》《欢乐家庭》,之后又推出了《商务电视》。从栏目名可以看出,8 个栏目分别对应的是经济活动中的不同领域和环节。《生活》栏目针对的是消费领域;《企业家》的主角是生产者和经营者,聚焦的主要是生产领域;《环球经济》追踪的是世界经济市场;《供求热线》则主要传播市场信息;《金土地》针对的是农业生产……可见,这些栏目设计的依据是,"有什么经济,有什么领域,就有什么栏目,而不是按照观众的需求,按照市场需求……设了一个为都市居民服务的《生活》栏目,同时还有一个为农民服务的《金土地》栏目;既然有了世界经济报道(《环球经济》)栏目,就得有一个中国财经报道栏目,等等,不一而足"①。由此可以看出,经济类节目的多样化,是通过题材差异即题材自身的多样化实现的。

不能否认,经济节目这种题材立足的思路,的确保证了节目的"经济"属性和频道的经济特色,让"经济"频道名副其实;而且也体现了节目之间的差异性。但是,这也暴露出当时电视人在电视经济节目的认识上存在的两个误区。一是将经济"节目"和经济"活动"本身等同起来,有什么经济类型,就设置什么经济节目,忽略了经济节目作为媒介产品的特殊性,即满足受众需求,适应媒介市场需要,遵循传播的基本规律;二是将经济自身的"专业"性,等同于频道专业化的"专业"性。二者的内涵有着本质差异,前者是学科层面的,后者则是传播层面的;后者所要求的专业性,从某种意义上说,恰恰是要"去"学科意义上的专业性的,其本质是媒体服务的专业性,那就是明确的受众意识、服务意识。

之所以出现有什么经济类型就设置什么经济节目,让题材决定节目类型的思

---

① 汪文斌、李幸:《"大众化"与"新形态"》(上),《现代传播》2002 年第 1 期。

路,源于两个特定的历史诱因。一是基于满足经济宣传的需要。虽然当时我国电视媒体已经开启了市场化运行机制,但由于它作为政府喉舌、工具的身份已经深入人心,尤其是在"经济"成为当时党和国家最大的政治这一背景下,经济节目存在的目的就是为了全面宣传经济建设,因此,经济领域里有什么,自然就要设置与之相对应的经济节目,以让每一个经济领域都能在场,这是当时设置经济节目的基本逻辑;二是因为当时我国电视节目形态尚比较单一,未能从形式和形态上为丰富经济节目类型提供支持。1980年至20世纪90年代,在我国,除了电视剧、综艺节目、文艺晚会这些特殊节目形态,新闻性、纪实性的节目形式就只有专题片一种可以选择。对于经济问题这种严肃的题材,在当时电视人的视野里,除了新闻报道,只能选择专题片形式。可以说,经济节目被天然地与专题片联系在了一起。所以,节目之间的区别,只能依赖题材的不同来体现。

　　后来央视二套负责人在反思这一时期的节目时说道:"纵观我们原来的栏目设置,我们发现几乎所有的栏目都用了传统的专题这种形式。"①所谓专题节目形态,就是以阐释一个主题、传播一种观点为主旨的"解说+画面"式的节目形式,即其表现形式通常是完整、明确的观点,配以相关画面。观点的强势传播是这种节目形态的本质。上述10个栏目中,除了《欢乐家庭》,其他9个经济栏目均采用的是专题片形式。从外部架构上看,虽然各个栏目均包含不同的子栏目,但每个子栏目无一不是专题形式。例如,《经济半小时》自1995年1月开始改变了原来由11个子栏目构成的综合栏目格局,由《每日财经》和《今日视点》及《天天十二分》三个栏目组成,其中,除了消息性的新闻栏目《每日财经》外,后两个栏目均以小专题的形式出现;而且改版之后的《经济半小时》栏目为了配合当时的经济宣传,常常不定期地打破栏目格局,播出重大题材系列专题片。仅在1996年10月到1997年底,就播出了《世纪的呼唤——市场经济与职业道德》(共12集)《温州人》(4集)《跨越九七》《话说农民负担》(7集),以及《3·15在行动》(23集)等多部系列专题片。《经济半小时》栏目本身实质上就是一档专题栏目。

　　《生活》栏目是当时反响比较大、最受观众喜爱的一档杂志型栏目,由多个版块构成。其独到之处首先在于节目选题偏向日常生活化、接地气,具有浓厚的服务百姓生活的意识;其次,主持人随意、清新的主持风格,以及主持人空间令人耳目一新的虚拟化、流动性设计,也赋予节目以独特性。但是,这些独到之处并未让节目脱离专题片形式。主持人(赵琳)虽然有以往同类节目主持人所不具备的自然、随和的明星风格,但在节目中承担的仍是版块串联功能,具体到每个版块,都

---

① 汪文斌、李幸:《"大众化"与"新形态"》(上),《现代传播》2002年第1期。

是清一色篇幅短小、结构完整、独立成章的专题片。例如,《生活》栏目开播初期,主要由《背景》《消费驿站》《百姓》三个主板块构成。第一期中的《背景》小栏目,是一个题为"谁来包装老人"的小型专题片。片子主要围绕当时服装市场老年人买衣难这一普遍现象,分析服装生产厂家不愿设计、生产老年人服装的原因;与此同时,通过短片,提醒各服装厂家,老年人服装市场潜力巨大。另一个子栏目《消费者驿站》则包括了"让小家电提高你的生活品质"和"生活小常识"两个小专题;子栏目《百姓》则以"生活里的自我包装"为题,展现百姓越来越注重自我设计、包装,追求个性化生活的消费趋势,也是专题片形式。

专题片是20世纪八九十年代我国电视媒体的主导性节目形态,也是一种高度模式化的节目形态。甚至可以说是新闻、电视剧之外的一种最正统、几乎等同于电视节目代名词的节目形态。其最大特点就是主题先行,其本质是围绕主题重构一个带着浓郁主观性、规定性的符号世界。"因为传统专题的方式是一种逻辑推理的方式,它把鲜活的事实切碎之后,按照逻辑的需求重新码砌。我们拍摄的东西都被作为论据来使用。它有自己的结论,而且结论已经先天就有了。鲜活的东西仅仅是为了论证它要论证的东西,而为了论证它要论证的东西,鲜活的东西完全被它弄死了,被它切碎了,最后鲜活性没有了,生动性也没有了。"①这是经济节目生产者之后才意识到的。当时专题节目形态之所以能一统天下,不言而喻,在于它最能反映传播者的宣传意图。在经济节目还是单纯的宣传经济政策、服务经济建设的阵地时,经济节目在表现形式上完全被等同于专题片,经济类节目依据内容差异来体现各自的不同,是一种必然,也是无法避免的历史局限。

二、受众缺席的"精品化"策略

电视经济节目借助题材差异和专题片形式,实现了数量扩张、凸显频道经济特色的目标,的确也促使经济频道向"专业化"推进了一步。但是,从本质上看,这颇像是对早期经济栏目所采取的内容"由窄化到综合"策略的一次重复,只不过早期的内容窄化和综合均体现在每个栏目内部,这次指的是整个经济频道内不同经济栏目之间的内容布局,虽然对象不同,但是和早期一样,存在受众意识缺失问题。因此,问题也随之而来:这些经济节目涉及经济领域的各个方面,几乎囊括了工农商各个行业,这些行业性内容距离百姓生活比较远,而且形式又千篇一律,因此很难吸引观众。因为,并非经济活动的每个方面都能让普通百姓感兴趣,百姓只关心与其生活相关的经济活动,尤其在市场经济发展初期经济活动尚未完全社

---

① 汪文斌、李幸:《"大众化"与"新形态"》(上),《现代传播》2002年第1期。

会化的背景下,诸如《企业家》《环球经济》《财经报道》这样的节目很难拥有成规模的受众,这是显而易见的事实。这就需要一种能够解决这一问题的办法、策略。

早期解决综合性栏目收视效果不佳的策略是表现形式上追求艺术化、平民化,此时选择的则是走"精品化"道路。当时的电视工作者认为,只要节目制作足够精良,经济节目就会吸附受众。何谓电视精品节目? 时任广播电影电视部部长的孙家正在 1995 年 2 月召开的全国广播电影电视工作会议上指出,电视精品就是"把思想性和艺术性、知识性、趣味性结合起来,真正做到'寓教于乐'"。时任中央电视台台长杨伟光在 1996 年 6 月召开的全国省级电视台台长会议上的讲话中则指出,精品电视节目的标准是:导向正确、思想性强、艺术水平高、富有民族特色、技术质量一流、社会效益好。可见,都是站在传统美学立场,依据审美标准对电视媒介产品提出的要求。以此为依据,学界对电视精品也做出了基本一致的诠释。张君昌提出,电视精品应具备的五个标准是:"导向正确、内涵深邃、特色浓郁、策划精细、制作精致、反响强烈";喻国明认为,"权威性、可视性、价值性、重要、大气"是构成电视精品的必要条件……虽然不同学者对精品节目内涵的表述不尽相同,但从中可以看出,基本精神是一致的,那就是:导向必须正确,有深刻的内涵;内容上必须具备重要性;风格要大气;形式上则必须制作精良,具有比较强的艺术性、表现力,这样才能成为真正的电视精品。这种对电视节目的精品化要求是我国政府在 20 世纪 90 年代对电视及整个文化产业提出的。尤其是在艺术性还被理解为电视的基本属性的历史情境下,所有电视节目都被视为"作品",电视经济节目也不例外。因此,"精品化"策略也被运用在电视经济节目的创制中。

央视二套自 1996 年定位于经济特色频道之后,就开始有重点地打造精品节目。其在电视经济节目中最突出的表现是,内容上更多地聚焦重大题材、重大事件,着力表现政治经济领域的重大问题,热衷于宏大叙事,充分践行精品化策略对导向正确的要求;形式上则重在表现性而非纪实性,将专题片形式运用到极致,精雕细琢、制作精良。自 1996 年开始,央视二套几乎每年都会推出多部特别播出的大型专题节目,仅 1997 年就推出了 10 多部大型专题片和系列节目,如十集大型专题片《跨世纪的转变》、五集专题片《软着陆》、十二集电视系列片《千秋万代话资源》等。从这些节目的片名就可以看出,它们反映的都是重大历史或现实问题,而且都蕴含浓郁的政治意味,毫无疑问都是宏大叙事。曾经一度,《经济半小时》栏目完全成了播出这类重大、重要题材的阵地。其中《跨世纪的转变》是时任国家体改委主任李铁映建议、与国家体改委共同制作的,当时的国务院总理李鹏和副总理李岚清均接受节目采访,参与到了节目制作中。这其实都从一个侧面体现出了经济节目的精品化特点。而且,学界专家也都一致认为二套的经济节目制作

"非常精良",评价其"专题节目已经到了登峰造极的地步"。节目管理者自己也说:"我们所有人员都有一种追求,要把节目做好,不甘心做二流三流。"①可见,精品化成为一段时期内经济节目用以提升自身影响、广泛吸引受众的一个基本思路。

电视经济节目之所以选择精品化策略获得观众广泛认可,一方面如前所说,和 20 世纪 90 年代中期整个文化产业的发展环境有关。改革开放以来,整个文化事业发展迅速,高度繁荣,虽然这种局面为百姓提供了丰富的精神产品,但同时泥沙俱下,尤其是价值取向的多元化,对主流价值观和整个社会风气产生了严重挑战。而在电视领域里,90 年代中期,由于频道的急剧扩张和节目制作能力的不足,导致节目粗制滥造现象更加严重。为了矫正文化产业量多质糙的局面,提高产品质量,打造精品,成为自上而下、从党和政府的宣传部门到媒体的共同要求。1995年 2 月,孙家正在全国广播电影电视工作会议上提出"强化精品意识,全面提高节目质量";1996 年 6 月召开的全国省级电视台台长会议上,他又明确提出,"提高节目质量,必须坚持精办频道,精办栏目,精办每一个节目"。1996 年 10 月 10 日,中国共产党第十四届中央委员会第六次全体会议通过的《中共中央关于加强社会主义精神文明建设若干重要问题的决议》发出了"树立精品意识,实施精品战略"的号召,于是,呼唤"精品"成为整个文化艺术界的一种共识和风潮,电视经济节目当然也不例外。另一方面,是传统的认知逻辑和思维定式使然。在媒介意识、受众立场尚未完全建立的背景下,为了争取受众,电视人按照传统逻辑,自然会在节目质量上做文章,正如设置节目时是基于传者立场、宣传需要,在寻找解决问题的路径时,也仍旧从传者自身出发一样。基于传统宣传视角和艺术立场,势必认为节目不被观众接受,是因为节目质量、品质出现了问题,只要每个节目都是"精品",就会赢得观众。从前面的诠释中可以看出,当时理解的"精品",显然忽视了其中最关键的因素,那就是观众需求。"受众"在精品化理念中处于缺席状态,使得电视节目"精品化"实质上等同于电视节目的精英化、高端化。精品化实质上体现的是传者对受众的想象,忽略了电视作为大众文化的本质。

因此,高质量的节目并未得到观众认可,没有给经济频道带来预期的收视率。"经济节目 1999 年比 1997 年相比,收视率平均下降 30%,其中《经济半小时》下降率高达 59%,一大半观众两年之间流失掉了。""我们通过调查发现,我们用近70%的节目服务于 14%的观众群,节目投入量的比例与观众比例出现明显反差,另一个反差还在于,我们收入的 2/3 来源于我们 1/3 的栏目和节目。"②有学者非常客观地对央视二套的"精品"节目评价道:这些"经济节目质量很好,但是没有收

---

①② 汪文斌、李幸:《"大众化"与"新形态"》(上),《现代传播》2002 年第 1 期。

视率,没有市场,电视观众看你们的节目特别累"①。这种状况,是促使央视二套在2000年改版提出"大众化"追求的关键。

但要特别指出的是,在精品意识驱使下,通过大型专题片打破常规播出状态,制造"特别播出"效应的方式,逐渐形成了央视经济频道的一个独特传统,一直存在于其后来的发展过程中,成为缓解审美疲劳,增加受众黏性的基本策略。

三、娱乐节目形态的引入和经济节目外延的拓展

无论是依据题材差异扩大电视经济节目规模,还是通过精品化策略提高节目质量,其实都未真正触及电视经济节目的本质,那就是,都只是将其当作一个题材概念,围绕着专题片一种形式做文章,而未能基于大众媒介产品的基本规律,在开发新的节目形态上进行探索。这种状况直到2000年前后才开始改变。

1996年7月,央视二套在当时日渐高涨的频道专业化呼声中,为了改变"千台一面"的同质化频道状况,加大了经济节目的分量和浓度;同时为了让这些节目能够被观众接受,实施精品化策略,力图在使经济节目质量和数量都得到提升的基础上,赢得观众。然而,其结果是叫好却叫不座。终于在2000年前后,央视经济频道管理者认识到问题的症结主要在于这些节目中缺乏受众意识,"缺乏对观众的研究,同时缺乏对电视的研究"②,因而对当时高涨的频道专业化呼声开始反思,认为当时中国电视节目最亟待解决的并不是如何专业化的问题,而是怎样大众化的问题。大众化追求表现在节目创制上,就是在2000年前后,借第二次改版,引入了如《幸运52》《开心辞典》《对话》等一些娱乐节目形态。这些节目的出现表明,电视经济节目开始重视节目形态的多样化,着眼点不再只是题材本身。

此前说过,《幸运52》《开心辞典》的本质是娱乐节目。2005年它们从经济频道中移出,从一个侧面表明它们是有悖频道定位的。但在当时,央视二套则是将之作为经济节目看待的:"这是我们在2000年做出的一个非常重要的试验,即将经济的内容和娱乐的形式进行嫁接,以观众最乐于接受的方式和手段来传播经济节目,因而一向认为是枯燥的、数据性的经济节目有了一个活泼的、生动的载体……《开心辞典》和《幸运52》,它改变了人们的印象和观念,即经济节目也是可以好看的。"③而且,央视二套在引入这些节目时,所看重的正是它们各自独特的节目形态:"在二套节目里,《开心辞典》《幸运52》是游戏形态的,《对话》是脱口秀那种形态,《经济半小时》是新闻分析形态。《证券时间》是现场直播的节目,《商界名家》是属于人物专访型的。我要求每个节目都要有一个形态,形态尽量不

---

①②③　汪文斌、李幸:《"大众化"与"新形态"》(上),《现代传播》2002年第1期。

要重复。""只要对传播经济有用,我不管你是什么形态,国际上成功的电视形态我都要用"①,时任二套节目负责人的汪文斌这样说道。这意味着,节目制作者已经不再将"形式"的探索局限在专题片形态内部,仅指专题片自身制作是否精良、声画结合是否完美,而开始在专题片之外探索经济节目的表现形式,即探索新的"节目形态"。所谓节目形态,"是电视节目内容的形式载体和结构方式。它既是具体的节目形式,又是节目模式的基本构成"②,简而言之,就是内在表现为特定的结构方式、套路,外在表现为特定形式样貌,具有一定的可复制性③。

　　由于《开心辞典》《幸运52》和《对话》《地球故事》原本是娱乐性节目形态,所以,它们一出现在经济频道中,一方面立即引发了极高的关注度和收视率,另一方面也招致了不少来自学界和观众的质疑,质疑这类节目出现在经济频道的合理性。的确,孤立地看,《开心辞典》和《幸运52》这些节目从内容到形式很难纳入经济类节目范畴,然而,对于这些栏目和经济之间的关系,二套节目的负责人是这样诠释的:《幸运52》是以娱乐的形式传播经济知识,因为其中主要是在猜商品价格,传播消费知识;对于《开心辞典》,则从当时二套节目的定位"经济·生活·服务"出发,认为,频道并没有仅仅局限于经济领域,因此它与频道定位是相契合的。最典型的例子是对《地球故事》栏目定位的诠释。这原本是引进国外的一档探秘大自然的节目,每期播出的主要是生态环保、猎奇探险的获得国际大奖的优秀纪录片,集知识性、故事性、可视性和趣味性于一体(后来该栏目又引进了野外生存真人秀形式)。2000年7月央视经济频道在推出这档节目时,是这样介绍的:该栏目要在经济发展与环境保护之间寻求一个平衡支点,内容聚焦世界各国在追求经济发展和维护生态环境过程中所发生的真实故事,旨在从正面故事中获得经验,从反面故事中吸取教训,为中国经济的可持续发展提供直接参考和借鉴。当然,就《地球故事》中所展现的内容来说,是可以从经济视角做这样解释的,但就节目的主旨和实际传播效果看,它重在传播知识和娱乐性,而不是经济性。频道之所以对这档原本距"经济"比较远的节目做出这样的解释,显然是在刻意寻找该节目和"经济"频道之间的关联点和契合度,以表明它在经济频道存在的合理性。虽然这种解释未免牵强,但从中可以看出,此时电视经济节目创制者对经济节目的认识已经发生了质的变化:经济节目已经不再是一种凭借题材立足的电视节目,更

---

① 汪文斌、李幸:《"大众化"与"新形态"——关于电视经济节目变革的对话》(下),《现代传播》2002年第1期
② 谭天:《论电视节目形态的构成》,《现代传播》2009年第4期。
③ 孙宝国:《电视节目形态学》,新华出版社,2009年,第11页。

不是经济活动简单、直接的反映;它可以以任何一种节目形态出现,是一种可以通过不同节目形态体现"经济"味的独立的电视节目类型。

由此可以看出,经济节目摆脱单一表现形态,真正走向多样化,是通过引进娱乐节目形态实现的;但也应该看到,这些新的经济节目形态实质是依附在娱乐节目上的,在这里是娱乐为"体",经济为"用"。真正赋予经济类题材以娱乐性的,则是《生活》和《对话》栏目所做的尝试。

四、经济节目表达方式的娱乐化探索

如果从电视是娱乐媒介这一论断看,作为电视节目之一种,经济节目走向娱乐化似乎是再正常不过的事。但是,经济毕竟不同于一般社会新闻、文艺体育等本身就具有娱乐性的活动,就经济行为自身而言,它和娱乐无关。然而,20世纪90年代末,由于经济节目一味地追求宏大叙事,走精品化道路,导致这种原本就极具专业性的节目类型更加远离大众。而经济频道又大多采取的开路免费模式,主要依靠单一的广告盈利模式生存,因此又不能不重视收视率。所以,经济节目不得不通过追求娱乐性实现大众化,扩大受众规模。但是,在频道专业化理念主导的背景下,直接引入娱乐节目显然是有悖电视经济频道的生存价值的,学界对央视二套推出益智娱乐节目的质疑,就说明了这一点。因此,经济节目开始探索既能真正体现经济属性,又有一定娱乐效应的新节目形态。

如前所说,最初的娱乐化尝试是娱乐为"体",经济为"用",即在娱乐节目形态中,加入一定的经济元素,但其作为娱乐节目的本质并未改变,比如1998年央视第二套节目推出的《幸运52》,以及2000年改版时推出的融知识性、趣味性为一体的《开心辞典》。最早真正从"经济"题材自身去探索娱乐化表达方式的是1998年推出的《生活》栏目。该栏目虽然采用的仍旧是专题片形式,但在内容和形式上已经体现出了经济节目表达方式的娱乐化端倪。

《生活》栏目是一档面向消费者、着力于引导消费的服务性杂志栏目。今天看来,它与以往经济类节目的最大差异,也是最能体现其娱乐性的地方,主要在两个方面。一方面是在内容上,它让以往严肃、专业、高端的"经济"活动、经济现象和百姓日常生活联系了起来,赋予"经济"节目以日常生活属性,摆脱了以往一味追求宏大叙事的传统。表3.1是《生活》栏目前三期的内容构成。从中可以看出,其内容主要围绕提供生活资讯、满足受众好奇心、求知欲,提供新鲜感等几方面展开,在"经济"和生活之间找到一个让经济节目立足的空间,充分体现了服务于百姓生活的意识和"实用至上"的内容定位。《生活》栏目的这种选材方式,把落点放在了普通大众身上,使经济节目的视角更加平民化。由此,枯燥而空洞的专业

经济问题,在《生活》栏目中幻化成与老百姓切实相关的衣、食、住、行、用的千奇百怪的现象上,经济问题真正地成为老百姓生活中实实在在的,看得见、摸得着的生活问题,经济节目也为此一改往常拒人千里、孤芳自赏的面孔,而变得亲切、随和起来,从而也使经济节目更加生动,更加具有贴近性。"①另一方面是《生活》栏目在视觉符号上体现出的浓郁观赏性、时尚感,其中包括演播室设计和主持人表现出的明确的明星意识等,都让这档经济节目拥有了综艺节目的特点。这与仅在娱乐节目形态中注入些许经济内容的《幸运52》《开心辞典》有着本质区别。

表 3.1　《生活》开播初期栏目内容

播出时间	播出内容
第 1 期 1996 年 7 月 6 日	背景:谁来包装老年人 消费驿站: 让小家电提高你的生活品质 生活小常识 生活里的自我包装 生活中的尴尬 百姓:公用电话"宰"你没商量
1996 年 7 月 6 日	背景:今天的十万个为什么在哪里? 消费驿站: 饮料种种　谁入杯中 现代家园　居住环境 生活中的尴尬 百姓:众人关注的"无齿桂花"
1996 年 7 月 6 日	背景:电价上调之后 消费驿站: 洗衣粉比较试验报告 中国人吃什么? 生活中的尴尬 百姓:苦涩的"甜蜜"

但是,《生活》栏目的娱乐性终究还是体现在选题和包装层面,真正从节目形态层面,发掘经济题材的娱乐性,使经济节目从整体上发生变化的,是《对话》《经济与法》等栏目的出现。

---

① 　汪文斌:《电视经济节目正在发生的变革》,《中国广播电视学刊》1998 年第 1 期。

2000 年《对话》节目的出现对于经济节目的发展是革命性的。它的革命性在于，虽然它借助的脱口秀也是一种娱乐节目形态，但它和《幸运 52》《开心辞典》这类娱乐为"体"，经济为"用"的经济节目恰恰相反，它能够赋予经济题材以娱乐性。这档节目创办的初衷就是要开拓一种"娱乐性较强的脱口秀式样的、以奇人奇事为主线的节目风格"。节目创办伊始，主要强调了两点：一是利用脱口秀形式本身的日常化和随意性，软化经济题材的专业性，改变原来专题片形态的经济节目给人的高度理性、不可置疑、不可替代的刻板印象，让"经济"走下"神坛"，成为一种接地气、可以广为探讨的社会现象，真正赋予经济节目以大众性。这种改变为"经济节目"娱乐性的开发、拓展，奠定了基础。二是借助脱口秀对故事性的重视，推动经济节目走上故事化之路。"谈话节目实际上给了我们一个最好的讲故事方式"①，而"故事本身具有娱乐性"。故事性促使作为经济节目的《对话》栏目的选题，经历了从讨论"话题"到聚焦"人物"的转变，这种转变赋予节目浓郁的个性化和娱乐化特征。"话题说的大多数是人所共知的一些东西。这些东西大家平时都知道，都在说，把这些放到电视上说去，说来说去，结果是在底下都聊过，在电视上再看一遍，没有多大价值，而且谈论话题的过程废话多，因为结论一句话就说清楚了"，而"每个人身上的故事不是人人都知道的"，②由此，经济节目开始讲故事，这种故事化追求使经济题材顺理成章地具有了娱乐性。

还有一些赋予娱乐性的经济节目是《经济与法》和《鉴宝》栏目。这两档节目的共同之处，一方面拓展了"经济"的边界，即开始尝试从经济视角，在其他领域寻找经济节目内容。前者是在经济和法律之间，主要表现的是百姓经济生活中的涉法涉诉典型案例；后者是在艺术品收藏和艺术品市场流通之间寻找故事。《经济与法》开播于 2003 年 2 月，它由中央电视台经济频道与最高人民法院办公厅联合推出。央视二套是这样介绍该栏目的：栏目以"'推进中国市场经济规范进程'为宗旨；以'民营经济人士以及所有对法律问题感兴趣的经济界人士'为目标观众；以'市场规则'为关怀；以'一天解析一个案例'为形态；以'经济人的法律顾问'为自我形象定位；以'民营经济人士以及所有对法律问题感兴趣的经济界人士'为目标观众。《经济与法》绝不是普通的法制节目在经济领域的自然延伸，而是从经济界人士，尤其是民营经济人士的切身需要出发，为这部分活跃阶层量身打造的电

---

①②　汪文斌、李幸：《关于〈对话〉的对话——李幸与汪文斌的谈话》，《南方电视学刊》，2001年第 5 期。

视栏目"①。由此可以看出,《经济与法》既借助法律案件自身的戏剧性吸引一般受众,又借助经济领域法律案件的特殊性,服务于关注经济活动的受众。显然这是对经济节目内涵的拓展。另一方面在于节目形态上的拓展、创新。《经济与法》从外在形式看,采用了画面加解说的专题片形式,但它和后者截然不同。专题片为了凸显主题,往往忽视事件自身的完整性,将事件简化为一个个笼统的例证;而《经济与法》则以故事化的方式,将节目的重心集中在曲折生动、完整、富有戏剧性的具体过程上;叙事过程讲究细节呈现和悬念设置,形成了以"故事"带法理的节目模式。栏目自己也强调"在具体的节目制作中,《经济与法》选取的案例和所有法制类栏目一样,具有冲突激烈、情节曲折、可视性强的特征"②。而且,《经济与法》的故事模式和《对话》也不相同。《对话》重视故事性,但故事并非节目的核心,节目真正的核心是故事的主角即嘉宾,嘉宾的身份及社会地位所具有的明星效应才是节目最关键的支撑要素;而且《对话》并不刻意追求故事的细节及完整性;而《经济与法》则主要依托叙事自身的曲折性、戏剧性而立足。可以说《经济与法》首开经济节目中故事类或讲述类节目形态的先河。2005 年央视经济频道推出的《财富故事会》就吸纳了《经济与法》以故事为主体的结构模式。

《鉴宝》栏目则利用故事化和竞技游戏相结合的方式,将艺术品的来历及其相关知识以故事化的方式进行呈现,同时又通过价格竞猜等环节,使节目拥有了知识性和悬念感;其外在的综艺节目要素和艺术品收藏这种经济类题材做到了自然、合理的有机结合,构成了一种与特殊经济活动相适应的经济节目形态,即鉴宝类节目。这类节目依据艺术品鉴赏活动自身的大众化和娱乐性,开辟了经济节目追求大众化和娱乐性的新路径。

实际上,如何赋予经济节目以娱乐性,使之走向大众化,始终是经济节目探索、发展的动力。2005 年 3 月 28 日,经济频道又进行了一次大规模改版。此次改版虽然提出了"尊重市场"和"品牌化"两个新概念,但其实是对 2003 年改版经验和成果的放大和强化。所谓品牌化,一方面意为继续扩大已有品牌栏目的影响力;另一方面着力培育新的品牌栏目。所谓"尊重市场",就是在原有的基础上,扩大娱乐节目形态的比重。此次改版新推出的三档节目《今晚》《超市大赢家》《财富故事会》,无一不是具有经济色彩的娱乐节目。原有的专业性、对象感比较强的节目,则要么由黄金时段调出(《金土地》),要么减少播出频率(《中国证券》);娱乐性节目则被加长、放大,其中,《幸运 52》和《开心辞典》由 60 分钟增加到 70 分

---

①② 《经济与法》栏目介绍,央视网,2007 年 3 月,http://www.cntv.cn/program/jjyf/20070307/104527.shtml。

钟;《非常6+1》由80分钟扩展到90分钟。同时增加播出频率和时长的还有这样三个栏目:《第一时间》从周一至周五播出扩展为周一至周日打通播出,《生活周末版之电视烹饪大赛》从35分钟扩展为50分钟,《全球资讯榜》也从35分钟扩展为40分钟。虽然这些并非娱乐节目,但显然它们是大众化的新闻资讯和生活服务节目,而非专业财经节目。也就是说,2005年的改版其实是进一步加大了频道的娱乐节目、普通新闻节目和生活服务类节目的分量,是2003年改版思路的延伸,甚至可以说,2005年改版是央视经济频道的又一次强化娱乐性之举。

五、经济视角的引入和经济节目内涵的扩张

我国电视经济节目在发展过程中,最具实质意义、能够平衡大众化和专业性关系的节目开发路径是经济视角的引入。由于我国几乎所有的经济频道都是免费开路频道,这意味着它们要和电影频道、综艺频道以及综合频道等大众化、娱乐化频道一起争夺收视率,因此,大众化、娱乐化始终是经济节目需要面对的问题。而且,伴随着媒介环境的变化以及媒介产品更新的需要,经济节目形态需要不断创新。此前所说的诸如《对话》《经济与法》之类和娱乐节目形态相结合的经济节目形态创新思路,的确打破了经济节目形式的单一化状态,拓展了这类节目的内涵和外延。然而,节目形态是一种相对稳定的存在,其更新是一个相对漫长的过程;而电视媒体愈益严重的娱乐化趋势,对经济节目大众化、娱乐化的广度和深度的要求越来越高,仅仅着眼于节目形态的引进、创新已经无法适应新的竞争形势,于是,引入经济视角,拓展经济节目的内涵,成为经济节目走向大众化的新思路。

所谓经济视角的引入,意为用经济眼光看待现实世界,审视现实生活的各个领域。站在这个视角,任何社会问题都是经济问题。比如,教育问题原本是民生问题,但从产业发展角度解读,就属于经济问题。由此,经济节目的报道面得以扩大,内涵得以扩展,一些社会问题、大众化题材可以名正言顺地被纳入经济节目中。显然,这是经济节目走向大众化的一条合乎逻辑的路径。

从经济视角解读一般社会问题,是央视经济频道《经济半小时》栏目在纪念开播15年之际明确提出的。经济半小时负责人对此解释道:"任何题材都可以做经济的解读,尤其是一些过去不被归入经济报道领域的话题。比如《经济半小时》曾经对一起婴儿丢失案进行报道。多个婴儿在同一个区域神秘失踪,这很容易被认为是一个社会新闻。但从经济视角去解读,记者发现,丢失婴儿的区域集中在昆明的城乡接合部,这里存在的重要问题是外来人口与城市管理的矛盾,表象的背后,还是深层的经济问题。这期报道就以社会话题为由头,从经济视角切入,从而实现了经济报道的独特解读方式。采用经济视角,可以大大拓展经济栏目的报道

空间。"①以此思路,经济报道不仅可以将视野拓展到社会新闻领域,同时,娱乐新闻、娱乐人物,也毫无障碍、名正言顺地走进了经济节目中。比如,《经济半小时》就从球队经营角度报道了球星姚明;从体育明星代言等问题入手,报道了获取世界冠军的刘翔。

　　用经济眼光审视社会问题,在经济社会中,任何问题都会和经济有千丝万缕的联系,任何非经济问题都可能是经济问题,这样,"栏目的资源就拓展了,经济是我们看世界的视角和尺度,是对经济内涵的理解。以前栏目强调的是经济现象和案例,现在则强调经济视角"②《经济半小时》在拓展经济内涵上做出的探索,大大强化了经济节目的趣味性、大众性,同时也为各经济频道走向大众化提供了有益启示,成为经济节目摆脱题材局限,与综合频道竞争的基本手段。即便是在十多年后的今天,从经济视角审视社会问题,仍被广泛应用在财经报道中。这将在之后对地方经济台节目的解读中得以体现。

---

①②　雷蔚真:《中国电视经济节目的探索与转型——"经济半小时"15周年制片人访谈录》,《中国记者》2004年第12期。

第四章

三种频道模式并行发展

此前说过,电视经济节目的发展最终取决于频道定位及其发展方向,因此,不能脱离经济频道发展状况,孤立地考察电视经济节目。在经济频道诞生之后的十多年间,以央视为代表,经济频道在不断探索中,囿于开路盈利模式的限制,逐渐认识到,只要经济频道仍需依赖广告这一单一盈利模式,专业化和大众化的矛盾就会依然存在,而能够平衡这一矛盾的最有效路径就是经济综合频道模式。因此,我国大多数经济频道都稳定在这种模式上。但这并不意味着没有例外。伴随着我国经济的飞速发展以及全球经济一体化局面的形成,在全球范围内争取话语权的问题越来越重要,这一重任必然需要相应的媒体来承担。要在全球传媒市场发出自己的声音,毫无疑问专业性就必须放在第一位。正是在这种背景下,上海第一财经频道在2003年率先开启了真正面对国内外投资者的专业化之路。经历2008年世界金融危机之后,央视经济频道也认识到了作为国家经济媒体的责任,于是2009年将经济频道改为财经频道,表现出了以专业化的定位,面向世界,打造国家财经媒体形象的意图。央视财经频道的推出,可以说是我国电视经济频道发展的分水岭,自此,"财经节目"取代"经济节目"成为一种趋势。但这并不意味着我国电视经济频道已经完全步调一致。纵览目前我国22个经济类频道(见附录2),其中呼号为"财经频道"的有3个:央视财经频道、第一财经频道和北京电视台财经频道;"经济"频道9个,"经济生活"频道4个,同时还有"经济资讯""新财经"频道等各种频道呼号。如此繁多的经济频道,依据其所属场域、频道的内涵特质、内容定位及风格诉求,它们其实分属三种不同的频道运行模式,即以央视财经频道为代表的大众化的专业财经模式,简称为大众财经模式;以第一财经电视频道为代表的专业财经模式,以及地方台经济综合模式。这三种经济频道模式基本涵盖了我国22个经济频道的内容定位、目标诉求和发展思路。这意味着,我国经济类节目虽然丰富多样,但目前主要依托这三种频道模式存在与发展,三种频道模式成为我国经济频道发展的基本模式。

一、专业财经模式——第一财经频道

当下我国三个具有一定影响力的"财经频道"央视财经频道、上海第一财经电视频道和北京电视台财经频道,都是打专业牌,但实际上它们存在比较大的差异。其中,第一财经频道自 2003 年便开启了专业化之路,定位为专业财经频道,被公认为专业财经频道的代表,我国电视经济媒体中走专业化道路的标杆。虽然它只是一家地方频道,但其独特的运行机制和节目布局使其超越了行政意义上的身份地位,既不同于一般地方经济频道,更不同于央视财经频道,成为我国财经媒体发展中独具特色的存在。尤其是 2010—2013 年和宁夏卫视的合作,曾一度让第一财经频道乃至电视财经媒体、财经节目,由边缘走向了中心,成为整个行业关注的焦点;直到今天,在第一财经媒体集团全媒体运行机制不断深化的背景下,第一财经电视频道依旧秉持其专业定位。在此,先从宏观层面勾勒这一专业财经频道模式的基本轮廓。

第一财经频道于 2003 年由上海电视台财经频道演变而来,隶属第一财经媒介集团。2004 年 7 月 3 日,国家新闻出版广电总局正式批准将原上海电视台财经频道和东方广播电台财经频率统一更名为"第一财经"(China Business Network,简称 CBN)。之后,"第一财经"又拓展到了纸媒和网络领域,有了《第一财经日报》和《第一财经周刊》等,成为我国第一个集跨媒体平台与财经公关产品等为一体的财经媒体集团,第一财经电视也就成为其"全媒体"系统中的一员。正因其置身于第一财经集团这一拥有跨媒体系统中,使它超越其他地方经济频道只能孤军奋战的状态,可以一定程度上弱化对广告盈利模式的依赖,确立专业财经频道定位。那么,作为我国首个专业财经频道,其突出特点具体体现在哪里?要了解第一财经电视频道,必须首先了解其所在的第一财经传媒集团的发展思路。

"第一财经"跨媒体、跨区域的运营模式作为整个行业的标杆,得到了广泛关注。2007 年,国家新闻出版广电总局发展研究中心从产业发展角度,对"第一财经"(CBN)的产业化格局、价值链构成,以及跨媒体、跨区域传播状况,做了专门研究,推出了《第一财经产业价值链研究报告》。《报告》将"第一财经"公司的运行模式、竞争力概括为三个方面:专业化、国际化和产业化。其中,"专业化"的内涵是指,以投资者为目标受众,以"全面覆盖国内各大投资市场,为投资者带来实时、深入的市场评论分析,凸显财经专业媒体的权威高端"为主旨;"产业化"则是指"第一财经"公司不拘泥于单一媒体和媒介产品,而是"突破媒体、行业和区域界限,通过构建跨媒体、跨行业、跨地域的产业价值链",最终建设成"集财经资讯发布者、财经资讯供应商和财经服务提供商于一体"的财经媒介集团;"国际化"的内

涵是追求"合作对象全球化、内容制作全球化、节目传播全球化",最终将自身打造成"具有中国特色、中国话语权的全球性财经媒体"。①

作为"第一财经"传媒集团的一员,第一财经电视毫无疑问要合乎企业的定位及发展目标,并依据自身在价值链中的角色、地位,确立自己的运行目标和方式。在"第一财经"集团专业化、产业化和国际化的运营思路下,第一财经电视作为公司产业链条上的一部分,毫无疑问也要通过"专业化"和"国际化",为公司的"产业化"发展推波助澜。第一财经电视频道如何体现公司的专业化、产业化、国际化定位和目标?

(一)专业化:服务于"投资者"的频道定位

第一财经电视频道的专业化追求主要体现在两个方面,一是目标受众明确为专业"投资者";二是同一视点叙事的频道节目架构充分体现专业投资者的需求。

2004年7月,"第一财经"呼号在广播电视频道开始启用之初,就打出了"专业"牌,明确集广播电视为一体的"第一财经是国内唯一以投资者为收听收视对象的专业财经频道……致力于为中国广大投资者和全球华人经济圈提供实时的、严谨的、优质的财经资讯和深度评析",通过"积极打造专业、小众的传媒品质,形成自己独特的竞争优势"②。由此来看,第一财经电视频道追求的"专业化"是目标受众为投资者的"小众"化的专业频道。

关于专业频道的划分,我国电视频道在走向专业化的过程中,呈现比较复杂的局面。出现在我国的专业频道可分为三种,"第一是大众化专业频道,如新闻、电影、电视剧、娱乐、体育等频道。第二是分众化专业频道,如财经、历史、探索、国家地理等频道。第三是小众化专业频道,如机场、高尔夫等频道。"③如此看来,第一财经电视频道所说的"小众化",实际上是分众化。因为它所面对的"投资者"本身在经济社会中已经形成了一定规模,而且,对于第一财经这种尚需依赖广告盈利的免费频道来说,显然不可能走高尔夫这样的小众化收费性专业频道之路。而这种专注于"投资者"的专业电视财经频道显然和粗放型的基于满足普通大众的消费、投资、理财需要的大众化财经频道,以及众多由"大众、实用、服务"为基本内涵的"大经济观"统领的经济综合频道运行模式截然不同,它聚焦的是"投资者",而不是普通的消费者。而当时之所以以"小众"自居,源于2003年前后我国个人投资者的规模。当时,虽然我国投资者队伍在逐步扩大,有数据统计,当时我国开立股票账户已经达到7122万人,但众所周知,其中真正的专业投资者或者具

---

①②　国家新闻出版广电总局发展研究中心:《第一财经产业价值链研究报告》。

③　孙玉胜:《电视盈利模式的错位》,《现代传播》2002年第2期。

有专业投资意识的投资者,占据的比例并不大。因此,将目标受众定位为投资者的第一财经电视频道,相较以普通消费者为目标受众的大众财经,名之为小众化的专业频道也就不难理解了。

在明确目标受众为投资者的前提下,为体现其专业定位,第一财经电视频道节目设置表现出三个突出特点:

1. 节目安排和投资市场同步,实时报道市场动向。第一财经电视频道是我国最早的直播时间最长的财经频道,早在 2010 年每日直播时间就将近 12 小时,滚动播报财经时讯、时事新闻、上市公司最新消息,实时追踪全球主要股市、汇市、期货等的最新交易情况。对于财经节目来说,和市场同步本身就是频道专业性的体现。

2. 节目布局稳定,体现对目标受众的黏合力。这和央视经济频道始终追求变化构成鲜明对比。我们以随机抽样的方式,分别对第一财经频道 2010 年至 2012 年 10 月的节目按 5 + 2 播出模式(周一至周五 + 周六日)进行了跟踪,分别抽取一周的节目,分早间、上午、午间、下午、晚间 5 个时段,与 2018 年 10 月份的节目构成进行对比①(见附录4),从中发现,第一财经频道节目设置的一个突出特点就是频道整体格局变化甚微,常态的主打节目呈现出比较稳定的状态。这从一个侧面反映了其专业频道属性——对于有明确目标受众的电视频道来说,稳定性是增加节目黏性的一个重要因素。

先说周一至周五工作日的节目布局情况。②

第一,早间时段。早上 6:00—8:00 是人们一天中新闻需求的第一个高峰期,从表 4.1 可以看出,2010—2012 年连续三年第一财经频道早间时段都由《今日股市》和《财经早班车》两档节目构成;2018 年该时段节目仍是这两档。

---

① 选择 2010—2012 年与 2018 年四年做对比,一是基于 2010—2012 正值第一财经频道和宁夏卫视合作,开始覆盖全国,不再囿于地域性,具有和央视财经频道做潜在对比的条件;因而在此将这三年作为一个阶段进行考察;而 2016 年,第一财经集团将第一财经 APP 作为核心产品,第一财经电视频道势必在此背景下做调整,因此,选取最近的 2018 年与上一阶段的节目做对比分析。

② 有受众调查显示,无论是工作日还是周末,人们对新闻的需求有三个高峰:一是早上 6 点至 8 点,二是午间 12 点至 13 点,三是晚间 19 点至 20 点(吕正标:《中国电视新闻节目:从时段的角度解读》,南京师范大学,2004 年)。结合卫视黄金时间段一般是 18:30—22:00,因此本文将工作日时段分为六个:早间时段 6—8 点、上午时段 8—12 点、午间时段 12—13 点、下午时段 13—19 点、晚间时段 19—22 点、夜间时段 22—早晨 6 点。

表 4.1　第一财经电视频道 2010—2012 年与 2018 年工作日早间节目布局变化

时段	2010 年	2011 年	2012 年	2018 年				
				周一	周二	周三	周四	周五
早间时段（6:00—8:00）	今日股市	今日股市	今日股市	今日股市				
	财经早班车	财经早班车	财经早班车	财经早班车				

　　第二，上午时段。第一财经频道在 2010—2012 这三年的上午 8:00—12:00 都由《财经早班车》《市场零距离》《财报天天读》《最新闻》《整点解盘》《券商晨会报告》6 档节目构成，到了 2018 年，这一时段剔除了 4 档节目，仅保留了两档主打节目《财经早班车》《市场零距离》。

表 4.2　第一财经电视频道 2010—2012 年与 2018 年工作日上午节目布局变化

时段	2010 年	2011 年	2012 年	2018 年				
				周一	周二	周三	周四	周五
上午时段（8:00—12:00）	财经早班车	财经早班车	财经早班车	财经早班车				
	市场零距离	市场零距离	市场零距离	市场零距离				
	财报天天读	财报天天读	财报天天读					
	最新闻	最新闻	最新闻					
	整点解盘	整点解盘	整点解盘					
	券商晨会报告	券商晨会报告	券商晨会报告					

　　第三，午间时段。2010—2012 这三年的中午 12:00—13:00，第一财经频道的节目布局有些微调整，2010 年该时段有 4 档节目，2011 和 2012 年都减少为 3 档，但连续三年该时段都保留了主打节目《财经中间站》和《财经关键词》。2018 年这一时段节目数量精简至两档，除了每天仍在播出的《财经中间站》，每周一和周五播出《解码财商》，每周二至周四播出《首席评论》。

表4.3　第一财经电视频道2010—2012年与2018年工作日午间节目布局变化

时段	2010年	2011年	2012年	2018年				
				周一	周二	周三	周四	周五
午间时段 （12：00—13：00）	财经 中间站	财经 中间站	财经 中间站	财经中间站				
	财经早班 车—财报 天天读	财经 关键词	财经 关键词	解码 财商	首席评论			解码 财商
	市场热点	市场 零距离	市场热点					
	财经关键词							

第四，下午时段。2010—2012年的下午13：00—19：00，第一财经频道每年在该时段都有13档节目播出，虽然每年具体节目单有些微差别，但《市场零距离》《半点解盘》《最新闻》《今日股市》等主要节目没有变化。2018年该时段节目数量减少了一半多，除了保留《市场零距离》《今日股市》两档老牌节目，《创时代》《财智双全》等是在之后推出的新节目，而《中国经济论坛》《中国经营者》等则是2010—2012年仅在周末播出的节目。此外，不同于2010—2012年该时段每个工作日节目布局不变，2018年第一财经频道从周一至周五每天下午时段的节目都有变化，这意味着节目的针对性越来越强。

表4.4　第一财经电视频道2010—2012年与2018年工作日下午节目布局变化

时段	2010年	2011年	2012年	2018年				
				周一	周二	周三	周四	周五
下午时段 （13：00—19：00）	市场 零距离	市场 零距离	市场 零距离	市场 零距离	市场 零距离	首席 评论	市场 零距离	市场 零距离
	半点 解盘	半点 解盘	半点 解盘	创时代	中国经 济论坛	解码 财商	解码 财商	丝路逐 梦第十 一期
	最新闻	最新闻	最新闻	丝路逐 梦第十 二期	首席 评论		中国 经营者	财智 双全

续表

时段	2010 年	2011 年	2012 年	2018 年				
				周一	周二	周三	周四	周五
下午时段 (13:00—19:00)	券商 尾盘报告	券商 尾盘报告	券商 尾盘报告	解码 财商	解码 财商		首席 评论	中国 经营者
	尾市 盘点	尾市 盘点	尾市 盘点				中国经 济论坛	
	市场 热点	今日 期市	今日 期市					
	天下汽车	天下汽车	市场热点					
	理财宝典	理财宝典	解码财商					
	第一地产	第一地产	第一地产					
	今日 期市	解码 财商	理财 宝典					
	今日 汇市	财判	财经 关键词					
	财判	财经 关键词	市场热点					
	今日 股市	今日 股市	今日 股市	今日 股市	今日 股市	今日 股市	今日 股市	今日 股市

第五,晚间时段。2010—2012 这三年的晚间 19:00—22:00,第一财经频道在前两年的节目布局完全相同,均由《谈股论金》《公司与行业》《财经夜行线》《首席评论》《财判》5 档节目构成,2012 年保留了前三档节目,后两档节目被《天财报到》和《财经关键词》代替。2018 年该时段每天 4 档节目,前三档仍为《谈股论金》《公司与行业》《财经夜行线》,第 4 档在每周一至周三为《解码财商》,周四为《中国经济论坛》,周五为《中国经营者》。

表 4.5　第一财经电视频道 2010—2012 年与 2018 年工作日晚间节目布局变化

时段	2010 年	2011 年	2012 年	2018 年				
				周一	周二	周三	周四	周五
晚间时段 （19：00—22：00）	谈股论金	谈股论金	谈股论金	谈股论金				
	公司与行业	公司与行业	公司与行业	公司与行业				
	财经夜行线	财经夜行线	天财报到	财经夜行线				
	首席评论	首席评论	财经夜行线	解码财商			中国经济论坛	中国经营者
	财判	财判	财经关键词					

再说周末两天的节目安排①。周末的节目编排不是对工作日的复制，由于整个白天时间段（6：00—18：00）均为休息时间，因此可以作为一个整体时段来分析。从下表中可以看出，2010—2012 这三年周末的白天时段，播出的一直是《财富人生》《波士堂》《中国经济论坛》《天下汽车》《头脑风暴》《第一声音》《中国经营者》这 7 档节目，其他节目有些其中两年播出过，还有少量节目仅在其中某一年播出。2018 年周末的白天时段在节目数量上较 2010—2012 年没有太大变化，且保留了《中国经济论坛》《头脑风暴》《中国经营者》《解码财商》《第一地产》《第一声音》这些老牌节目。

———————

① 有学者将节目时段划分为黄金时段、次黄金段、非黄金段，同时基于"周六、日的节目编排样式并非是工作日编排的复制与延续，在收视分析图上，周末全天收视总量在 7：30—18：00 期间明显高于工作日。"（左翰颖：《"季播"再思考》,《收视中国》2008 年第 1 期）本文将周末时段分为四个：白天时段 6—18 点、次黄金时段 18—19 点、黄金时段 19—22 点、夜间时段 22—早晨 6 点。

表4.6　第一财经电视频道2010—2012年与2018年周末白天节目布局变化

时段	2010年	2011年	2012年	2018年	
				周六	周日
白天时段(6:00—18:00)	市场热点	财富人生	财富人生	头脑风暴	头脑风暴
	财富人生	波士堂	波士堂	改变世界	改变世界
	波士堂	第一声音	天下汽车	解码财商	第一声音
	上班这点事	股市达人传	解码财商	中国经济论坛	财智双全
	中国经济论坛	财经关键词	中国经营者	高尔夫世界(25)	中国经济论坛
	亚洲经营者	主角之醇享人生	速读时代	首席旅行官(66)	财富中国王均金
	天下汽车周末	中国经营者	中国经济论坛	总裁读书会	头脑风暴
	谁来一起午餐	中国经济论坛	第一声音	醇享人生	梦想下一战
	第一地产	天下汽车	头脑风暴	第一地产	第一地产
	股市天天向上	头脑风暴	主角	智车达人	头脑风暴
	头脑风暴	亚洲经营者	投资艺术	解码财商	全能改造王
	理财宝典	财经下午茶	第一地产	第一地产	高尔夫世界(26)
	理财下午茶	理财宝典	天下汽车	全能改造王	财经风味
	主角	市场这本经	财经下午茶	小镇中国(6)	头脑风暴
	第一声音	第六交易日	市场热点	中国经营者	总裁读书会
	中国经营者	解码财商	市场这本经	创时代:宜居	财智双全
	商界纵贯线	中国职场好榜样	意见领袖	解码财商	第一声音
		股市达人转	谁来一起午餐	财智双全	财经风味
		意见领袖	中国职场好榜样	头脑风暴	
			第一酒尚志		
			全民理财季		

此外,在次黄金时段(18:00—19:00),2010—2012连续三年第一财经频道在

该时段均有 3 档节目播出,其中《市场这本经》《第六交易日》在这三年均为常驻节目。2018 年该时段仅保留了《第六交易日》一档节目在周六播出,周日则是延续工作日的编排播出《谈股论金》和《公司与行业》两档节目。

表 4.7　第一财经电视频道 2010—2012 年与 2018 年周末 18:00—19:00 节目布局变化

时段	跨媒体、跨区域发展时期			全媒体运行时期	
	2010 年	2011 年	2012 年	2018 年	
				周六	周日
次黄金时段(18:00—19:00)	市场这本经	市场这本经	市场这本经	第六交易日	谈股论金
	今日股市周末版	第六交易日	第六交易日		公司与行业
	第六交易日	中国经营者	意见领袖		

在黄金时段(19:00—22:00),2010—2012 这三年,前两年该时段有 6 档节目不变,2012 年该时段节目数量较前两年略有减少,同时保留了《第一地产》《财经夜行线》《波士堂》《解码财商》4 档节目。2018 年该时段节目数量继续减少,仅保留了《第一地产》这档王牌节目。

表 4.8　第一财经电视频道 2010—2012 年与 2018 年周末黄金时段节目布局变化

时段	2010 年	2011 年	2012 年	2018 年	
				周六	周日
黄金时段(19:00—22:00)	亚洲经营者	解码财商	第一地产	财经风味	首席旅行官
	第一声音	第一地产	财经夜行线	中国经营者	醇享人生
	第一地产	财经夜行线	财富人生	第一地产	第一地产
	谁来一起午餐	波士堂	解码财商	财智双全	财富中国
	财经夜行线	头脑风暴	速读时代		小镇中国
	波士堂	亚洲经营者	波士堂		环球财经视界
	主角	第一声音	中国职场好榜样		
	头脑风暴	第六交易日			
	上班这点事	财经关键词			
		股市达人传			

　　综上,无论是2010—2012年这三年,还是2018年,第一财经频道在每天非夜间时段(6:00—22:00),尤其是工作日人们对新闻需求的三个高峰时段(早间时段、午间时段、晚间时段),其主打节目从整体来看没有太大变化。相较于2010—2012年这三年,2018年第一财经频道节目布局上明显的变化有两个:其一,节目数量大为精简,节目版块越来越大;其二,一周七天节目编排并非一成不变,工作日除了一些王牌节目每日定时播出,还有部分节目是在不同日期的同一时间段交替播出;周末两天的节目布局一方面与工作日的布局差别明显,另一方面周六与周日节目布局也有些微不同,这种节目差异化编排能够尽可能地满足不同受众的需求,为节目网罗更多受众。

　　从整体上看,第一财经频道节目虽然也不断变化,但是主打性节目却始终保持不变。这种思路一方面充分体现了目标受众的明确性和专业化频道定位的连续性,有利于培养目标受众的忠诚度和黏附度;另一方面也表明,第一财经频道始终坚守自己在"第一财经"产业链上的位置,与公司的发展目标保持同步。

　　3.同一视点建构频道叙事。所谓频道叙事,其实就是赋予频道的时间链以逻辑、因果关系。电视频道最突出的特点是其时间和自然时间同步,天然构成一个时间链条。不过,众所周知时间链并不等于因果链。频道内容是通过将线性状的时间分割成不同的版块(栏目)实现的。当然,这些版块之间都依据有相应的逻辑。这就是说,电视频道中节目之间的关系不仅仅体现为时间的连续性,而是一种意义的连续性。当时间链条有了意义和因果逻辑时,其实就构成了叙事:从一个栏目到另一个栏目,之间相当于叙事过程中一个情节向另一个情节的推进,之间靠因果关系维系。由于不同频道的定位不同,各版块之间体现的是不同的意义逻辑或者说因果关系。比如,综合频道的时间链条就是由多视点构成的。所谓多视点,是指频道版块或者说不同栏目内容所搭建的时间链,是从不同视角审视、选择构成的。由于综合频道的受众是面目模糊的社会大众,因此其中的各个栏目是依据各时间段对应的人群设定的。上、下午主要面对的是赋闲人群,所以一般安排的是电视剧;傍晚6点学生放学时间,因此安排的是动画片等儿童节目;而晚上黄金时段则又面对的是所有社会大众,因此该时间段是每天的重要新闻和最新的电视剧。可见,栏目内容以及栏目之间的关系是由不同时段面对的不同人群决定的,不同的人群,其趣味需求不同,形成了栏目内容的差异,而各栏目内容之间并未有必然的联系,因此构成了多视点叙事。所谓同一视点叙事,是指一个频道中各个版块的内容构成,都是基于同一人群的需求设定的,各栏目的意义都指向同一对象。可以说,单一视点叙事是判断一个节目定位是否明确、专业化程度如何的一个非常客观的依据。第一财经电视频道的节目构成就充分体现了这一叙事特点。

从此前对 2010 年、2011 年、2012 年、2013 年以及 2018 年的频道节目布局的梳理中可以看出,第一财经电视频道早中晚时段的节目都紧紧围绕着投资者的需求展开。自 2004 年 7 月开始,每天 7 点的《财经早班车》借助时效性很强的国内外财经资讯以及与其相关的行业动态、时政新闻,为投资者的投资、理财等活动提供相应的决策背景资料;9 点开始则是与股市交易市场实时互动的《市场零距离》,栏目邀请专家,跟踪股指走向,现场解读市场行情,并及时传递股指及典型企业的新问题、新动向,为投资者提供最及时、有效的决策参考和指导。之后无论是插播整点《最新闻》,即时播报国内外经济领域可能对投资产生影响的政经、信息国际、科技、军事以及企业人事变动等最新信息,为投资者判断市场走向,把握投资时机提供最及时的资讯,还是用整个上午时间通过《市场零距离》进行股市跟踪;紧接其后的是 10 点的《半点解盘》,对当天股市开盘半小时后的走势、交易总额以及各板块资金流向等情况做总体概括归纳描述。整个上午时段的节目均围绕着为投资者提供财经资讯和行情解读布局节目,栏目之间呈现一种无缝连接、高度黏合的状态,构成一种既有时间逻辑又有功能逻辑的节目流。

晚间的栏目主要是深度资讯节目,其中包括对当日证券市场的进一步解读分析,以及对行业发展新问题的聚焦;在频道时间向前推进的过程中,节目功能也随之向前推进。这种节目布局方式,使得投资者在任何时间打开电视机都能够获得非常有用的高浓度信息和一以贯之的节目内容,不仅成为黏合受众的基础,同时也充分体现了专业频道提供专业性服务的特质。

由此可见,第一财经电视频道以财经活动的主体,即证券市场的交易过程为主线,搭建起的频道节目框架,构成的信息流,充分体现了目标受众明确、视点单一,全景式地为投资者服务的专业化追求。

(二)产业化:跨媒体、跨区域传播占领全国市场

第一财经电视频道的产业化,毫无疑问是在第一财经集团的产业化发展框架下进行。依据第一财经集团曾经的跨平台、跨行业、跨区域发展思路,第一财经电视最突出的反应就是:首先,借助网络平台和东方卫视,推出自己的品牌栏目,突破自己地面频道的局限,扩大影响力。例如与东方卫视合作,把《头脑风暴》《中国经营者》《波士堂》等品牌节目通过东方卫视的平台传播至全国,为打破区域覆盖瓶颈、开辟全国市场,做出努力。其次,2010 年 2 月开启和宁夏卫视的跨区域合作,改变了以往零敲碎打式的跨平台传播方式,开始从整体上打造自己的专业财

经媒体形象,传播财经节目制作理念。而此举更重要的是,打破覆盖面的限制,能够占领全国市场,从根本上为第一财经电视步入产业化、市场化轨道,奠定基础。第一财经电视频道也明确表示,他们此举的目的就是通过"人气"聚"财气",合作伊始,宁夏卫视第一财经就凭借扩大了的覆盖面,吸引了众多广告商。但是,2013年元月1日,由于国家传媒政策变化,两家合作提前结束,有媒体用"宁夏卫视与第一财经合作提前终止,SMG跨区合作梦碎"①来表达对第一财经的惋惜。这毫无疑问对其跨媒体、跨地域发展造成一定的影响,但是,新媒体的崛起将是最有效的弥补。事实也的确如此,第一财经在2016年宣布,将核心产品定位于第一财经APP,这意味第一财经电视频道将进入全新的发展阶段。

(三)国际化:借力国外媒体与放眼国际经济活动相结合

21世纪初,我国专业财经媒体在国际传媒领域几乎处于失声状态(当时央视经济频道还在埋头于经济节目如何走向大众化,提升收视率),而正在急速发展的国内国际投资市场又迫切需要我国能够拥有自己的专业财经媒体讲述中国经济故事,在这一历史背景下,第一财经传媒集团成立之初就确定了国际化发展道路和目标诉求:打造我国第一个"能向世界传递财经权威信息的话语平台""为中国广大投资者和全球华人经济圈提供实时的、严谨的、优质的财经资讯和深度评析"的专业化的财经全媒体平台。而且制定了"合作对象全球化、内容制作全球化、节目传播全球化"的国际化策略。通过这三条国际化路径,最终"将自身打造成具有中国特色、中国话语权的全球性的财经媒体"。可以看出,第一财经一开始就是奔着打造能够替国家立言,能跻身国际传媒市场的专业财经媒体而去的。2011年第一财经公司又提出了新的发展目标,那就是从全媒体集团向金融商业信息服务集团转变,即由传播机构发展为财经资讯机构,不仅仅提供传媒产品,而且提供财经市场数据,直接为投资活动服务。在第一财经公司这样一个战略目标统领下,第一财经电视频道作为其全媒体平台的一个重要组成部分,国际化无疑也是其主要诉求和目标。这意味着第一财经电视频道必须超越其地方电视频道的身份限制,积极开拓国内、国际财经资讯市场。第一财经电视的国际化追求主要体现在两个方面:

一是通过与具有影响力的国外财经媒体合作,在节目制作和传播范围上实现国际化,打造国际化的品牌形象。第一财经电视频道开播不久就已开始向"合作对象全球化、内容制作全球化、节目传播全球化"这一目标迈进。2003年,第一财

---

　　① 搜狐传媒,http://media.sohu.com/20131105/n389579804.shtml。

经电视频道与 CNBC 合作,以卫星连线和直播的形式制作了《中国财经简讯》,实时反映国际市场动态和重大经济事件,每天累计播出次数达 9 次之多,向内容制作全球化迈出了关键性的一步。与此同时,第一财经电视频道制作的访谈节目《中国经营者》也在 CNBC 面向全球播出;之后,又通过与东方卫视合作,将一些品牌节目直接传播到日本、北美、欧洲、澳大利亚等地①。而此时央视第二套节目才刚刚将频道呼号由"经济·生活·服务"改为"经济"频道,其视野还完全局限于国内。所以应该说,第一财经电视频道是我国第一个走出国门的电视财经媒体,它的出现适时弥补了当时中国电视经济媒体在世界上的缺席、失声状态。

二是积极参与重大国际经济活动,体现财经信息传播中的国际视野,在国际传媒领域打造国际化形象。随着影响力的逐渐扩大,第一财经频道越来越多地出现在国际经济活动和重大社会政治事件的现场,如多国空袭利比亚、上海世博会、G20 系列峰会、APEC 峰会、日本大地震、达沃斯论坛等,都进行大型直播及深入报道,频道国际化的程度越来越高。第一财经电视频道成为我国央视财经频道之外第一个拥有全球视野、国际化目标的财经电视媒体。

因此,国家新闻出版广电总局发展研究中心在其 2007 年推出的《第一财经产业价值链研究报告》中,从全球化背景下中国经济发展需要、财经媒体在国家经济发展中的作用,以及国家金融安全三个方面,分析了第一财经电视频道国际化定位的必要性和可能性,指出:"财经媒体从来就是一个国家市场经济运行的有机组成部分,其承载的专业资讯是达成市场交易不可缺少的工具,与国家经济、金融、产业的发展密切相关。美国、英国等经济发达国家无一例外地拥有自己强大的财经媒体,为本国经济的发展和扩张提供支撑。""中国经济的发展迫切需要强势财经媒体的支撑。中国媒体理应成为向世界传递财经权威信息的平台,把控中国作为一个经济大国在全球财经媒体领域的话语权。"②从这个意义上说,第一财经电视频道的国际化定位,既体现为一种社会、国家责任,更是基于广阔的市场前景;而上海作为未来国家金融中心的特殊战略位置以及经济发达的现实状况,又为它走国际化之路提供了可能性。

从另一方面看,在全球经济一体化时代,财经媒体要真正做到专业化,就必须具备全球视野,站在一个更为广阔的市场上为受众提供信息、解读信息。从某种意义上说,国际化不只是财经媒体的视野问题,对今天的财经市场和财经信息传播而言,它还是财经信息科学性、可信性的前提,也是财经媒体专业化的保障和体现,以及一个专业财经媒体应有的发展方向。

---

① ② 国家新闻出版广电总局发展研究中心:《第一财经产业价值链研究报告》。

二、大众财经模式——央视财经频道

2009 年 8 月 24 日,央视经济频道经过 30 多年的发展,正式改呼号为"财经频道"。鉴于"经济"和"财经"两个概念内涵和外延的差异,从"经济"频道到"财经"频道,意味着 CCTV2 告别了延续多年粗放型的"经济综合"模式,将视野窄化在财经领域,成为专业财经频道。央视财经频道推出之际,虽然我国已经拥有颇为壮观的投资人群,但是,推动财经频道上马的却不是规模化的投资人群的形成,而是特殊的经济形势以及特殊经济形势下的国家战略需要,这和 1987 年央视二套第一次确立以传播经济信息为特色、向全国播出的定位,有着惊人的相似,都带着浓郁的行政色彩。

央视财经频道团队在纪念财经频道诞生三周年之际,出版了《财经风暴眼》一书,书中对财经频道诞生的诱因有明确的阐述。时任中央电视台台长的胡占凡在序言中谈到,央视财经频道的推出最直接的原因是国家需要,为了让中国在世界经济舞台上发出自己的声音。他甚至将其提升到了国家战略高度:"中国已经成为世界第二大经济体,是世界经济舞台中的重要角色……如何抒写中国经济这幅波澜壮阔的发展画卷,如何在国际舆论舞台发出中国的声音是中国媒体特别是中央媒体的使命与责任……央视财经频道的创建是形势所需,是国家战略。"[1]在此背景下,又恰逢 2008 年国际金融危机爆发,财经媒体在这场危机中的作用被充分凸显了出来:央视经济频道自 2008 年 9 月开始,连续 101 天的大规模直播节目《直击华尔街风暴》,引起了国内外媒体和观众的广泛关注,央视财经频道的影响力也因此得到极大提升。这种影响不仅显示出财经媒体极大的市场潜力,而且折射出在国家形象塑造中所发挥的不可替代的作用。由此,央视二套由经济综合频道转型为专业财经频道水到渠成。

正是基于这种背景,央视财经频道初登历史舞台时,首先强调的是国际化。"全球视野、全球市场、全球资源、全球智慧",让观众与全球市场同步,成为央视财经频道开播时最响亮的口号;其次强调的是专业性,即建设专业的财经频道,打造以财经频道为龙头的全链条的财经信息服务平台。2012 年 8 月,频道在总结开播三年的发展成就时,又加入了"产业化"和"品牌化"两个目标[2]。因此,"专业化、国际化、产业化和品牌化"成为央视财经频道的特点、目标诉求。其中"品牌化"是央视第二套节目在经济频道时期就确立的目标,而其他三个目标诉求——"专业

---

①　胡占凡:《财经风暴眼·序言》,红旗出版社,2012 年版。
②　CNTV:《中央电视台财经频道这三年》,2012 年 8 月 22 日。

化""国际化"和"产业化"与第一财经电视频道表现出惊人的一致性。但是深入其中,就会发现,相同的概念之下却是截然不同的内涵。

（一）专业化:为"大众"投资提供专业服务

非常态环境往往会赋予身处其中的行动者以真诚的理想主义激情。从上述CCTV2由经济频道改为财经频道的初衷看,它是站在国家战略高度,面向全球市场争夺话语权的一个举措,因此,必然要首先"建成国际一流的专业化频道"①,才能和世界其他财经媒体在同一平台上竞争。没有专业化,难以和国际市场对接,也难以被国际市场接受。这就意味着必须告别以往"大经济观"统领下的无所不包、内容集中度不够的经济综合频道模式,走"专业"财经之路。这种思路在当时的经济大势和媒介环境下,有着不容置疑的合理性。

然而,央视财经频道在确立这种宏大高远目标的同时,依然对自身现实处境保持着清醒的认识。他们在强调专业化的同时,像以往几次改版一样,对"专业化"的内涵仍旧做了明确的阐释:走专业路线却"不盲目追求'高端',不片面为少数专业投资人服务,而是要面向最广泛的大众,采用通俗易懂的形式提供专业的财经服务,实现'财经政策的窗口、投资理财的指南、经济生活的帮手'的频道定位"。其中,"内容上,增强实用性,用多样化、多层次的节目介入百姓经济生活,真诚为提高百姓经济生活品质服务;形态上,加强数据和图表的使用,并通过卡通、电脑动画等手段让节目变得鲜活、生动、现代"②。简而言之,就是"以专业内容服务大众"。

由此可以看出,央视财经频道所强调的专业性包含了三层含义:第一,指能够为普通大众提供体现电视媒体专业精神的服务,即报道手段、形式的通俗化;第二,提供更为专业的新闻资讯,即以内行、专业的眼光,传播更为全面、广泛、准确的财经信息,及时捕捉市场动向,为投资者提供专业的服务。第三,目标受众是所有关注投资、理财、时尚的普通大众,而非专业的投资者。可见这和第一财经电视频道提出的专门致力于为投资者"打造专业、小众""权威高端"的专业财经频道是不同的。这也是"大众财经模式"和"专业财经模式"的本质区别:服务对象的区别。

2016年,央视财经频道总监齐竹泉对财经频道的专业性又做了进一步解读,他将其归纳为三个方面:节目编排专业、节目自身专业、记者队伍专业。节目编排的专业化追求在财经频道开播之后,一直处于动态调整中,2016年确立了这样的

① 朱旭红:《打造权威的中国财经频道》,《电视研究》2010年第11期。
② 《央视二套今日变脸　财经频道全新推出》,CCTV.com,2009年8月24日。

节目布局:7:00《第一时间》,9:00《交易时间》,10:00《整点财经》,11:50《环球财经连线》,14:00《交易时间》,15:00、16:00、17:00《整点财经》,20:30《经济信息联播》,21:15《经济半小时》,21:50《央视财经评论》,22:38《市场分析室》,23:05《精品财经纪录》,共11档节目形成财经资讯全天候覆盖;与此同时,又有每月推出的经济观察以及中国经济春季报、秋季报、半年报和年报等做进一步补充,力求财经信息的全面、立体。节目自身专业是指节目的表现手法的不断创新以及对全球经济市场的及时关注和科学解读等;而记者队伍的专业性不言而喻指的是记者队伍经验丰富,具有很强的专业素养。

具体到频道节目构成,央视财经频道所体现的专业性和节目第一财经频道截然不同,它采取的是多视点叙事。第一财经是围绕专门的投资者这一特定人群布局频道节目,节目主体是各类市场信息和投资资讯;其次是合乎这一人群需要和旨趣的服务性以及具有一定娱乐色彩的泛财经节目,如《波士堂》《头脑风暴》等。而在央视财经频道的节目中,虽然配置了专业财经内容,如《交易时间》《央视财经评论》等,但并非所有节目针对的都是特定投资者,而是通过"内容的分层配置",满足不同层次人群需要的不同性质的经济信息,以从整体上保证频道的大众财经定位。也就是说,通过不同内容的栏目,争取不同的受众,最终实现目标受众的"大众化":"用不同的栏目去定位不同内容的专业化产品,用分层级、分类别的内容配置,来满足受众不同的需求"①,这是2010年财经频道的节目构成思路:"比如《交易时间》《市场分析室》是为炒股、投资理财人群设置的;《经济信息联播》《经济半小时》是面向更广泛的受众人群,使他们能够通过栏目提供的资讯了解中国经济、世界经济的发展趋势;《对话》的受众对象是对较高层次、对经济领域问题有思考的人群;《消费主张》《寻宝》等则是满足百姓生活需求的栏目。"②《生财有道》则面对的是农村观众。这种节目布局思路,让我们想到1996年央视二套初次打造特色经济频道时的节目构成原则。那时候的情况是有什么经济就设什么节目,即针对不同的行业设置不同的节目,进而实现经济报道的全面性;而央视财经频道时期则是依据不同人群对经济活动的兴趣点设置节目,即不同的节目吸引不同的人群,由此实现受众规模的最大化。可见,央视财经频道所追求的专业化,显然是以大众化为前提的。

(二)国际化:面向全球市场,打造世界一流财经媒体

如前所述,央视财经频道开播的最直接动因,是从美国金融危机对国际市场

①②　朱旭红:《打造权威的中国财经频道》,《电视研究》2010年第11期。

的影响中看到了中国作为世界第二大经济体的责任;是为了在全球市场中发出中国的声音、在世界经济和政治舞台上发挥作用而推出的。所以,国际化是央视财经必然要选择的道路。应该看到的是,这种定位和追求与6年前开办的第一财经电视频道几乎是一致的,然而,其具体诉求和策略又与第一财经电视频道不尽相同。

央视财经频道的国际化诉求是通过"全球化"定位来体现的。众所周知,国际化的本质是国家立场,而全球化则恰恰是要冲破国家疆域,二者之间是对立统一的关系。在全球市场一体化的今天,国际化必须借助全球化才能实现,全球化是通往国际化的有效途径,尤其是作为国家媒体,全球化是其获得与世界其他媒体平等竞争资质的必要条件。所以,央视财经频道的国际化内涵通过"全球视野、全球市场、全球资源、全球智慧"这四个关键词来体现。其具体内涵是:"以全球视野观照全球市场,以全球智慧整合全球资源",①目的是打造世界一流财经媒体。

央视的国际化道路显然不同于第一财经电视频道。后者地方电视频道的身份局限,决定了它的国际化道路必须首先从扩大覆盖面开始,因此,通过和国外其他媒体合作,比如,在CNBC推出《中国经营者》等,借助国外财经媒体既有的国际影响,扩大自身知名度,积累品牌效应,是其走向世界的第一步。而央视财经频道的国家媒体身份决定了它原本就具备面向世界的条件,因此,其全球化的路径和策略不会像第一财经那样借船出海。它主要通过报道视野、人才队伍建设等全方位的全球化,从以往主要着眼国内,转为有意识地建构自己在国际财经媒体领域和财经资讯市场上的专业形象,发挥国家财经媒体的影响力。这和第一财经着力于媒体合作和信息传播范围层面上的全球化,即"合作对象全球化、内容制作全球化、节目传播全球化"有着质的区别。

就其最初几年的表现看,央视财经频道在实现全球化战略、体现国际化身份的过程中,主要选择了三条途径:首先,充分利用国家媒体的特殊身份,积极参与诸如达沃斯世界经济论坛年会之类的国际经济交流活动,举办进入官方议程的"CCTV DEBATE"(央视辩论会),以彰显自己在国际媒体舞台上的地位,提升品牌影响力;其次,通过与路透财经、CNBC等国际性的财经媒体合作,共享信息,以及在伦敦、纽约、香港、新加坡、东京等设立报道点等方式,实现对主要资本市场的覆盖和信息采集的全球化,以及与全球经济运行的同步;最后,其财经节目建立起了国际性的智库系统,该系统拥有全球顶尖的智囊成员,"包括国内、国际高端嘉宾和机构2000个以上,意大利前总理、欧盟前主席普罗迪,摩根士丹利亚洲区主席

---

① 朱旭红:《打造权威的中国财经频道》,《电视研究》2010年第11期。

斯蒂芬·罗奇,日本管理大师大前研一等都成为财经频道的财经评论员;每年众多全球政商领袖走进财经频道演播室,发布他们对企业、行业和全球经济的独家观点"①,以此保障央视财经频道的节目能够为受众提供实时、准确的国际市场行情、趋势和权威观点。

与第一财经电视频道相比,在国际化方面央视财经频道呈现出后来居上的势头。这得益于央视财经频道在我国无以匹敌的特殊地位。央视财经频道的推出其实不单是一种媒体行为,而是一种国家行为,从某种意义上说,"央视"本身就是一张通向世界的名片,它是央视财经频道在其发展过程中可资利用的品牌资源和依托,这是包括第一财经频道在内的任何一个地方经济频道都难以企及的优势。

(三)产业化:着力于全媒体、全链条财经媒体集团建设

央视财经频道推出之初,工作重心主要集中在频道内容及表现形式的专业化、国际化目标上,在新频道推出的各种宣传中,虽未特别强调产业化,但是,在央视财经频道发展过程中,产业化逐渐成为频道建设的主要目标。

其实 2009 年 7 月,在财经频道推出前的建设方案中,已经不再拘泥于频道自身的内容和形式,而将建设一个集电视、新媒体等多种媒体为一体的财经媒体集成平台作为频道的发展目标提了出来。这一产业化思路在频道开播一周年的研讨会上被正式提出,具体表述为:"搭建一个以财经频道为核心、为龙头的全链条的财经资讯平台。"2012 年在频道开播三周年之际,又进一步明确为"搭建一个以财经电视频道为龙头,以财经数据库为核心,包括财经电视频道、财经报纸、财经杂志、财经广播、财经网络、财经数据库、财经研究机构在内的'全链条财经信息服务平台'"。"未来的财经频道将会成为一个全链条、全覆盖的媒体集团。"②可以看出,产业化这一发展目标之于央视财经频道是一个逐渐明晰、强化的过程,它试图通过全媒体、多平台、集团化,改变一直以来的单一化盈利模式,为财经频道谋求更为个性化的发展空间。

从上述央视财经频道对其产业化目标的表述中可以看出,他们最终要建设的是"全链条财经信息服务平台",至少在表述上是和"第一财经"集团的跨媒体、跨区域、全链条的产业化目标以及已经形成的产业化格局是一致的。所不同的是,第一财经频道是在一个基本形成的(至少是形式上)全媒体格局中生存与发展;而央视财经频道则是依托频道自身的发展,逐步形成全媒体全链条格局,通过开辟多样化的盈利渠道,以摆脱单一化的广告盈利模式的制约。这种产业化思路明确

①②　CNTV:《中央电视台财经频道这三年》,2012 年 8 月 22 日。

了央视财经频道作为一家全媒体、全链条的财经媒体集团的核心平台地位和发展方向。但无论是在实现目标的过程中,还是实现目标的未来,央视财经频道的两个职能都无法改变,那就是作为国家财经媒体,其工具喉舌角色不能改变;在频道依旧以开路免费形式运营的情况下,大众化诉求也难以改变。

央视财经频道之所以越来越清晰,坚定地要走一条全链条、产业化的道路,是基于央视财经频道推出之后所做的专业化运行实践的启示。央视财经频道推出之后,虽然并未放弃大众化,但是从内容到形式较此前"经济频道"时期的内容相对窄化,"财经"的分量增加,更具专业性了。由此带来的结果是,收视份额不断提升,收视率却呈下降趋势。作为开路频道,完全忽略收视率是不现实的。但是要打造国际性的国家专业财经媒体形象,又必须强化专业品质。面对专业品质和收视率的矛盾,最有效的解决方式就是强化产业属性,通过盈利模式多样化,避免专业财经频道被收视率绑架,这是央视财经频道在发展过程中越发强调"产业化"的关键所在。

2012年6月6日央视财经50指数在深圳证券交易所上市,8月24日相关指数基金产品开始上市交易。① 之后,央视财经频道开通了微博、微信,2016年6月又推出了"央视财经"APP独立客户端。目前,央视财经新媒体拥有微博、微信公众账号、独立客户端、合作客户端等多条网络通路,"全媒体"格局已基本形成。在全媒体格局下,电视财经节目又必然会面临新问题,如何解决新问题,我们将在下一部分着力研究。

三、各具特色的地方经济频道

第一财经电视频道之外的其他地方经济频道也不是铁板一块,风格定位各有不同,多姿多彩。但由于都为地面频道,只能覆盖本地区,因而必有共同规律可循,至少存在相似的认识逻辑——因为存在覆盖面限制,都需要充分利用接近性原则,通过突出地方特色立足,这是地面频道最为顺理成章的选择。然而,实际运行过程中,并非如此简单。

地方经济频道面临的竞争环境比较复杂。首先,地方经济频道要和本地区其他地面频道竞争。由于都存在覆盖面局限,因此都必须立足本土,充分利用本地资源生存、发展;然而,经济题材的特殊性决定了它很难和其他更大众化的地面频道进行地域特色的竞争。比如,地方经济频道对应的必定是地缘经济,但它如果仅仅将聚焦地缘经济作为自己的立足之本,在依赖广告盈利模式生存的前提下,

---

① CNTV:《中央电视台财经频道这三年》,2012年8月22日。

经济频道显然无法与当地的文艺娱乐这种大众化频道竞争,当然更不可能选择专业财经之路。其次,在全球市场一体化的今天,区域经济或地缘经济都于无形中被纳入经济全球化的框架之内,地域差别几乎不复存在,投资者对宏观市场动向和政策动态的重视,甚至超过了对区域经济状况的关注,或者即便存在,也难以支撑起经济频道的内容。就此意义上说,地方经济频道的竞争者不仅仅是当地其他电视频道,其实还面临央视财经这种从视野到权威性都更广泛、更具影响力的国家财经媒体的挤压。这就将地方经济频道推入两难境地:覆盖面受限决定了地方经济频道必须立足本地区寻找特色定位,但仅仅关注地域"经济"特色,又无法满足市场一体化对投资者信息需求的影响,这就需要它们在充分认识本地区地面频道竞争环境的基础上,结合自身诞生及发展过程中已形成的传统,确立自己的发展走向。① 正是在这个层面上,五花八门的地方经济频道拥有了一些相似之处,那就是都在着眼地域性基础上,确立自己的个性化、差异化之路。

目前,在 22 个省级经济频道中,北京电视台财经频道、浙江经视和湖南经视是具有一定影响力的地方台经济频道。但众所周知,湖南经视的品牌效应依托的不是经济节目,而是综艺娱乐节目,有"中国综艺节目的策源地"之称,因此本课题不做讨论。浙江经视在浙江地区的地面频道中,收视份额仅次于浙江卫视和历史更久的钱江都市频道,收视率近年来也一直位居前三、四位,在地方台经济频道中,具有一定的样本意义。而北京电视台财经频道无论就其特殊的地缘意义,还是作为"第一财经"之外唯一以"财经频道"呼号出现的地方经济频道,都具有不可忽视的典型性。因此,这里以这两个表征层面看起来定位各异、目标诉求不一的地方台经济频道为例,剖析我国地方台经济频道的"个性化"追求所蕴含的不同内涵,以及所建构的频道内容构成模式。

(一)从文化和经济的结合处确定频道内容特色

在 22 个省级经济频道中,除了上海第一财经频道,BTV 财经频道不仅以"财经"频道身份出现,它开办于 2002 年 1 月 1 日,是最早以"财经"命名的大众化的专业财经频道。但它的"专业化"和第一财经频道大相径庭,有其独特的内涵,其最突出的特点就是依据北京特殊的地缘文化和地缘经济特点,通过大量立足艺术品投资市场的"理财"节目和反映"首都"经济发展的节目,凸显自己的特色。这种依托地缘文化和地缘经济的频道内容布局思路,成为地方经济频道的翘楚。

① 经济频道作为我国综合频道之外最早的电视频道之一,从频道资源匮乏时期发展而来,势必带着诞生初期的印记,比如,湖南经视的个性化不是"经济"而是"娱乐",这种传统延续至今。

　　BTV 财经频道在其网站首页的频道介绍栏中这样解释自己的频道内涵:频道自 2002 年 1 月诞生以来,"始终秉持'专业化、大众化、权威化'相结合的频道定位",以"大众视角、权威观点、专业解读"①为大众提供投资理财服务,"是一个以传播财经知识、解析经济热点、服务观众理财为特点的专业财经频道"②。但是,BTV 财经频道所追求的"专业化"内涵既不同于第一财经频道的"小众"财经模式,也不同于央视财经频道的大众财经模式。与央视财经频道相比,二者都强调大众化和贴近性,BTV 财经频道的核心理念"传播财经知识、解析经济热点、服务观众理财",与央视财经频道提出的"财经政策的窗口、投资理财的指南,经济生活的帮手"三个基本职能,除"财经政策的窗口"之外,也非常相近。然而,如前所说,央视财经频道的国家媒体身份、国际化视野,决定了其整体风格和目标诉求,都深深地打上了国家媒体的烙印,即便是二者都倡导的"大众化"中的"大众",所指也有不同:由于覆盖面和媒体身份不同,央视财经频道的"大众"是全国范围内抽离了区域性特征的"大众";BTV 财经频道的"大众"则是地缘意义上的北京地区的"大众"。北京特殊的政治经济文化地位,决定了北京地区的"大众"有自己的突出特点,即作为首都,国家政治、经济文化中心,毫无疑问是"三高"人群聚居地区,拥有定位于专业财经的受众基础。但是,由于同一区域内有央视经济频道这个强劲的竞争对手,它不能仅仅将目光停留在一般高端人群的共同偏好、常规财经领域,这样会和央视财经频道构成同质化,失去自身存在的价值,因此,BTV 财经频道必须从首都北京这一特殊地缘身份来寻找立身之本。而首都北京的特殊之处首先在于其地缘文化,于是,由地缘文化切入,对地缘经济的发掘,顺理成章地成为 BTV 财经频道的特色。北京地缘文化和地缘经济有两个突出特点,一是千年古都使北京拥有历史悠久的成规模的艺术品投资市场,它高度契合财经频道的内涵;二是"首都"地区经济自身的特点。因此,聚焦艺术品投资,从艺术品投资角度凸显频道特色,体现为大众投资理财服务的定位,与充分展现首都经济发展状况,成为频道节目的两大组成部分。

　　纵观 2010—2015 年 BTV 财经频道的节目,主要由四大类型构成。一是常规的、作为"专业"财经频道标配、实时报道分析证券市场动态的证券类节目《天下财经》等;二是理财性、服务性节目,如《理财》《拍宝》《大家收藏》《说画》等;三是服务于消费者、创业者、投资者的节目,如《对话大咖》《财富故事》;四是服务首都经济建设的新闻资讯类节目,如《首都经济报道》《京津冀大协同》《税收天地》《数说

---

①② 　BTV 在线,http://www.btv.com.cn/btvindex/BTVcj/node_16846.htm。

北京》等。① 其中,理财节目基本聚焦的都是艺术品市场。在共计 16 档经济类节目中,聚焦艺术品市场的有 4 档,占 25%;加上服务首都建设的 4 档节目,体现地缘经济特色的共占据了 50%。可见,北京电视台财经频道的大众化、专业化特色是基于地缘文化和经济特色建构起来的。这一特色不仅将其与央视财经频道区别开来,同时也与其他地方经济频道区别开来。

由此也可以看出,BTV 的大众财经之路并非简单地体现地方经济特色,而是从地缘文化入手,从文化和经济的关系中,通过发掘独具特色的经济领域,既体现频道的财经特点,同时又不失大众化。虽然北京地缘文化以及地缘经济特点不具有可复制性,但是,这种从地缘文化切入寻找地缘经济特点的思路,对于地方经济频道来说,是一种颇具启示意义的探索。

(二)新闻、评论立台:在横向对比中确定频道定位

BTV 财经频道的运行模式表明,地方经济频道可以从地缘经济特点中寻找个性化定位。但是,地方经济频道的个性化并不等同于地域化。同为地方经济频道,浙江经视就走了一条与 BTV 财经截然不同的道路。其频道定位也强调地方特色、个性化,但其地方特色和个性化并非建立在地缘经济基础上,而是在考察对比本地区其他地面频道的优势之后,借助现有频道资源和品牌栏目,确立了新闻和评论立台的发展思路。

浙江经视即"浙江经济生活"频道,"经济生活"呼号本身就昭示了它的"经济综合"定位,这也是大多数地方经济频道的运行模式。但是,浙江经视负责人曾明确表示,经视不走第一财经电视频道的小众化的专业路线,其目标受众为普通大众;并以美国 CNBC 和 Fox 财经频道(FBN)的发展模式为参照,阐明频道的发展思路:"CNBC 的受众面永远是 5%,我们走的是 Fox② 的路子,追求市场占有率"。"我们是在大的范围里面往经济方面靠,用财经的眼光来关注各个层面的问题,"③其本质是社会、民生问题的"经济"化解读。这和始终表示走专业路线的北京电视台财经频道以及第一财经频道形成鲜明对比,应该说是当年央视经济频道提出的"大经济观"的延续。不走专业财经路线,秉持"大经济观"原则,这显然是经济综合频道的一般思路,但浙江经视又有自己的特色。它在考察、对比本地区各地面频道的节目状况之后,依据频道自身独特的人才资源和已经形成影响的品牌栏目,确立了以新闻、评论进行差异化竞争的生存策略。

---

① 依据 2018 年 10 月的节目单。

② Fox 财经频道(FBN)开办于 2007 年,走大众化、娱乐化的财经频道定位。

③ 见附录 3《浙江经视访谈记录》。

在地面频道中，浙江经视所面对的最强劲的竞争对象是浙江卫视和浙江教育科技频道，以及历史悠久的钱江频道，三者都将新闻作为主打节目。经视作为以经济节目为主的电视频道，新闻节目毫无疑问也是频道的主导性内容。同样重视新闻节目，如何与三者区别开来？经视首先对三个频道的新闻节目做了分析。浙江广播电视集团内各主要频道新闻节目的特点是，"浙江卫视的新闻以时政新闻为主，基本处于垄断地位；其他频道则大多走的是民生新闻；我们则选择了一条中间路线，这就是'公共新闻'"①。个性化新闻类型的明确，为新闻立台奠定了基础。与此同时，他们审视频道的品牌栏目，将其支撑要素作为用以强化的资源。自 2009 年以来，经视反响最大、最具品牌效应的几档栏目，一是新闻评论栏目《新闻深呼吸》，二是《经视新闻》，三是《经视评论》。这些新闻栏目最突出的特点是，一方面都强调评论，即便是《经视新闻》，其中的新闻报道也都辅以评论；另一方面，主持人都有自己突出的风格和个性。比如，《新闻深呼吸》深刻、犀利而又不失客观的风格定位，主要因主持人舒中胜自身风格而获得。其沉稳持重又不乏轻松幽默，语言犀利又分寸得当，见解独到、学养深厚又颇具亲和力的个人风格，具有不可复制性，因此这类栏目就成为频道确立自身定位、进行差异化竞争不可忽视的依据。这些不可复制栏目的共同特点就是都具有评论性，因此，它们和已经找到了"公共新闻"一道，使新闻和评论成为经视的立台之本。

浙江经视所说的"公共新闻"不是指美国新闻界所倡导的"公共新闻"，它是浙江经视提出的一个特色概念。浙江经视的负责人是这样诠释其"公共新闻"的内涵的："公共新闻就是用公众的眼睛关注国计，用人文的精神关注民生"②；具体表现为"时政新闻民生化，民生新闻公共化"，是一种介于时政新闻和民生新闻之间的一种新闻样态。它和民生新闻最大的区别是，民生新闻突出"平民视角、民生内容、民本取向"，聚焦百姓的日常生活状态，尤其是其中具有个别性、琐碎性的部分；而公共新闻则指的是民生新闻中具有普遍性，即广泛社会性的那一部分。可见，这里的公共新闻指的是从公众权益或者具有社会性和普遍性的角度所选择报道的新闻类型。

这种个性化定位看起来与频道的"经济"属性有着一定距离，但却代表了地方经济频道发展的另一种思路，即立足具有影响力的品牌栏目，打造频道形象，彰显特色，而非一味在"经济"节目上做文章，比如湖南经视，其频道定位脱离了"经济"，而让娱乐成为其频道特色，浙江经视则将新闻作为其立足之本。

---

① 见附录 3《浙江经视访谈记录》。
② 蔡懿：《坚持做公共新闻——〈经视新闻〉的品牌诉求》，《视听纵横》2005 年第 5 期。

　　总的来看,浙江经视的节目分为四大集群:"新闻栏目集群"(《经视新闻》《新闻深呼吸》等)、"财经栏目集群"(《证券直播室》《经视看地产》等)、"浙商节目集群"(《风云浙商面对面》等)和"生活服务集群"。几年过去,虽然每个版块所含栏目有所调整,但是,四个集群及其主打栏目并未改变。其中新闻栏目集群是频道的核心,是浙江经视作为"品质频道""特色频道"的保证,其品质和特色主要通过新闻栏目集群的特色体现出来,新闻栏目群的特色化设计,成为浙江经视和本地区各频道进行差异化竞争的强劲力量。

　　其中,体现"公共新闻"特色的主要阵地是《经视新闻》,这也是浙江经视一直以来的品牌栏目。该栏目呈现出两大特点:新闻内容选择上,如前所述,时政新闻民生化,民生新闻公共化,"关注的是群体利益和公众权益,而不是局限于某个人、某件事的个案"①,突出特点为:内容上,以小见大,着力从新闻事件中发掘其中的社会性、普遍性;报道方式上,强调深度报道。

　　《经视新闻》于2001年推出,至2018年,17年中始终保持这一特点。我们自2011年开始跟踪该节目,从中随机抽出了2011年、2012年及2018年6则新闻报道。如表4.1所示。其"公共新闻"意识贯穿始终。2011年5月23日播出的《省人大代表:严惩食品安全监管不力者》是一个非常典型的时政新闻民生化的案例。这篇报道主要是说浙江省召开十一届人大常委会第二十五次会议分组审议浙江省实施国家食品安全法办法草案的内容。一般的会议报道都是介绍领导出席以及会议的主要内容等,但是《经视新闻》在处理这条会议新闻时,通过大量呈现与会代表们不同的看法,将这次讨论问题化。这种报道方式不仅突破了传统会议新闻中打官腔、声音贴画面式的死板的报道方式,更重要的是,这种围绕问题展开的报道,使一个会议议题转化成了一个和百姓生活息息相关的民生问题。公共新闻就这样在不经意中体现出自己的风格特色。

　　2012年11月19日播出的《丰田撞断树　安全气囊为何没弹出?》原本是一则典型的社会新闻,《经视新闻》没有像社会新闻那样着眼于事故细节叙述的特殊个案报道,而是强调了公共视角。这条新闻讲述了杭州司机过先生驾驶一辆丰田汽车撞断了树干,车辆的四个安全气囊却都没有打开的新闻事件。《经视新闻》没有把这条新闻当作一个突发的社会新闻事件、一则特殊个案报道,而是站在公共利益角度进行解读,由此拷问汽车行业的质量、标准。正如新闻当事人所说:"我希望通过我这个(事件),在人家买车的时候也可以考虑一下。"这则新闻还通过采访相关专家,为消费者在安全气囊方面产生纠纷时提供了"联合维权"的解决方法。

---

①　蔡懿:《坚持做公众新闻——〈经视新闻〉的品牌诉求》,《视听纵横》2005年第5期。

这就在简单报道"一辆丰田车撞树而安全气囊未弹出"的个体性维度上更加推进了一个层次,使新闻媒介担当了更加积极的角色,告诉公众一个切实可行的解决当下问题的途径。由此,一则民生新闻成了"公共新闻"。

表 4.9 浙江经视《经视新闻》"公共新闻"案例

年度/日期	新闻标题
2011 年 5 月 23 日	《省人大代表:严惩食品安全监管不力者》
2012 年 5 月 23 日	《丰田撞断树 安全气囊为何没弹出?》
2018 年 5 月 23 日	《未来科技城新盘摇号登记,购房者:"一个个摇过来"》
2018 年 5 月 30 日	《杭州飞芽庄航班因故障返航 乘客说感觉自己会不来了》

2018 年 5 月 9 日的一篇题为《未来科技城新盘摇号登记,购房者:"一个个摇过来"》的报道,主要介绍杭州的新房市场情况。房市一直是民生新闻关注的热点,《经视新闻》在报道这则新闻时,以一位老太太为切入点,介绍杭州市民摇号购房的热情;随后采访群众购房的原因,专业地产分析师分析摇号中签率低的原因。这篇报道打破以往严肃的房市情况报道形式,以一位特殊人士(年迈的老太太)为切入点,介绍人们对房市的关注,以普通人群的视角看房市现状,表面上是民生新闻,实际上揭露的是一直以来普遍存在的开发商在售房过程中弄虚作假的问题。这显然是民生新闻的"公共化"。

2018 年 5 月 30 日的《杭州飞芽庄航班因故障返航 乘客说感觉自己回不来了》,主要报道首都航空由杭州飞芽庄航班因故障返航的事件。报道并未将事件简单化为一则消息,而是通过对航空专业人士和乘客的采访,旨在引发人们对航空安全的警示;而且在报道的最后,直播室的主持人对这次报道发表了评论,认为乘客的恐慌、不信任,主要源于首都航空公司未能给乘客解释具体原因。报道打破了就事说事模式,就飞机故障引出航空公司在安全巡查、制度管理等方面存在的问题,以引发整个行业的重视,从而将社会问题公共化。

"公共新闻"形式上对深度报道的追求,在《经视新闻》中也体现得非常突出。我们知道,深度报道的特点就是不仅仅着眼于当下事件,同时要对事件的背景、走向进行挖掘分析。2011 年 5 月 23 日播出的一则题为《我省日本首发团上路"日本游"6 月逐步启动》的新闻,以 2011 年 3 月日本震后浙江首个旅游团发团上路为切入点,首先对该团游客到达日本之后进行了电话连线采访,表达了游客放松的心态,接着报道了该团旅游线路。而后在旅行社现场采访了报名 6 月份赴日旅游的游客;继而又解析了新增的游客构成(以老年人为主)以及导致日本游的降价因素

(机票和酒店)。最后演播室主播又介绍了全国各地赴日游价格,表明了浙江赴日游价格仍有下调空间的观点。这条新闻突破了"一人一地一事"的报道模式,通过多个采访对象,从不同的信息源剖析具体新闻事实,同时展示新闻所处的宏观背景,为观众从更深层次把握事实提供了可能。在2012年11月19日的节目中,"经视头条"子栏目报道的是题为《杭州地铁下沙段　被楼盘"包围"》和《残障人士试乘地铁　盲道太窄盲文难辨识》的两条新闻,主要围绕着杭州地铁建成与试行的主题,从地铁建设规划、沿线房地产开发、楼盘价格上涨和残障人士试乘地铁、反映设施建设有问题等几个角度进行了深度并且带有一定批评色彩的报道。《残障人士试乘地铁　盲道太窄盲文难辨识》以一位坐轮椅的人士和一位盲人试乘地铁体验为线索,报道了杭州残联十几位残障人士共同试乘地铁的经过,带领受众关注残障人士群体乘坐地铁时的便利与问题。新闻中提道:"杭州地铁对于肢残人士和坐轮椅的老年人,总的来说是可以畅通无阻的,但是个别站台进出站的无障碍坡道不完善。对于盲人来说问题则多一些。"之后跟随一位盲人对几个站点的盲人设施进行了体验与批评,如有的电梯按钮只有上行盲文是正确的,下行和报警装置均是错误的,或者是相反的。对于武陵广场站中不锈钢扶手上的盲文,则直接播放了盲人乘客略显气愤的"这根本不是盲文"的语句。在采访关于盲道设置的时候,一位视障人士十分不满地对着镜头说:"人行道不足两米的时候,(盲道)设三十公分,你看我们这里才多宽,盲道(只有)三十公分,太差劲。"真实还原了弱势群体对地铁无障碍设施建设问题的不满。然而栏目并没有停留在简单的传达情绪的维度,而是通过对相关负责人的采访,表明在试乘阶段所遇到的问题将会在正式运营前得到解决,使报道更富于理性与建设性。除此之外,在同期节目中,《酒鬼酒涉嫌"塑化剂"超标　宁波富阳有销售》这条新闻也进行了比较深入的调查报道。由此可以看出,《经视新闻》践行了公共新闻的深度报道原则。

关于"评论"立台,我们知道,在一个信息过剩的时代里,新闻媒体之间的竞争主要是"观点"的竞争,因此,评论立台也只是一个顺理成章的选择;但浙江经视的"评论立台"有自己的特点。其特点体现在两个方面,一方面打造强势新闻评论栏目《新闻深呼吸》,通过新闻评论节目的影响力,凸显频道的评论特色;另一方面,让评论环节渗透到所有新闻节目和每一条新闻中,强调评论的普遍性。频道负责人在接受课题组访谈时这样强调:"我们每一条新闻后面都有评论,或者说都有评论色彩。"这在前面分析《经视新闻》的"公共新闻"特点时,也可以看出。本为新闻评论栏目的《新闻深呼吸》自不必说,"在主打的《经视新闻》栏目中,除了设立子栏目《经视评论》之外,在编排这些新闻的时候,在导语、编后中,我们会把一些观点、想法或者我们善意的一些提醒放到里面去,这个是我们跟其他频道的新闻节目最大的不同"①。在我们随机抽取的 4 期《经视新闻》样本中,这一特点都有充分体现。在每条新闻播报完毕后,都会由主持人给出一到两句话的短评,有些评论甚至一针见血。2011 年 5 月 23 日的节目中,播出了《蜀中制药涉嫌造假? 川药监局"不给力"否定》的新闻。在通过电话采访四川药监局办公室得到"我们不接受电话采访,你看一下网站好不好"的答复之后,节目直接评论道"四川省药监局这个回应实在太不给力……违规生产出来的药品,还有质量保证吗?"而更加"给力"的是在新闻后的评述:"蜀中制药用苹果皮制作感冒药让舆论一片哗然,难道药品招标中标的都是这种低价劣质药? 是不是国家招标制度出了问题? 而药品品质出现问题,监管上的责任该怎么算?"一系列的质疑、评论切中要害。这些话题还在"大家说吧"子栏目中与观众继续讨论,充分展现了电视媒体的互动性。可见,《经视新闻》并不同于一般的新闻栏目,在新闻事实呈现之后,主播的评论会引领观众进行进一步的思考,为公众提供了思想空间和话语平台。

由此可见,对于地方经济频道而言,所谓特色化、个性化,并不等同于一般意义上的地域特色,而是指频道在本地区范围内,针对其他地面频道状况而做出的异质性选择,其中有地方特色因素,但又不尽然。地方各地面频道由于面对的都是本地区受众,因而着眼于地方特色,以相关性、接近性取胜,是地面频道生存的普遍法则;但如果只是以地域性代替频道个性,很可能会与本地区其他地面频道一起走向同质化。因此,不能将经济频道的特色化、个性化简单地等同于地域性。

总之,无论是沿袭经济综合模式,还是选择大众财经之路,充分利用地缘特点,不拘一格,审时度势,因地制宜地选择特色化、个性化,是地方经济频道应有的发展之路。对于覆盖面原本就非常有限,在夹缝中求生存的地方台经济频道来说,抛开不切实际的幻想,采用这种务实的态度和方略,显然是合乎现实逻辑的。

四、证券节目差异对频道定位的诠释

证券节目几乎是各类电视经济频道的标配,也是经济节目中最基本、最核心的节目类型。无论什么性质的经济频道,可以没有其他节目类型,但不会没有证券节目,因此,它最能代表一个频道的定位和诉求,这类节目也是审视各类频道的一个不可或缺的视角。前面我们从宏观层面,以四个频道为例,分析了三种频道模式的差异;在此,我们将通过四家频道中的证券节目的对比分析,从一个更具体的视角,进一步揭示三种频道模式的不同追求。

央视财经频道、第一财经、BTV 财经和浙江经视的证券节目分别是《交易时

---

① 见附录 3《浙江经视访谈记录》。

间》《市场零距离》《天下财经》和《财富大直播》。我们随机抽取了这四档财经节目在 2017 年 5 月 22 日—2017 年 5 月 26 日一周播出的节目,对其内容构成进行了统计(见附录 5、6、7),在此,我们将从节目内容构成、节目叙事者、节目风格这三个方面对比分析这四档节目的异同。

（一）节目内容构成

央视财经频道的《交易时间》每天播出两期(上午版、下午版),每期节目时长约 1 小时,上午版主要有"股市大头条""开盘见分晓""首席看市""盘面观察"四大新闻版块,下午版主要有"最新消息""陆家嘴见闻""数据挖掘""投资者说""股市风向标""财经资讯""盘中直击""热点扫描""产经观察""收盘快评"等常规新闻版块,也有"一带一路"新起点新机遇等随时事热点出现的版块。

第一财经频道的《市场零距离》每天播出上下两期,每期节目时长 3 小时,上期主要有"马元视点""今日关注""本时段重要资讯""欧洲股市""美国股市""大商所·现场""记者观察""盘面动态""深交所连线""香港演播室""微策略""焦点资讯""龙虎榜跟踪""亚太时间""期市连线""大宗商品""汇市连线""微研报""资金流向""板块牛熊榜""市场纵贯线""早盘收市""午间论市"等二十多个新闻版块,下期主要有"盘面分析""本时段重要资讯""高端访谈""本时段话题""市场 360""板块牛熊榜""亚太时间""行业风口""投资人说""资讯焦点""市场辩论会""收盘倒计时""尾市盘点""资金流向""全球三点半""港股收市"等新闻版块。

北京财经频道的《天下财经》每天播出一期,每期节目时长约 1 小时,包括"股市气象站""股市八面风""点睛黄金眼""盘面分析""盘面关键词""股市帮帮团"六个版块。

浙江经视的《财富大直播》是《证券直播室》的升级版,每天播出一期,每期节目时长 40 分钟左右,包括"市场要闻""今日大盘""弹幕互动话题""专家观点""中方信富""财富朋友圈"六个版块。

从上面的描述和节目时间的长短可以看出,各频道专业化程度、定位的不同。四档节目中,《市场零距离》播出时间最长,央视《交易时间》次之,然后依次是 BTV 财经和浙江经视。为了更具体地辨别四者的不同,我们将分别从宏观、中观、微观层面对其进行对比分析。宏观层面指节目内容涵盖的范围;中观层面指对盘面的分析范围及重点;微观层面包括四档节目中的嘉宾构成、专家/嘉宾解答问题的来源,以及对个体股民的关注度等。

（二）内容广度和重心的差异

由于上述四个频道定位不同,其证券节目虽然面对的是同一报道对象,即每日证券市场走向,也必然会有所区别,对此做比较具体的分析,有助于对不同频道模式的视野、理念做进一步判断。那么,不同性质的经济频道之间是否可以做对比分析?央视财经频道和第一财经频道在财经报道上都追求专业性、国际化,这意味着虽然整体上二者定位有差异,但在财经报道方面是一致的,因此具有可比性;而北京电视台财经频道和浙江经视,均为地面频道,都立足本地区,因此,是一对对应关系。

《交易时间》和《市场零距离》涵盖内容都比较广,几乎包含经济领域的各个方面,但《市场零距离》内容在国家化方面,较前者视野更广,且更具体、细致。

央视财经频道《交易时间》的节目内容包括政经、财经、产经、股市分析等方面,但侧重点在产经和股市分析。政经主要出现在"股市大头条"这一新闻版块,国内外均有囊括,并且国际新闻主要涉及英美德等发达国家或中东石油国。当然也有随时政出现的新闻版块,如"一带一路新起点新机遇",从多方面报道了"一带一路"为国内经济发展带来的机遇。财经资讯同样包括国内和国际两个方面,但多是简单播报。产经新闻是《交易时间》的重要部分,节目为此设置了专门的新闻版块"产经观察",内容涉及玩具业、中药行业、服装业等。此外"首席看市""年报相马""楼市新观察"等新闻版块也涉及多种产业,如环保行业、汽车行业、计算机行业、旅游行业、医疗美容行业、体育产业、房地产业等。股市分析是《交易时间》最重要的部分,"股市大头条""开盘见分晓""首席看市""陆家嘴见闻""数据挖掘""股市风向标"等新闻版块均有特约嘉宾对股市行情进行分析,但每个版块对股市分析的解读面不同,比如"首席看市"主要是从特定行业板块分析股市,而"股市风向标"则是从概念股、白马股、估值等角度解读 A 股市场。

第一财经频道的《市场零距离》因为节目时长优势,不仅节目内容涵盖面广泛,政经、财经、产经、股市、大宗商品、期货市场、汇市等均包含在内;而且每个方面又进行了细分。在政经方面,不同于《交易时间》内容集中在英美德等发达国家或中东石油国,《市场零距离》聚焦全球市场,既有英美德等西方发达国家以及沙特、伊朗等中东石油国,也有日韩、印尼、巴西等国。财经新闻主要出现在"今日关注""本时段重要资讯"两个新闻版块,与《交易时间》一样都是以简单播报为主,但是新闻数量上比《交易时间》多。产经新闻和《交易时间》相似,涉及面也非常广泛,主要出现在"微研报""行业风口"两个新闻版块,涉及珠宝行业、汽车行业、手游产业、教育产业等。股市方面,《市场零距离》中既有对国内 A 股市场的每日详细资讯报道和专家分析,也同样关注全球股市,但重点在于欧洲股市、美国股市和港股。此外,大宗商品、期货市场、外汇市场等方面内容,《交易时间》鲜有涉及。

由此也可以看出,第一财经频道较央视财经频道在视野、内容的国际化上,显得更为开阔,所涉领域也更具体。充分体现了专业化的定位。

北京财经频道的《天下财经》内容侧重于股市分析和产经方面,也有少量财经资讯。其中股市分析主要介绍股指、盘面和股票涨跌的情况,尤其关注沪指表现。产经新闻主要涉及短视频、酒店和新兴材料等当下比较热门的领域。浙江经视的《财富大直播》因为节目时长短,每期节目内容总量相较于其他三档节目偏少,且节目内容全部聚焦国内。该节目侧重于对国内 A 股市场的分析,在财经、产经方面的资讯数量少且内容介绍简略,政经方面内容更是极少。由此看出,同为地方经济频道,北京财经频道较浙江经视都立足本土,但前者较后者的视野相对宽广,也由此显示出地域差异对频道视野的影响。

(三)偏重信息和偏重观点的差异

对盘面动态的介绍与分析是四档证券节目共有的内容,但却各有偏重。央视财经频道的《交易时间》除了每日固定的"开盘见分晓"和"收盘快评",每期节目播放期间还会进行多次的盘面动态分析,时刻关注盘面变化。第一财经频道的《市场零距离》每天上期有"早盘收市",下期有"收盘倒计时""尾市盘点""港股收市",同时每期节目播放期间也会进行几次盘面动态分析。与《交易时间》相比,《市场零距离》每期盘面动态分析的范围更广,既有国内的 A 股市场,同时也包括港股。

北京财经频道的《天下财经》和浙江经视的《财富大直播》都是仅在节目播出期间进行盘面分析,没有开盘和收盘评点。《天下财经》更加关注沪指动态,而《财富大直播》对于沪深两市的关注比较平衡。

在个股分析方面,央视财经频道的《交易时间》中有关个股的信息主要在"收盘快评"这一新闻版块出现,通常是专家进行股市分析时有所提及,如"林隆鹏:个股分化加剧,强势股也须以业绩为王""卢山:破净个股增多,底部区域来临"等;也有少量出现在"股市大头条",但都是简单资讯播报,如"昨日 60 只个股跌停,次新股占比接近 50%"。总体来看,这些有关个股的分析比较笼统,对于股民在实际投资操作中的指导性有限。第一财经频道的《市场零距离》中有关个股的信息主要出现在"龙虎榜跟踪""资金流向""板块牛熊榜"三个新闻版块中,并且关于个股的资讯非常详细,具体到两市大宗交易成交金额最大个股、沪股通成交最大前五股、深股通成交最大前五股、龙虎榜每日净买额最大个股等,每日各种排名前 5 的个股都有详细列出。

无论是《交易时间》还是《市场零距离》,两档节目关于个股的内容都是以提供新闻、信息为主,专家的建议偏少。而北京财经频道的《天下财经》和浙江经视的《财富大直播》恰恰与前两者相反,它们关于个股的内容更侧重于专家对个股的分析以及为股民提供切实可行的投资建议,例如《天下财经》中"如何挑选超跌个股""除权后个股继续下跌,断线如何操作?"这类针对具体问题展开分析、解读,为股民提供直接、具体服务的内容,占据比较大的比重,这是北京电视台财经频道证券节目的主要特点,《财富大直播》即是如此,比如对雄安股的分析等。

(四)节目构成要素的差异

关于微观层面,我们主要对比分析这四档节目的参与者的构成,即出现主持、报道、评析者的身份,专家/嘉宾解答的问题的来源,以及节目对个体股民的态度三个方面。

首先,关于这四档证券节目的参与者的构成,总的来看可以概括为三类:主持人、记者、专家/嘉宾。

央视财经频道《交易时间》节目的专家/嘉宾身份来源多样,既有财经媒体人、金融业界人士,也有学者、政府官员,具有很高的权威性和很强的专业性。该节目参与者主要是主持人和专家/嘉宾两类。每期节目有一位主持人同节目邀请来的专家/嘉宾一起出现在演播室内。除此之外,节目还有通过电话连线或现场视频连线等方式沟通的专家。该节目的专家/嘉宾来源主要有以下六类:第一类是财经评论员,如路透社财经评论员、CNBC财经评论员;第二类是基金公司的证券分析师、证券研究所的高级研究员以及证券公司的首席分析师、首席投资顾问等专业金融人士,如富国基金公司证券分析师、万联证券研究所高级研究员、新时代证券首席投资顾问;第三类是投资公司和投资管理公司的董事长、投资总监、研究员等,如北京大君智萌投资管理有限公司董事长、北京鸿普投资管理公司投资总监;第四类是学者,如中国能源研究会常务副理事长、厦门大学中国能源政策研究院院长、深圳大学金融研究所所长;第五类是行政机关人员,如住房和城乡建设部城建司副司长;第六类是各行业专家,如中国石油流通协会副秘书长、深圳市服装行业协会会长。

综上可见,《交易时间》的专家身份来源多样,既有财经媒体人、金融业界人士,也有学者、政府官员等,能够全方位、多角度地解读国内外金融市场,并为受众提供丰富的投资建议。同时,节目中的财经评论员来自国内外知名媒体,专业金融人士基本都来自国内知名证券公司、基金公司、投资公司;学者专家来自国内名校或全国性学术机构,其他专家或嘉宾也多来自全国性行业协会,因此该节目的专家/嘉宾具有很高的权威性和很强的专业性。

第一财经频道《市场零距离》的专家主要是金融界人士,尤其以各大证券公司的分析师和投资顾问居多。尽管嘉宾中有金融学学者,但在嘉宾总数中占比极少。该节目有多位主持人,每位主持人有不同的分工。不同于大部分财经节目演播室呈现出的平面感,《市场零距离》主演播室空间大且呈弧形,两位主持人处在同一演播室的不同位置,镜头往左或往右一摇就从一位主持人所在的平面切换到了另一位主持人所在的平面,具有很强的立体感。主演播室内的主持人有马元、江予菲和许树泽,其中马元是最主要的,是节目基本流程的掌控者,江予菲和许树泽起辅助作用。马元出现在每期节目的前两个小时,他与节目邀请来的两位专家/嘉宾一起坐在主演播室内,既要与两位嘉宾进行交流提问,还要与其他几位主持人互动进行版块交接。江予菲主要负责每个时段重要资讯的播报;许树泽既是第一财经的主持人,也是知名评论员,他主要负责"焦点资讯"这一版块新闻的介绍与分析。朱勇在另一演播室,主要负责"资金流向""板块牛熊榜"两个部分;张晓稚则负责在"市场纵贯线"及之后的"午间论市"等版块与嘉宾进行交流提问。《市场零距离》上期有一个版块叫"记者观察",由第一财经的记者对某个金融资讯进行解读。

与《交易时间》相似,《市场零距离》除了邀请到演播室内的嘉宾,节目也有通过电话连线或现场视频连线等方式交流的专家。《市场零距离》的专家/嘉宾来源主要有以下五类:第一类是证券公司的分析师、投资顾问;第二类是期货研究员、期货市场分析师,大宗商品分析师,外汇分析师;第三类是资本管理公司董事长、经理;第四类是证监会人员,如证监会副主席;第五类是学者,如复旦发展研究院金融研究中心主任、中国人民大学重阳金融研究院高级研究员。

综上可见,《市场零距离》的专家主要是金融业界人士,尤其以各大证券公司的分析师和投资顾问数量居多。尽管嘉宾中有金融学者,但在嘉宾总数中占比极少。

北京财经频道的《天下财经》共有两位主持人,其中一位主持人是主要的,负责节目的基本流程,并邀请两位专家进行全程解读。在"点睛黄金眼"版块里,换了另一位主持人,邀请另一位专家进行专业解读。《天下财经》邀请的专家基本上都是证券公司的投资总监、投资顾问和分析师,并且这些专家多就职于北京的公司。当然也有几家是全国性的公司,如新时代证券、第一创业证券等。

浙江经视《财富大直播》的演播室内有一位主持人,并邀请两位专家进行全程解读。在"中方信富"这个版块中,节目会邀请一位中方信富的专家充当主持人的角色对当前股市进行详细解读。与《天下财经》相似,《财富大直播》邀请的专家基本上都是证券公司的经理、投资顾问和操盘手。但是这些专家多就职于南方的证券公司,且遍布省份很广,括浙江、深圳、四川、湖南、上海、安徽等地。其中来自浙江的公司最多,有浙江锐恒投资基金、联储证券温州营业部等;全国性的公司较少,且多为证券类的综合公司,如国信证券股份有限公司、中泰证券股份有限公司。

　　总体来看,《交易时间》凭借着央视的资源优势,不仅专家身份来源丰富多样,而且专家在权威性和专业性方面远优于其他三档节目。《市场零距离》凭借第一财经的财力,尽管专家身份种类不如《交易时间》多,但是请来的金融业界人士多来自国内知名公司,专家的权威性和专业性也是比较高的。相较于前两档节目的全国性,《天下财经》和《财富大直播》作为地方电视台的财经节目,邀请的专家不仅来源单一,而且都具有明显的地域属性。《天下财经》更多地服务于北京市的受众,《财富大直播》也明显立足于浙江本省观众的需求,二者都偏向地方性。

　　其次,四档节目互动环节所解答的问题来源也有不同。

　　央视财经频道的《交易时间》中专家/嘉宾解答的所有问题都来自节目主持人的提问;第一财经频道的《市场零距离》中的问题大部分来自节目主持人,还有少量来自第一财经记者。虽然他们所提问题都基于受众需要,但这些问题因这两档节目的提问者代表的立场都是节目方,真正的投资者缺席明显。此外,问题来源单一,就会导致节目提供的内容与受众需求之间存在偏差,这对节目来说是不利的。当然,这两档节目都考虑到了与受众的互动。《交易时间》的主持人在每期节目播出期间,每隔一段时间就会提醒观众可以登录节目微信公众号,关注资讯并参与直播互动,但是互动的内容不会在节目中呈现。《市场零距离》每期节目都会有一个互动话题,主持人也会在节目中多次提醒观众可以登录第一财经 APP,在"正在"直播区参与互动,互动的内容同样不会在节目中呈现。

　　北京财经频道的《天下财经》中专家解答的问题主要来自主持人、投资代表和观众这三方的提问,其中投资人代表行业提出相关问题,观众代表普通股民提出问题,主持人汇集各方面的情况提出综合性问题。这样不同身份的三方提出的问题构成了每期节目的全部问题来源,能够更加全面地满足不同节目受众的需求。而且,节目中的观众提问环节体现出强烈的个人存在感,更加增添了节目的真实性,也让受众切实感受到节目方为自己答疑解惑、提供投资建议的诚意。

　　浙江经视的《财富大直播》中专家解答的问题同样全部来自主持人的提问,但是该节目设置了一个版块,叫"弹幕互动话题"。节目每期提出一个话题,和观众进行互动,主持人会在下期节目中挑选出几个有代表性的回答读出来与大家分享,通过这样一种方式体现出股民个人的存在,也提高了节目的受众黏性。

　　通过上述对四个频道的证券节目的对比分析可以看出,四个频道的差异不仅仅是一种观念上的诉求,而且体现在传播实践中。总体来看,央视财经频道的《交易时间》和第一财经频道的《市场零距离》两档节目内容更加侧重宏观和中观层面,而北京财经频道的《天下财经》和浙江经视的《财富大直播》这两档节目内容更加侧重中观和微观层面,也由此可见,北京财经频道和浙江经视更偏重于为股民提供更具体的服务。

第五章

我国电视经济节目的基本类型特征

我国经济类节目都在上述三种频道框架内运行。应该说,频道的风格、定位不同,其经济节目的设置思路、基本面貌,甚至节目形态也不相同。但由于经济题材本身的规定性,决定了无论哪种类型的电视经济频道,其所要关注的对象都是一致的,即均为正在进行中的经济活动,而且是一种全球一体化的经济活动。内容即表现对象的同一性,决定了不同经济频道的经济节目必然有着很大的相似性;而且,无论哪种性质的频道,都面临一些同样的问题:第一,基于大众传媒的基本属性,作为大众媒介产品的"经济"(财经)节目,在表达方式上都需要进行"去专业化"(艰深、晦涩),利用通俗化、大众化手段争取目标受众的最大化。第二,新媒体环境下,电视媒体作为信息传播主渠道的地位被取代,越来越依赖娱乐节目生存,这种情境下,电视经济节目要追求受众规模,仍旧需要在内容上找到和受众的关联点,最大限度地扩展和丰富"经济"(财经)节目的内涵。第三,解决如何进一步提升影响力,提供更有效、权威的服务问题。经济节目和其他节目类型的最大区别是它的直接指导投资行为的实用功能,而财经市场恰恰又是瞬息万变的,因此,如何及时捕捉这种变化,并给受众及时、全面、权威的解释,是其吸附观众的关键。面对这些共同的问题,纵然不同经济频道有自己独特的定位,但是,经过三十多年的发展,电视经济节目已经形成了基本的节目类型和思维定式,使经济节目在诸多电视节目类型中,成为一种具有高辨识度的独特存在。既然已经成为一种独特的节目类型,必然有自己特定的类型特征;在此,我们将以个别代一般的方式,通过一些比较具体的案例,从整体上概括、抽象出能够体现目前我国电视经济节目基本面貌的内容和表达理念。

电视经济节目包含哪些基本节目类型,目前并无定论。不同研究者站在各自视角进行了分类。有的研究者从节目形态入手,将财经节目划分为新闻资讯类财经节目、谈话类财经节目、真人秀类财经节目、故事类财经节目四大类①；有的则从内容和形态两个混合维度，将其划分为新闻资讯类财经节目、评论类财经节目、谈话类财经节目、财经娱乐节目等②；还有的主要从节目形态角度将其分为资讯类、专题类、评论类、深度报道类、谈话类五种财经节目③。这些类型划分差异是由不同研究者选择的研究对象所在的时间以及所在的频道的不同造成的。比如"深度报道"类主要指向央视《经济半小时》和《中国财经报道》；有的分法中包含的节目形态只是阶段性或个别性的存在，比如"故事类"财经节目，主要依据的是央视经济频道时期的《财富故事会》《商道》，虽然至今北京电视台财经频道依旧存在类似的节目《财富故事》，但这种纯粹的讲述性故事类节目已经不再是常规性、普遍性的经济节目形态。从上述分类中看出，经济节目的分类主要依据的是节目形态。所谓节目形态，就是指已经构成程式的表现形式。从形态角度分类，表明电视经济节目已经不仅仅是一种题材概念，而已形成了比较稳定的节目形式。目前来看，具有影响力、已经形成品牌效应的标识性经济节目类型到底有哪些？通过考察，并结合上述研究者的分类，我们认为，普遍性的经济节目类型主要有以下五种：一是综合性新闻资讯类经济节目，指的是为目标受众提供包括综合性新闻在内，主要以经济新闻、财经资讯为主的新闻节目。如央视财经频道的《第一时间》、第一财经的《财经早班车》、北京财经频道的《首都经济报道》等。二是金融证券类节目，主要以跟踪报道、分析证券市场走势为主的节目，如央视财经频道的《交易时间》、第一财经的《市场零距离》、北京财经频道的《天下财经》等；三是财经谈话类节目，指的是对当下经济领域中的热点问题进行解读分析，着力于呈现观点的节目形态，如央视财经频道的《央视财经评论》《对话》、第一财经的《解码财商》《头脑风暴》等。这些节目虽然形式不尽相同，但均通过各种形式的交流、碰撞，对热点经济问题做深度解读，表达明确的观点，这也是经济节目中最常见的一种节目形态。第四种是专题类节目。此前说过，专题节目形态就是围绕某一主题展开挖掘、诠释，是新闻报道的延伸形式。这类节目的代表性节目是央视的《经济半小时》《中国财经报道》及北京财经频道的《财富故事》等。第五种是财经娱乐服务类节目。这类节目是指采用娱乐节目形态，服务于投资者或者某种特殊经济行为的节目，如《创业英雄汇》《梦想下一站》《中国职场好榜样》等采用

① 任晓润、余承璞、顾晓燕、毛永晖：《国内外电视财经类节目纵览》，《视听界》2008年第01期。
② 王黑特、王希子：《中国电视节目类型体现探析》，《中国电视》2011年第6期。
③ 蔡海龙：《电视财经节目研究》，中国传媒大学出版社，2018年。

了真人秀形式,具有娱乐节目的游戏性、竞技性,但表现内容又的确属于经济活动范畴的节目形式。

在上述节目中,第一种节目类型基本采用的是新闻报道的形式,着力体现新闻资讯类节目必备的时效性、全面性和权威性。这类节目之间主要竞争的是时效、视野和资源,因此,这些节目呈现什么样的格局,不取决于形式,而是和频道自身的实力及其在媒介场的地位等客观条件直接相关,换句话说,这是一种靠内容取胜的非典型性经济节目,尽管它是经济节目中最常见、不可或缺的节目形式;从它这里,不能提取出经济节目的特殊形式,因此,经济节目的类型特点,需要从其他四种节目中寻找。

其他四种节目类型是否具有能体现经济节目特殊性的共同特征?电视经济节目虽然包含不同的节目形态,但是不能否认,经济节目在根本意义上还是靠内容立足,即经济节目之所以为经济节目,正在于它反映的是经济活动。正因如此,无论什么形态的经济节目,首先面临的是选题问题。也就是说,无论是新闻报道还是专题,抑或是谈话节目,这些节目形式虽有差异,但并不会像娱乐节目形态那样,形式本身就能构成吸引受众的主要因素。经济节目的主导性因素最终还是体现在内容上,即选择什么话题的问题。那么,对于经济节目来说,选题有无基本原则?这是我们需要解决的第一个问题。第二个问题,就是要找到支撑各类经济节目的必不可少的形式要素,即经济节目普遍性的构成要素。根据考察分析,我们认为,经济节目在内容和形式上存在以下四个基本特征:一是将经济问题民生化,使资讯类节目获得贴近性、大众化;二是借助专家的权威性和专业性来体现节目的权威性;三是通过前瞻性反映经济活动本质,强化节目叙事逻辑;四是通过开发新节目形态扩大经济节目的内涵与外延,而新的经济节目形态不仅赋予经济节目以娱乐性,同时,也开拓新的服务形式,甚至创造新的经济服务领域。

一、民生化:经济节目大众化的基本路径

在上述五种节目类型中,财经资讯类、谈话类和专题类节目是电视经济节目中占有比重最大的三种节目类型,也是最能体现经济频道专业属性的节目类型,它们不仅在内容上涉及产经、政经、财经等各个经济领域,而且聚焦的均为这些领域的最新发展趋势和热点问题。央视财经频道的《经济新闻联播》《经济半小时》《央视财经评论》,第一财经的《财经早班车》《头脑风暴》以及 BTV 财经频道的《首都经济报道》等,这些我国电视经济媒体中最具影响力的节目,均包含在这三种类型中。这三类节目虽然形式上有差异,但都存在一个需要共同面对的问题,那就是如何解决专业性过强、大众化欠缺的问题,因此,实质上它们又属于一大

类。既然属于同一大类,又有共同面对的问题,在节目制作理念、形式上必然会有共同的规律。这些共同规律是什么,本部分主要围绕此问题展开讨论。

纵观这类节目的内容选择和表达方式,它们所采取的一个最突出、普遍的策略就是民生化。民生化其实体现的是新闻选择诸价值要素中的“接近性”问题。所谓新闻的“民生化”,顾名思义,就是从百姓生活、生存、发展、权益等和百姓相关的视角、立场,运用通俗化的、符合普通百姓接受心理与接受能力的表达方式,报道各种社会现象。有研究者将之概括为民生新闻范式。民生新闻范式具体表现在四个方面:“题材选择上的民生内容”“报道立场上的平民视角”“价值取向上的民本意识”和“报道方式上的民众话语”①。这四个方面实际上是指立场和价值取向上的以民为本,集中体现在两大方面,即“民生化”不仅指选择的内容,还指报道形式。

新闻报道的民生化是和新世纪以来民生新闻的盛行分不开的。有学者甚至认为,“民生新闻是十年来中国电视的第三次革命。民生新闻的发展壮大无形中影响着主流严肃新闻的走向,使中国电视新闻界呈现出一种双向汇流的趋势:一方面民生新闻开始向主流方向靠拢,另一方面严肃新闻也向民生新闻靠拢”②。这种现象的盛行从一个侧面折射出了大众对这种类型的新闻报道所持有的高度认同态度——没有观众,就不可能盛行。正因如此,民生化成为经济节目这种诉诸特殊题材的节目类型可资利用的手段,通过民生化,拉近与受众的距离。

具体到经济节目的“民生化”,是指用民生新闻范式、理念,进行经济报道。内容上注重选择普通民众所关心的社会问题,且以民众利益为主导,包括从民生角度解读经济问题和从经济视角审视民生问题两方面;形式上,以民众易于接受的方式进行报道,即通过语言、语态的通俗化和民众参与度的强化,最终让原本距离百姓生活比较远的宏观、中观层面上的高深、专业的经济问题,变得通俗化、生活化。

从原初意义上说,“经济活动的目的是满足人类的生存、享受、发展、繁衍的需要。在这一意义上,经济活动归根结底是为了改善民生,非民生的经济活动是人类行为的异化。然而在现实中,人类的经济行为和社会活动确实存在非理性的异化现象,而且,其规模甚至也是巨大的”③,至少一些经济行为和民生已经没有了直接关系。在我国,由于历史性和结构性原因,经济疾速发展和分配不均矛盾日

---

① 董天策:民生新闻:《中国特色的新闻传播范式》,《西南民族大学学报》(人文社科版)2007年第6期。
② 雷蔚真、刘佳:《民生新闻主流化　主流新闻民生化——中国电视新闻界的双向汇流》,《新闻与写作》2009年第11期。
③ 金碚:《论民生的经济学性质》,《中国工业经济》2011年第1期。

益严重，"经济"的许多方面如金融投资、实体经济的运营等，已经割断了和民生的直接联系，经济的内涵愈加丰富、广阔，这就需要用民生视角进行解读，才能体现接近性。比如，铁路交通的发展原本是产业经济问题，但是，从民生出发看，它所反映的就是民众出行问题。如《对话》栏目 2013 年曾经播出过一期题为《搏击移动浪潮》的节目，旨在探讨移动浪潮下，网络服务商的生存策略和发展趋势这个有关企业发展、行业走势的问题。该问题原本不属于民生问题，但是，这期节目将微信是否收费作为切入点，从企业发展和用户利益的关系这个角度去审视、解读，使其成了一个 3 亿微信用户普遍关心的问题；同时，又深入浅出地揭示了网络服务提供商和运营商以及手机厂商之间的利益关系，让企业、行业问题具有了民生意味。

以民生化方式表现经济问题，是经济节目最常见的一种表现手段，也是经济节目制作的基本理念，它渗透在上述各种类型的经济节目中。浙江经视负责人在谈到其最具经济特色的标志性栏目《经视新闻》时说，在该栏目中，民生题材占到二分之一，经济新闻仅占四分之一；而另一经济栏目《消费能见度》聚焦的均为百姓的衣食住行问题。以专业化为目标诉求的北京财经频道，自开办以来始终强调以"百姓视角"报道经济生活、解读经济现象，其实质也是民生化。上海第一财经频道虽然强调的是高端、小众，但也并不排斥民生化原则。第一财经频道 2010 年开播的《财判》栏目则将"立足民生"作为自己的基本立场和诉求："内容涵盖了民生经济、行业经济、业内大事。节目以悬念引领故事进展，以通俗贯彻节目全篇，强调用事实说话，最大限度接近事实真相……通过个案反映中国经济改革历程中的进步或波折，是倡导法制化、有序化的市场经济环境的一档故事类财经节目。"[1]从中可以看出，从内容到形式都充分体现了民生化特征。

央视财经频道历史最悠久、最具影响力的《经济半小时》栏目则从一开始就确立了"观经济大势、知民生冷暖"的品质追求。题材选择上最大的特点是将"关注民生的调查类报道、与公众利益相关的经济事件"[2]放在首位。雷蔚真曾以《〈经济半小时〉发展总趋势分析：大众化与专业化》为题，从一个侧面对 1996—2005 年间《经济半小时》栏目发展过程中的功能变化进行了比较细致的分析，他指出，对《经济半小时》发展影响最大的一次改版是 2003 年改版，这次改版最大的变化就是它明确提出了"'我们关注公众利益的价值观'"[3]。所谓公众利益，他认为包括

---

[1]　正点财经网，http://www.zdcj.net/meitihtml/videoshowdt_98.html。

[2]　雷蔚真：《名牌栏目的策略与衍变——〈经济半小时〉透析报告》，中国人民大学出版社，2005 年，第 22 页。

[3]　雷蔚真：《〈经济半小时〉发展总趋势分析：大众化与专业化》，《中国广播电视学刊》2005年第 1 期。

五个方面:"更加开放的选题内容""以公众为对象的功能定位""降低门槛的受众定位""独特的经济视角"和"更加成熟的新闻加工模式"。① 其中选题上对降低门槛的强调,其内核就是民生化:"放下架子贴近百姓;栏目制作时不再针对相对高端的企业家人群,而将受众定位转变为'学历高中以上月收入1500元以上'相对广泛的人群;他们相信社会正义、相信法律、相信政府,他们还没有失去希望、善良和同情。"②这些显然都体现的是民生范式中的"民本意识价值取向"。可见,无论是"财经"频道,还是"经济"频道,抑或"经济生活"频道的经济节目,民生化都是其采用的一个避免使经济节目内容过度窄化而导致观众流失的一个基本策略。这里主要以《经济半小时》为例,诠释经济节目民生化的具体特征。

我们对进入财经频道时代的《经济半小时》栏目进行了抽样统计,截取的时间段为2009年至2016年,抽取每年11月份一个月的内容,对其所涉题材进行分类统计(见附录9),在所涉及的四大类题材"经济""民生""时政""其他"中,民生题材占据48.10%,超出了典型的经济题材(见图5.1)。其实,《经济半小时》栏目有意识的民生化追求自20世纪90年代中期就开始了,到了财经频道时期,依然是支撑其选题和表现形式的主导性原则。

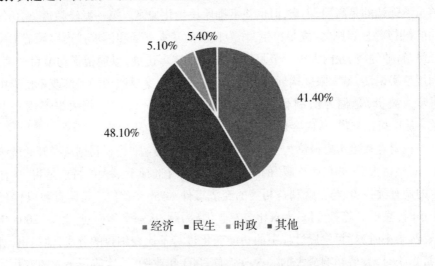

图5.1　《经济半小时》2009—2016年各类题材比重

民生化观念其实也是央视经济频道一以贯之的理念。2003年央视经济频道提出了"大经济观"概念和"经济视角"解读社会问题这样两个经济报道策略。前

---

①② 雷蔚真:《〈经济半小时〉发展总趋势分析:大众化与专业化》,《中国广播电视学刊》2005年第1期。

者主张将经济报道的范围拓展到消费和生活服务等和百姓日常生活相关的领域，而消费和生活服务类内容其实就是社会、民生问题，这实际体现的是经济节目题材的民生化取向；后者则由于可以通过经济视角审视非经济问题，扩大经济报道范围，而为体现民生化提供了可能性。这种内容和形式上的民生化策略一直延续在央视财经频道中。2010 年，央视财经频道推出之后，明确提出"改进内容的切入角度和解读方式，实现财经题材民生化，用民生关联度提高贴近性，用财经视角体现专业性"①，是财经节目制作的基本原则。但历史地看，经济报道的民生化经历了以民生题材代替经济节目内容，到从民生视角解读经济题材、从经济视角解读民生问题这样一个发展过程。《经济半小时》栏目曾在 2014 年 8 月 20 日至 9 月 3 日以长达 13 期的篇幅，探讨了《明天我们如何养老》问题。节目一开始非常具体、细腻地记录了两位空巢老人的日常生活片段，其真实性及生活质感，一下子拉近了节目与受众的距离，俨然是一则有关社会民生问题的深度报道。但是，节目没有停留在事实展示层面，而是由此揭示了在一个已经到来的老龄化社会中，养老问题已经不再是具体的个案，而是影响我国经济结构的大问题，提醒人们老龄化社会的到来，意味着一直驱动我国经济增长的人口红利在逐渐消失这一重大社会问题已经迫在眉睫。节目最终从公共财政、民间资本等多方面、多渠道，提出了未来养老问题社会化、产业化的路径。由此可以看出，民生题材的经济视角解读，其实已经不只是经济节目走向大众化的策略和手段，而是目标和目的，这也是充分体现经济（财经）频道和经济节目身份属性的通行证。就此意义上说，民生化之于经济报道，是一种必然的选择，也是使之拥有广泛受众的一个非常有效的路径。

二、专家参与：经济节目不可或缺的结构性要素

"什么时候个体失去了依靠自己的力量了解事物的能力，什么时候专家就提供了绝对的保障。"②虽然居伊·德波是在一种批评的语境中说这番话的，但他却从一个侧面揭示了专家在某种情境下存在的必要性。而目前我们所置身的这个信息泛滥、急速变革、不确定性加剧的社会，其实就是这样的情境。传播渠道繁多，信息泛滥致使大众无论是在信息选择还是信息解读上，都处于茫然无措状态，毫无疑问助长了大众对权威人士的依赖。在瞬息万变的经济领域更是如此。纵观 21 世纪以来的电视媒体，一个普遍现象是，专家充斥各类电视节目，在经济节目中更是普遍，即便是在《创业英雄汇》《梦想下一站》这类财经娱乐节目中，专家

---

① 朱旭红：《打造权威的中国财经频道》，《电视研究》2010 年第 11 期。

② 居伊·德波：《景观社会》，王昭凤译，南京大学出版社，2006 年，第 114 页。

也从不会缺席。虽然这种现象在其他节目类型中也存在,但是,除了健康类节目,没有哪一种节目比经济类或财经类节目更具普遍性。历史上还出现了以专家名字命名的财经节目,如《财经郎眼》《老左来了》等。可以说,经济类节目是由专家支撑起来的,专家参与已经成为经济类节目的标配和不可或缺的结构性要素。

(一)用以体现经济节目的权威性

从某种意义上说,经济类节目尤其是财经节目之间的竞争,实际上是嘉宾资源的竞争。由《今日观察》改版而来的《央视财经评论》在其片首宣传语中,将"最权威的评论员"放在了第一位:"经济大势如何看得清清楚楚,专业财经如何说得明明白白,最权威的评论员,最多元的智慧激荡,新闻热点、难点我们只说最关键的一点,财经大事且看央视如何评说。"《对话》栏目策划人员在总结《对话》成功的影响因素时,也特别强调嘉宾身份在其中发挥的作用。时任栏目策划的李岩将《对话》的成功归于天时、地利、人和,他认为"地利"因素中一个很重要的方面就是央视这个特殊的平台能够使它充分发挥"名人效应":"世界级的企业巨子、著名学者、社会名人本身就有相当的号召力,在现今人们渴望了解世界、渴望获得财富的心态下,成功人士本身就成为关注的焦点,名人来到《对话》自然就会吸引人们的目光。"[①]

有研究者曾对几档我国经济类节目中历史比较悠久的品牌栏目,如央视财经频道的《对话》、第一财经的《决策》《波士堂》等最吸引受众的重要因素进行了问卷调查,结果显示,在其设定的吸引受众的六个要素(高文化品位、前沿性话题、重量级嘉宾、创新的形式、知识含量高、节目主持人)中,"重量级嘉宾"位居第三位,仅次于高文化品位、前沿性话题。其中有34%的受访者将嘉宾的权威性视为吸引他们收看此类节目的第一要素[②]。这从一个侧面反映出重量级嘉宾之于经济节目已是一种普遍存在,而且是一种争取受众的不可或缺的结构性要素。

2014年和2018年,我们先后两次以《央视财经评论》和《对话》栏目为例,对吸引受众收看财经节目的主要因素进行了问卷调查[③],调查结果显示,在吸引受众的5个要素中,"知名度高/权威性强的嘉宾"一直排在第二位,仅次于"感兴趣的话题"(见表5.1—表5.3),可见在观众那里,嘉宾也是影响经济节目收视的不

① 李岩:《成功于分众时代》,《南方电视学刊》2001年第5期。

② 杨晖:《电视精英谈话节目的影响力与受众分析——2005年中国电视精英谈话节目影响力调查分析报告》,《现代传播》2006年第1期。

③ 见附录10—附录13,关于受众收看财经谈话类、证券类节目的重要因素的问卷调查数据及分析。

可或缺的因素。

表5.1 吸引受众收看财经谈话类节目的主要因素综合排序结果（2014年）

选项	平均综合得分
B. 感兴趣的话题	4.32
A. 知名度高、权威性强的嘉宾	3.37
C. 解释疑惑的功能	3.06
D. 引人入胜的节目形式	2.64
E. 喜爱的节目主持人	1.61

表5.2 吸引受众收看《央视财经评论》栏目的主要因素综合排序结果（2018年）

选项	平均综合得分
B. 感兴趣的内容	3.32
A. 知名度高、权威性强的嘉宾	2.93
C. 解疑释惑的功能	2.31
D. 喜爱的节目主持人	1.44

表5.3 吸引受众收看《对话》栏目的主要因素综合排序结果（2018年）

选项	平均综合得分
B. 感兴趣的话题	4.16
A. 知名度高、权威性强的嘉宾	3.59
C. 解疑释惑的功能	2.9
D. 节目形式	2.61
E. 喜爱的节目主持人	1.74

　　而在2014年内对受众所喜爱的财经类节目中的嘉宾类型的进一步调查中显示，嘉宾类型依次为：行业精英、著名企业家、专家学者、普通成功人士、媒体评论员、无所谓；其中，平均综合得分最高的是"行业精英"为4.71，其次是"著名企业家"为4.43；平均综合得分较低的是"媒体评论员"2.96（见表5.4）。

　　根据2018年调查结果（表5.5），《央视财经评论》栏目中受众喜欢的嘉宾类型依次为：专家评论员（得分1.78）、媒体评论员（得分1.22）。而《对话》栏目中受众喜欢的嘉宾类型依次为：著名企业家、专家学者、普通成功人士、其他。其中，平均综合得分最高的是"著名企业家"为3.35，其次是"专家学者"为3.01；平均综合得分较低的是"普通成功人士"和"其他"(见表5.6)。由此可见,2014年和2018年的调查结果,虽有些微不同,但本质上是一致的,都看重嘉宾的专业性、知名度和影响力,受众比较重视嘉宾的专业性和权威性。

表5.4　受众喜欢的嘉宾类型分析综合排序结果(2014年)

选项	平均综合得分
C. 行业精英	4.71
B. 著名企业家	4.43
A. 专家学者	3.89
D. 普通成功人士	3.82
E. 媒体评论员	2.96
F. 无所谓	1.19

表5.5　受众喜欢的《央视财经评论》栏目嘉宾类型分析综合排序结果(2018年)

选项	平均综合得分
A. 专家评论员	1.78
B. 媒体评论员	1.22

表5.6　受众喜欢的《对话》栏目嘉宾类型分析综合排序结果(2018年)

选项	平均综合得分
B. 著名企业家	3.35
A. 专家学者	3.01
C. 普通成功人士	2.57
D. 其他	1.07

何以专家成为经济节目中不可或缺的要素? 在信息传播中,信源的可信度直接影响到受众对信息的选择。对于经济信息来说,其权威性较任何一种信息都更重要,可以说,权威性是经济信息得以立足的决定性要素。一方面,经济信息尤其是财经信息可信度的高下之于受众,影响的不只是受众对事物的认识和判断,更重要的是,从财经节目中获得的认识和判断将会直接影响受众的决策和行动,最终直接影响到经济利益;另一方面,和其他社会问题相比,投资、消费等经济问题的专业性比较强,而且,影响经济问题的因素极其复杂,财经市场又瞬息万变,因此,人们更需要权威的信息和观点来解疑释惑,权威性之于财经资讯类节目较其

他任何类型的电视节目也显得更为重要。

信息传播权威性是指媒体具有的令人信服的力量。在媒体资源欠缺的时代，大众传媒自身的特殊地位决定它天然具有权威性。但是，对已经进入市场运行机制，参与市场竞争的媒体来说，其权威性、影响力是与节目自身的状况直接相关的。一般来说，一档节目是否具有足够的权威性和可信度，取决于两个因素：一个是长期以来该节目对真实性、客观性原则的坚守，以及在公共事务和突发事件中发挥的舆论引导作用是否具有的公信力；另一个是频道自身是否具有专业性或者品牌效应；品牌效应越强，在同类中也就越具有权威性。比如，第一财经频道在投资者中的权威性；海南旅游卫视在旅游节目的权威性；央视新闻节目的权威性，等等。频道的品牌效应毫无疑问会提升其节目的影响力和权威性，但二者之间不能画等号。频道不能代替节目去竞争，正如一个成功的频道品牌并不意味着其所有的栏目都是品牌栏目一样，频道间的竞争最终还是要通过节目的影响力来实现。而任何节目的影响力和权威性尤其是资讯类节目，其权威性主要取决于信源，即谁在说，谁的观点。而观点的竞争实际就是观点的提供者嘉宾的竞争。因此，利用知名度高、权威性强的嘉宾成为此类节目吸引受众的一个普遍策略，也是提升自身权威性的一个捷径。

人类社会发展到今天，没有哪个时代像今天这样，让人们如此需要依赖行业精英的引领，这是"无权威时代"一种新的泛权威崇拜症候的反映。变幻无常的市场、泛滥的信息、选择的困惑、认知的困惑，让人们无法回避，无以逃遁，因此，依靠专家、权威人士选择信息、确立行为方式与走向，已经成为这个社会的普遍现象；而经济活动作为其中比较特殊、专业性最强的一种，人们更需要由自己信任的权威人士帮助认识现状、决策未来；权威人物已经成为权威观点的代名词，因此，借助权威嘉宾提升节目的权威性，成为经济节目最常见的竞争方式。

(二)避免"热点问题＋专家解读"模式出现同质化

纵览各类经济频道，发现新闻资讯类、金融证券类、财经评论类节目、财经谈话类等这些最能体现财经频道性质、占据比重最大的财经节目几乎都采用的是"热点问题＋专家解读"结构形式。《头脑风暴》导演曾这样谈及该节目的选题原则："《头脑风暴》以探讨最热门的社会经济现象、剖析最焦点财经人物、折射最新经济领域动向为选题，每期节目邀请数名国内外顶级企业家、著名经济学人家以及社会各界名流作为嘉宾和评论员……节目主要通过主持人和嘉宾间的对话、嘉宾之间的交锋……达到风暴式的思想激荡和精神攀登。""怎样才能形成风暴？唯有话题新鲜热辣，具有多重解读的可能性。"由此看出，聚焦社会热点、经济热点是这档节目选题的基本思路。当然,选题投向社会、经济热点并非《头脑风暴》一档节目的做法,有研究者在对《对话》栏目的选题进行抽样统计后发现,多聚焦社会经济热点是该栏目选题的一大特点①。聚焦热点话题,应该说不是经济节目的专利,它其实是新闻媒体追求时效性和重要性的一种体现;然而,在经济社会中,经济问题作为影响社会生活的最大、最活跃的因素,更易成为社会热点;而且,由于市场经济瞬息万变,这种变化往往会导致一些不确定性、争议性问题出现,因此,往往成为全社会关注的热点,比如房地产市场的变化、芯片危机、股市的大起大落等。这些经济热点也同时是社会热点,这种特殊性决定了所有经济节目不可能无视社会大众关心的、正在进行中的社会问题。而要理解这些不断涌现的问题,自然要依靠相关领域的专家解读,因此,专家和热点问题在经济节目中成为两个必不可少的支撑要素也就不难理解了。

"热点问题＋专家解读"模式一旦形成,不可避免的就是同质化问题。首先,全球经济一体化背景下,经济领域各自为政,条块分割的状态已经不复存在,一段时期内国内各地区所面临的热点、重点问题几乎是一致的;面对同一市场,各个经济频道的经济节目所选择的"话题"也必然呈现出高度一致性。比如,在房地产市场激烈动荡时期,它几乎成为一段时期内所有财经评论节目集中探讨的对象;而有关证券市场走势分析的资讯、评论类节目,充斥所有经济或财经频道,因此,内容的相似性不可避免。

如何在话题高度一致的情况下,避免节目同质化,保证差异化竞争? 毫无疑问就要依赖观点的差异。纵然各类经济节目探讨的话题是相似的,比如证券节目面对的是共同的市场,但这并不妨碍各个经济频道都有自己的证券节目;房地产一直热度不减,它是各类经济节目比较常见的话题;第一财经、浙江经视甚至有专门讨论房地产的栏目。这些相似的节目、话题之所以都能够拥有自己的生存空间,嘉宾参与发挥了不可忽视的作用。嘉宾身份的不同,必然会使同一问题在不同的节目中,出现不同角度的解读,这就避免了同一结构模式即"热点问题＋专家解读"可能导致的同质化局面。因此,嘉宾即各类专家才成为各类经济节目的标配。

"热点问题＋专家解读"模式成为财经资讯类节目的必然选择,甚至可以说,这种节目结构模式是经济节目的宿命。经济节目或财经节目的本质归根到底是探讨问题、解决问题,因为从本质意义上说,经济活动是有关"人和社会进行选择

①　黄蕊:《央视〈对话〉栏目的发展之道》,《媒体时代》2013 年第 9 期。

或者资源配置决策并付诸实施的活动"①,如何做出选择、如何进行资源配置,充斥于一切经济活动中;而且,经济活动因为经济环境和资源存量的瞬息万变,所面临的问题也必然是实时变化着的。从这个意义上说,经济节目反映经济活动,实际就是要面对这些时时刻刻出现的问题,帮助人们认识并提供决策、建议。因此,聚焦热点经济问题,就成为经济节目尤其是财经节目的基本内容。而要理解这些不断涌现的问题,自然要依靠相关领域的专家解读,因此,专家和热点问题在财经资讯类节目中成为两个必不可少的支撑要素也就不难理解了。

三、前瞻性:专业性与悬念感兼备的选题理念

审视目前比较成功的财经节目,它们都有一个非常突出的特点,那就是注重关注经济领域的发展走势,以前瞻性思维审视现实问题;同时立足现实,发掘其中的前瞻性问题。其中,证券类节目的前瞻性是不言而喻的,节目的立足点就是依据当下市场行情,判断、预测未来走向;缺少了前瞻性,证券节目的存在就失去了意义。有研究者发现,经济节目《经济半小时》自90年代之后,就将前瞻性作为考虑选题的一个重要因素②。今天,这一选题倾向,已经成为各类经济节目的普遍特征。在此,我们主要选择了2017—2018两年的《头脑风暴》和《对话》栏目,对二者的选题进行了统计分析(见附录15)。之所以选择这两档节目,一是在我国经济频道中,二者开办历史比较悠久,前者开播于2003年,后者于2000年开播,且影响力久盛不衰;二是都是以服务投资者为目的的谈话类财经资讯节目,虽然形式上存在差异,但是,每期节目都围绕一个话题展开,有可比性。

所谓前瞻性话题就是指能够以未来的眼光、立场思考当下的问题,或者说,着眼于发现、预测当下问题的未来发展走势。比如,2017年开局,《头脑风暴》就抛出了四期非常引人注目的问题:《2017年牛市卷土重来?》《朋友圈:能否刷出商业新生态?》《共享单车:如何骑出新方向?》《乡愁经济能否拓出新天地?》(见附录15),每个话题都是当时经济领域的焦点,但又都站在未来发展角度去探讨;2018年开局则又依据经济发展的新形势,在更为宏观层面接连发出了《城市如何让未来更美好?》《一带一路　新机遇有多少?》《租不租? 2018地产新业态》之问,充分体现了立足当下,放眼未来的选题意识。

立足前瞻性选题对于两档节目来说并非偶尔为之。我们在CNTV统计到《对

---

① 梁小民:《经济学是什么》,北京大学出版社,2001年,第6页。
② 雷蔚真:《名牌栏目的策略与衍变——经济半小时透析报告》,中国人民大学出版社,2005年,第22页。

话》2017—2018 两年中的 103 期节目（见附录 14），其中前瞻性话题共 83 期，在所有选题中占到了 81%（见附录 14）；在第一财经网站统计到《头脑风暴》2017—2018 年 86 期节目，其中前瞻性问题共 51 期，占所有节目的 59%。可见，前瞻性话题是二者选题的共同立场。这些预测性话题有效地左右了受众对某种未曾察觉或不能得出结论的问题的关注度，在展开谈话内容的同时，也反问了受众一个与自己切身利益密切相关的问题，挑起他们的观看欲望。这种善于进行议程设置的节目策划，不仅增强了该节目的显著性和独特性，同时也避免了该节目与其他节目内容的"同质化"。任何事物，有前瞻性才有意义，尤其对于经济活动和反映经济活动的经济节目来说。经济活动中，投资行为的本质就是对未来的预期，换句话说，经济活动就是一种谋求未来的活动，因此，具有前瞻性思维，关注前瞻性问题，才能真正抓住经济活动的本质。

前瞻性成为经济节目选题原则的另一个不可忽视的原因在于，它能够将问题转化为悬念，让事理逻辑拥有叙事特征。对问题未来走向的探讨其实相当于叙事学中的悬念设置，而讨论、预估未来的过程，相当于解谜过程，而设迷、解谜是叙事过程中最能吸附观众的手段。对于经济节目这种专业性强、严肃有余的节目类型来说，前瞻性其实是将问题变成悬念的一种最直接、有效又合乎经济活动特点的一种方式，让事理逻辑拥有叙事属性，既能满足观众一探究竟的解惑需求，同时又能催生一种欲罢不能的叙事效果。为了重复凸显这种效果，在经济节目中，前瞻性话题设置往往伴随着系列化。从上述统计数据看，《对话》栏目中，两年中，前瞻性和系列性结合的话题占据 25%；《头脑风暴》中"前瞻性 + 系列性"话题占据 29.3%。系列性与前瞻性的结合，会催生一个非常显著的效果，就是能够使悬念的密度增大，使栏目构成一个连续不断设迷、解谜过程，这无疑会激发受众的预期，进一步增强节目的黏性；与此同时，前瞻性和系列性结合，也大大增强了问题的浓度和强度，是电视在碎片化时代，凸显自己的议程设置能力、对抗新媒体的短平快的一种有效方式。

四、节目形态开发：由表现形式到服务形式的转变

为了适应新的收视环境，电视经济频道除了对常态资讯类节目进行内容和形式的不断探索之外，始终未曾停止过对新节目形态的开发，新节目形态成为电视经济节目吸附观众、争取观众、减少受众流失的一个必要策略。经济节目的基本形态主要有：常规新闻报道、谈话类节目、专题类，基于经济节目的严肃性和专业性，这些节目形态被认为是经济节目理所当然的表现形式，但由于经济频道要和其他电视频道、其他类型的电视节目在同一平台竞争，因此，自 20 世纪 90 年代中后期开始,就在节目形态上进行大胆探索,以获得和其他大众化的专业频道竞争的能力。但由于频道规模和占有资源、实力等方面的差异,统观我国电视经济频道发展历程,对新经济节目形态的探索、开发最活跃的主要是央视财经频道和第一财经频道,正是他们的探索,使经济节目不断有新形式出现,丰富了经济节目的类型。因此,我们说我国经济节目新形态探索,主要指的是央视曾经的经济频道和现今的财经频道,以及第一财经频道。

纵览我国经济节目形态的开发,可以分为三个阶段。第一阶段即前面所说的20世纪90年代中后期出现的以《幸运52》和《开心辞典》为代表,简单、粗放地直接引入娱乐节目代替经济节目的"娱乐+经济"时期;第二阶段是2004年以央视经济频道推出的消费竞技节目《超市大赢家》《快乐主妇》为代表的将日常消费活动游戏化、娱乐化时期。这类节目借鉴了当时比较活跃的游戏节目和益智节目,依托超市购物这一消费活动,将其打造成了一种消费竞技节目。在这类节目中,超市购物活动被极度夸张、戏剧化,拥有了非常浓厚的娱乐性。与《幸运52》这种单纯的"娱乐+经济"时期相比,这种节目形态和经济活动的关联度更为直接,直接依托经济行为,因为购物本身就是一种消费活动。但毫无疑问,这类节目的主旨和功能也主要在于提供娱乐,是借助与"经济"相关的活动,谋求娱乐效应,虽然在节目当中也有一些消费品类型常识和价格判断知识,但是,这些知识判断对于消费者来说,并非必不可少。电视经济节目存在的真正价值在于,如何以最易于接受的形式,将经济信息或观点传递给需要此类信息和服务的人群,找到属于经济节目不可替代的更广阔的价值空间,而不是刻意地在经济活动或经济领域中寻找可资娱乐的形式。

第三阶段就是近年来活跃在央视财经频道和第一财经频道,被称之为财经娱乐节目的《创业英雄汇》《中国职场好榜样》《梦想下一站》等财经真人秀节目的推出。这类节目也借助了娱乐节目形态,但是本质已经发生改变:这种形态要么被用于呈现既有的经济活动,如《创业英雄汇》《中国职场好榜样》;或者借娱乐节目形态,开拓新的服务领域,创造一种新的服务形式,比如《梦想下一站》,就是借助真人秀形式,为创业者提供获得投资的渠道,节目形式是与经济活动两位一体的结合,你中有我,我中有你,而非生硬的组合;而且,新节目形态的本质不是为了赋予经济节目以娱乐色彩,而是利用娱乐节目形态,找到服务于经济活动或投资者的新形式,即新的经济节目形态的出现,实际上是开拓了新的服务领域和途径。换句话说,当下财经娱乐节目形态的探索,不是简单的娱乐节目形式移植,而是将利用电视这种大众媒介的特点,创造了一种自然、有趣、能满足特定目标人群需要的新的服务形式。

　　早在 2006 年 3 月央视经济频道推出的大型创业励志节目《赢在中国》,实际就已经改变了以往生硬地赋予娱乐形式以经济内容来打造新经济节目形态的思路,利用现实生活中创业者寻找投资者的现实需求,设计了这样一档竞技性和悬念感极强的真人秀节目,这档节目本质上已经超越了它作为一种新的经济节目形态的意义,让电视媒体成为创业者和投资者对接的一个平台。也就是说,这档节目意味着开辟经济节目形态的路径不在于借力娱乐节目,而是要从经济活动本身寻找,经济节目的本质不是单纯的节目,而是一种服务,是一个服务于经济活动的平台。有了这个定位,新的节目形态便会应运而生。可以说,《赢在中国》为经济节目开辟了一条新的丰富经济形态的路径,那就是从以打造新节目形态为目标,转为以寻找新的服务空间为目标。

　　沿此思路,2011 年央视推出了《购时尚》栏目。该栏目将时尚、消费者形象塑造等日常生活行为和真人秀形态相结合,构成一种“消费服务”性节目。其逻辑起点既和《开心辞典》这类益智娱乐不同,也和《超市大赢家》不同,前者是从发掘经济活动自身和这种节目形态的关联度,最终使节目成为一种娱乐化地表现消费性经济活动的节目形式,而后者则是赋予娱乐形态以一定经济色彩,二者是有本质区别的。前者借助娱乐形态,让以往难以表现的经济活动进入经济节目视野,在丰富了经济节目形态的同时,也拓展了经济节目的服务领域。

　　2011 年 6 月第一财经频道推出的大型求职真人秀节目《中国职场好榜样》,2013 年 9 月 24 日推出的投资类真人秀节目《梦想下一站》,以及 2014 年央视财经频道推出的《创业英雄汇》等,很明显这些求职、投资类真人秀节目,从人物安排到节目环节设计,都借鉴了《非诚勿扰》这种相亲类节目的程式和格局。尤其是《创业英雄汇》,开播初期的节目形式,几乎是相亲节目的翻版。节目最初选择了歌手海泉做节目主持人,每期现场配备两名创业导师,30 位投资人,创业者现场宣讲自己的产品,争取投资者支持。所有的投资项目都非虚设,而是真正的创业者在谋求投资。创业者和投资者之间的互动关系和选择思路,依据现实逻辑,并非刻意夸大和表演。通过该节目,一方面,观众可以从一个侧面了解到目前投资者和创业者之间的需求关系、生存状态;另一方面,也给投资者和创业者一个相互发现和选择的渠道,其本质是为创业者提供服务。这也正是栏目自己开办的初衷和目标诉求:《创业英雄汇》“秉承‘真创业,真投资,真价值’的准则,构筑了一个公平、真实、透明的‘创’‘投’沟通平台,使资本和项目精准对接,许多创业项目依托这个平台获得了飞跃式发展。截止到 2020 年 2 月底,共有 725 位创业者登上《创业英雄汇》的舞台,其中有 582 位创业者现场意向融资成功,现场累计意向融资金额约

31.17亿元人民币"①。可见,服务性才是这档有着真人秀形式的经济节目的追求,它颠覆了经济节目形态最初的以娱乐为"体",经济为"用"的思路。由此也可以看出,这档节目,既是大众传媒提供给受众认识社会的一种媒介产品,同时也是让行业人士、供求双方能够对接的平台;既服务于受众,也服务于行业,甚至可以说成为和行业对接的一个平台。

这类财经节目的推出,意味着经济节目的发展已经走出了简单搬用娱乐节目的阶段,开始转换角色,将节目制作者、电视平台,当成了经济活动的参与者、服务商。由于节目立足于经济活动,依据和尊重经济活动自身的特点和规律,真人秀节目这种娱乐性的节目形式在节目中,已成为服务于承接投资者和创业者对接的工具、手段,而不是目的;节目的功能即促成投资者和创业者的合作是这类节目的最大看点,节目形式特点已经位居次要地位。因此,节目形式实质上已经转化成了一种服务形式。

从这些节目形态的出现可以看出,电视经济节目或者财经节目的形态开发,已经从制造娱乐,转为利用经济服务自身所具有的戏剧性,借助娱乐节目形态,开发、拓展新的经济活动服务领域和形式,真正使新节目形态成为实质性的经济类节目,或者说使经济领域的活动得以电视化呈现。这种节目形态开发的本质是对经济节目表现领域、视野的开拓,而不是简单的节目表现形式开发。

综上所述,整体而言,民生化、专家参与、前瞻性和新节目形态基本体现了我国电视经济节目在选题、表达、丰富自己表现形态等方面所做的探索。无论哪种频道定位的经济节目,其实都在这个思路下运行,这是我国当下经济节目内容运行的基本规律。但这并不意味着各频道的节目毫无差异,其差异是在这些基本规律之下的差异。这在上一章我们所做的四档证券节目的对比中可以窥见一二。

五、案例分析:《波士堂》的内容及形式探索与泛财经节目的盛行

《波士堂》是第一财经、东方卫视、唯众传媒联合打造的国内第一档充满娱乐精神的高端商业人物脱口秀节目。该节目于2006年6月在东方卫视和第一财经电视频道正式播出,于2015年停播。开播之后,收视率一直稳居第一财经频道榜首,并多次获奖。2009年甚至居"中国最具网络影响力栏目"榜首,其影响可见一斑。这是一档典型的经济节目形态创新案例,虽然节目已经停播,但是,其对经济节目形态开发提供了新的路径和理念,那就是一种被称为"泛财经节目"的新经济节目类型的出现。关于"泛财经节目",《波士堂》节目的制作人唯众传媒创始人

---

① 央视网,http://tv.cctv.com/lm/cyyxh/。

杨晖是这样界定的：从非财经的角度去解读和财经相关的人、事、物，即为"泛财经"。和《波士堂》几乎同时，第一财经先后推出的了《上班这点事儿》《谁来一起午餐》等节目，前者面对的是职场，后者针对的是创业，涉及的都是广义上财经领域，这类节目为契合频道财经定位，又能吸附受众，做出了独到贡献。而《波士堂》在这类节目中系最早的探索且获得了比较好的收视效果，因此，这里对这档节目的结构要素和风格诉求等进行剖析。

《波士堂》为周播节目，每期时长 60 分钟。它的基本构架是，每期约请一位企业界或商界精英作为主角，同时邀请 3 位企业界、文化界或演艺界知名人士组成观察员团，从不同角度观察、不同层面展现企业家的个人性情、商业传奇和精彩人生。每期都围绕主角的生活和商场经历展开。整个节目主要由三个环节构成：第一个环节是谈 BOSS 的个性风格；第二个环节主要谈商场传奇；第三个环节是"完美人生"。一般认为，《波士堂》体现出这样几个特点：其一，"财经＋娱乐"①的节目定位，独具匠心；其二，以"受众为中心"的 TV2.0 概念的运用，形成了有效新颖的节目互动体系；其三，明星主持人营造了轻松的谈话场，观察团与嘉宾之间的互动形成了多角度交叉的话语互动体系，摆脱了传统财经节目"传道授业解惑"式的内容，变一人说为众说纷纭，使节目内容充满了对抗性，避免了观念的灌输；其四，非语言符号的个性化运用展现了不同于其他财经节目的表现形式；其五，形式多样的节目环节构成和娱乐化的表现形式相结合，比如，VCR、唱歌、跳舞、展厨艺等等这些娱乐化的节目环节为这档"经济节目"增添了一抹亮色，可以说它创造和满足了财经频道观众的娱乐化需求。上述这些特点已经得到了业界和学界的普遍认可。但《波士堂》的创新并不仅于此，比如，明星主持人、观察团、嘉宾三者的结合不仅构成了轻松的话语互动氛围，更重要的是为不同节目形态的融合在形式上做出了有益尝试。因此，这里将从传播学视角对其节目构成要素和程式进行解读。

（一）吸纳多种节目形态元素，拓展财经节目功能

从节目的外部特征看，《波士堂》和《对话》等栏目非常相似，均属大型经济类谈话节目。但是《波士堂》拥有独属自己的特点，它融合了多种节目形态元素，这些元素包括综艺娱乐类节目元素、辩论类节目元素、谈话类节目元素等。主持人、观察团和嘉宾的个性化选择，分别是这三种节目形态元素的具体体现，三者各司其职，形成了强大的铁三角效应。首先，《波士堂》一改经济节目传统，大胆选择了

---

① 倪俊仿：《寻求财经与娱乐的平衡——解读财经娱乐脱口秀节目〈波士堂〉》，《青年记者》2010 年第 3 期。

缺少财经知识背景的综艺节目主持人作为控制财经节目全局的掌舵人。在此之前,其主持人曹启泰和袁鸣都以主持晚会和真人秀节目见长,尤其是袁鸣,曾主持《正大综艺》以及数百场国际、国内大型电视综艺晚会,并参演过电视剧,带着浓郁的综艺标签。《波士堂》启用他们,并且延续了其在综艺节目中的机智、幽默、诙谐、轻松的主持风格,使现场拥有了浓郁综艺节目的色彩。其次,观察团的设置以及辩论节目元素的出现,使他们和被访嘉宾之间形成一种对话、交锋机制,其中有咄咄逼人的专业质问者、有化解争锋的"保皇派",有被访嘉宾特别好友的独家生活爆料,也有同行竞争者"刀刀见骨"的尖锐质疑;而热点商业事件的切入,更是将两者之间的辩论不断升级,使观众得以在思辨中参与商业话题,发现商业价值。最后,嘉宾的存在是谈话节目的标配,而这档节目中嘉宾的商业精英身份,及其所聚焦的经济热点问题,不仅使节目拥有了经济属性,而且也赋予一般谈话节目所不多见的明星、偶像效应。这三种分属不同形态的节目元素的融合,产生了一般经济节目所不具备的混合效应:综艺娱乐节目元素的运用让节目变得轻松愉悦,塑造了《波士堂》风趣幽默、平实易懂、深入浅出的节目风格;辩论节目元素的设置,大大增加了节目的冲突性、信息量和可视性,塑造了《波士堂》激烈不乏温情、对抗不乏和谐的节目风格;而谈话节目元素的运用又具有高端访谈的特色,大大提升了节目的层次和明星效应。《波士堂》的多种节目形态元素融合、杂糅的特点,使得它在形式上显示出巨大的张力,这种张力是节目效果立体、丰富的原因所在。

(二)借助综艺性视听符号获取娱乐效应

迈克·费瑟斯通曾说过:"大众文化使用的是影像、记号和符号商品,他们体现了梦想、欲望和离奇幻想。"《波士堂》的节目形式和内容就是对这一表述的具体诠释。它通过符号的构建和影像的呈现,满足了受众追逐梦想的心理、获得信息的欲望以及对成功人士离奇经历的幻想和偷窥。本质上说,《波士堂》就是由一系列颇具眼球效应的视觉符号构成的一个财经娱乐场,它超越了财经节目单纯追求知识性和实用性的功能,让娱乐在不影响节目财经属性的前提下得以体现。

任何电视节目中视听符号都参与表意,其中包括演播室的舞美基调、道具设置、配乐等,这些符号从一个侧面诠释着节目宗旨和节目风格。《波士堂》充分发挥了这些符号的作用。

在《波士堂》与众不同的视听元素中,最具个性化的视觉元素,首先是自创立之初就一直沿用的道具之一红沙发和饱和度极高、以红黄蓝为主色调的舞美设计。红沙发打开后是一颗心的形状,从色彩到造型,都具有极强的视觉效果。它的意义当然不仅仅在于吸引眼球,眼球效应的背后往往是隐喻和象征。心形造型的意图很明确,意味着这档节目不仅要嘉宾打开心扉,付出真诚;同时,与醒目的红色相结合造成的强烈视觉中心效应,使之成为自带光环、作为人生赢家的精英们的象征;节目通过这一视觉符号,将成功与梦想的主题不露痕迹地放置到了中心地位。其次是红、黄、蓝为主的舞美基调设计。这种舞美基调进一步丰富和升华了这种隐喻。《波士堂》的演播室色调设计既不同于与之高度相似的央视财经频道的《对话》,也不同于第一财经频道自己的《财富非常道》《投资有理》。《对话》灰色舞台、深蓝色背景显得阔大庄严;《财富非常道》咖啡色地面,蓝黑背景,凝重肃穆;《投资有理》暗红色背景严肃沉重。《波士堂》大胆采用了红黄蓝三色:大红色的沙发,清澈的蓝色舞台,柠檬黄色的背景。热烈的红色,使节目拥有一般常态谈话节目所不具备的节日气氛,具有很强的感染力;黄色代表尊贵、光明、愉快;蓝色给人带来一种平和、清凉、理智的感觉。三者结合构成的对比调和关系,打破了观众对财经节目一向和严肃庄重画等号的刻板印象,带给观众轻松、愉悦、生动活泼的视觉感受,打造了最像娱乐节目的财经节目。

《波士堂》视觉符号的另一个独特之处就是动画字幕的运用。这些字幕往往出现在节目产生笑点或"包袱"的时候,他们以艺术字的形式传递信息,有时调侃嘉宾,有时强调嘉宾或观察团的"惊人之语",而且均伴着有趣的音响以动画的形式出现,起到了调节现场气氛,帮助电视画面表情达意的作用。这种形式原本是综艺娱乐节目的标配,但《波士堂》的"拿来"并无违和感,相反,这种借鉴让财经节目不着痕迹地获得了娱乐功能。

《波士堂》节目的声音符号也借鉴了综艺节目的方式。在视听文本中,音乐和效果声是常用的烘托气氛的手段。与《波士堂》节目形态相似的财经节目如《财富非常道》《头脑风暴》一般很少有节目现场配乐,也有一些节目如《投资有理》会有轻快的配乐,起到引发思考、引出嘉宾、强化语言效果的作用。而《波士堂》的配乐与众不同。首先,《波士堂》在嘉宾出场时现场配乐,并且依据嘉宾风格的不同,采用不同风格的配乐。例如,西蒙电器(中国)总经理朱建国出场时的配乐是电视剧《包青天》的音乐,百富网创始人胡润出场时的配乐充满了浓郁的萨克斯风情。整体来看,节目虽没有固定的配乐,但都为不同嘉宾量身打造。配乐是一种隐喻,是对"BOSS"们不同性格形象的符号化表现。与此同时,《波士堂》为凸显嘉宾的心情,加入了许多效果声。如胡润在讲自己的尴尬瞬间时会出现孩子"咯咯"的憨笑声,周鸿祎在和观察团成员辩论时会出现急促的"敲边鼓"声。这种配乐既是对现场气氛的烘托,加快了现场辩论的节奏,又表现出周鸿祎当时急迫辩解的心情。可以看出,《波士堂》通过声效符号,强化了节目的戏剧性,也将人物性格和人物心理准确地呈现出来,实现了财经节目的"娱乐化"追求。

（三）两极化话题设置体现专业诉求和情感诉求并重

对于谈话类节目而言,话题设置是关键。财经谈话类节目话题设置着力于专业诉求,是一直以来对财经谈话类节目的基本认识,而《波士堂》则不然,其话题设置除了一般节目所追求的新闻性之外,同时体现了两种诉求:专业诉求和情感诉求。二者的背后其实是精英文化和大众文化之间的差异。《波士堂》的话题十分丰富多样,但总的来看分为两类,一类是经济热点、市场走势和商业智慧;一类是家庭、婚姻和个人爱好等。两类话题构成了专业性、高端性和世俗性、大众化的两极化选题特点。前者通过主持人、观察团与嘉宾之间的对话,让观众了解嘉宾对相关领域或相关经济事件、经济热点的看法、立场,同时这一专业信息是在双方思想交锋中呈现的,可以让观众辩证地看待经济问题,充分体现了节目的知识性。比如,在任志强做嘉宾的一期节目中,他与观察团先后探讨了"调控后的房价走势""中国住房制度的改革""房子消费的四个阶段"等地产方面的专业问题。这些商业精英对于时局以及热点问题的分析、判断,可以极大地满足观众对这一热点问题的关注,提升了节目的专业价值,符合节目的高端定位。

如果说专业诉求是为了满足受众接收信息、了解信息的需要,那么情感诉求就是为了满足受众娱乐方面的需要。专业诉求赋予节目以精英化色彩,情感诉求又使得节目回归大众。正是因为有了情感诉求,节目才避免了枯燥、单调和僵化。《波士堂》的情感诉求主要体现在节目中的家庭、婚姻、兴趣爱好、童年往事等话题设置上。例如,优酷土豆董事长古永锵对心理学的偏爱,并且现场对观察员进行心理测试;王秋杨则着重谈到了与丈夫、儿子之间的磕磕碰碰,展现了一个和普通人一样的妻子、母亲的形象。而且,对这些话题的讨论往往用词大胆、新颖,抓人眼球,使企业家生动、形象、具体,具有很强的可视性和趣味性。例如,周鸿祎被称为"从小挨打的小周",有"互联网老兵的委屈",这种"挖八卦"的方式让观众产生一种猎奇心理,就像了解明星一样了解企业家。再有,大胆的用词也让看似普通的话题充满了趣味性,例如"李开复'黑心'老板"等。这些用词放到令人尊敬的企业家身上,无疑增加了不少噱头和看点,活跃了现场气氛;而其中的专业话题又避免了节目落入"为娱乐而娱乐"的俗套,保证了节目格调和品位。

（四）立体鲜活的嘉宾形象体现财经节目的人文追求

第一章中说过,20世纪80年代我国经济报道的第一次革新针对的就是经济报道中一直存在的"见物不见人"现象,改革的策略就是主张将镜头对准"人"这一经济活动的主角。这次改革的确使之后的经济节目开始重视人在经济活动中的行为和需要。但是,经济节目中人的行为和需要往往附着在市场逻辑中,即指的是市场中人的需求,而不是一般意义上人的行为和需求。至《波士堂》始,人文追求才浓墨重彩地出现在了经济节目中,赋予作为媒介产品的经济节目以更丰富的内涵,其"商道即人道,财经也人文"的节目宗旨,可以视为是对历史上经济报道"见物""见人"报道理念的发展。

《波士堂》的另一大突出特点就是着力于真实塑造嘉宾形象,表现嘉宾个人的生活、性格,塑造"人"的形象而不仅仅是探讨某一经济话题,这也是它与同时期其他经济节目的最大区别。《波士堂》整个节目流程中有这样几个特殊环节:嘉宾"导游+自述"式的VCR展示、波士秀、观漫画,以及对富有人情味话题的探讨等。这些环节都在以各不相同的方式为嘉宾画像,力图将企业家塑造得鲜活、立体,展示出企业家是由多种身份构成的社会人,而不仅仅是企业家一种身份。其中,嘉宾"导游+自述"式的VCR与其他财经节目的不同之处在于,在很多情况下,它都是让"BOSS"以外景主持人的身份,完成对自己生活、工作、家庭、兴趣爱好的介绍;同时,VCR在剪辑上也采用典型的纪实风格。这种表现形式让电视观众犹如身临其境,拉近了彼此的距离。比如古永锵一期,让观众感受到的古永锵就是一个喜欢闲暇时间到北海散步的普通人。而在"波士秀"环节中,企业家可以自主选择"秀"的内容,并以轻松娱乐的形式呈现。比如,分众传媒的江南春选择的是吟诗,青岛啤酒的金志国选择的是说山东快书,金蝶的徐少春跳起了民族舞,光线传媒的王长田则现场表演书法,优酷的古永锵与筷子兄弟合作歌曲《老男孩》……这个环节让企业家们完全卸下他们最擅长演绎的身份——企业家,给观众展示的是他们与普通人一样的淳朴与真诚、才情与睿智。虽然他们的表演并不专业,而且笑料百出,但却真实、自然,充满人情味,让企业家形象变得丰满、立体。再有每期的观漫画、识老板环节,如同嘉宾形象的点睛之笔。其中的漫画综合了古今、中西元素,用夸张的富有趣味性的造型和色彩,将"BOSS"们的职业背景和兴趣爱好、生活态度、性格特点以及过人之处,展现得淋漓尽致。

从这些环节的设置可以看出,《波士堂》的重心在于表现"人",调动各种手段去塑造人,表现人的心理、情感。而这个"人"的主导身份又是包括企业家在内多元的。节目的这种表现方式,其实是在说,一个成功的企业家首先是一个有血有肉的人,也正是因为他们有如此的温度,真实生动鲜活,才会成为成功的企业家。这档节目的成功从一个侧面表明,不仅财经中有人文,财经节目更应该有人文追求、人文内涵,这样的财经节目才会真正吸引观众。

总之,《波士堂》节目的成功之处主要在于"商道即人道,财经也人文"的节目理念。这一理念让财经节目不仅只有冰冷的市场信息和激烈的商业竞争,它同时还可以有丰富鲜活的生活,因为,财经活动本身就是人的活动,财经节目作为大众传媒的一种节目形态,也是面向人的,因此,以人为本也是财经节目发展过程中,不能忽视的一种追求。正是这种人文追求,促成节目真正从受众的需求出发,认识到电视观众通过电视这种传播媒介,这样一种媒介产品,所要满足的不仅仅是信息需求、知识需求,同时还有情感需求。而满足这种需求的前提,就是要能够突破各种刻板成见,突破类型的边界,从其他节目类型中吸纳能够被观众接受的元素,重构新的类型。《波士堂》在视觉表达、嘉宾及主持人选择上,对综艺元素的拿来、借鉴,使其既超越了早期依靠简单移植娱乐节目形式,而盛行一时的娱乐为体,经济为用的"经济 + 娱乐"模式,也和同时期的《对话》等财经谈话类节目区别开来,在似与不似之间,构成了一种独具特色、难以复制的节目形式。虽然这档节目已经成为历史,但是,它所追求的蕴含在"泛财经节目"中的创新理念,不仅被后来的财经节目借鉴,比如央视 2014 年推出的《创业英雄汇》,就曾启用歌手海泉做主持人;而且对新媒体背景下电视经济(财经)频道的节目开发,仍有借鉴意义。

第六章

新媒体背景下电视财经节目面临的挑战
与机遇

　　伴随着新媒体的崛起,媒介多元化使各类媒体都不可能再"任性"而为,一厢情愿地谋求发展。"一种新技术并非仅仅是追加什么东西,而是改变……因为技术的内部结构和经济结构不一样,所以不同的技术就有不同的内容偏向。"①微信、微博以及各种直接针对用户的 APP 等各种新媒体的强势介入,使包括电视在内的各种传统媒体受到前所未有的严峻挑战和挤压,观众大量向新媒体迁移。这种媒介环境不仅影响到电视媒体的受众规模,而且从根本上动摇了电视媒体在整个媒介系统中的霸主地位。电视频道陆续出现合并、关闭现象,有学者甚至预言,2020 年电视频道将会消亡:"从今年我们的调研看,传统媒体媒介融合的窗口期是2020 年,抓不住最后一根稻草,广电就会成为全额拨款单位。"②虽然这只是特殊情境下的一种预估,但可以看出当时电视媒体所面临的严峻形势。媒介地位的变化必将影响到媒体功能的改变,尤其是在"各类新闻网站/APP 已经成为名副其实的第一媒介"③的背景下。而且,伴随着"万物即媒体""人人即媒体"情境的到来,受冲击的不只是传统媒体,"新媒体的转型破局之路,也迫在眉睫"④,何况传统电视媒体及一直都举步维艰的电视经济节目。然而,对于电视经济节目而言,新媒体的崛起,既是冲击,其实也是一次可以解决一直以来都深陷专业性和大众化之困局的机遇。2004 年上海第一财经实施的跨媒体传播战略和一系列措施,央视财经频道自 2008 年诞生起就确立的多媒体、全链条发展路径,都是希望通过向新媒体拓展,开发多种盈利渠道,给电视经济节目谋求更大的发展空间,以解决其难以和其他大众化节目进行竞争的局面。就此意义上说,新媒体的崛起,对于电视经济节目应该是一种机遇。但一个不能忽视的问题是,新媒体崛起并成为媒介系统

---

① 何道宽:《媒介环境学辨析》,《国际新闻界》2007 年第 1 期。

② 叶实:《传媒大学校长胡正荣:频道制肯定要取消,2020 是广电的最后机会》,http://www. 360doc. com/content/16/1118/22/27794381_607657628. shtml。

③④ 传媒头条百家号:《传统媒体费力向新媒体转型,殊不知新媒体同样在转型破局》,ht-tps://baijiahao. baidu. com/s? id = 1595144783758087018&wfr = spider&for = pc。

中的主导性媒介的同时,伴随着的是电视媒体的衰微,这和第一财经集团、央视财经频道推出之时所设想的以电视财经频道为主导,借助新媒体进行更为广泛的传播,有着本质上的不同。新媒体固然更利于经济信息传播,但当其取代电视媒体成为媒介系统中的主导性媒介时,电视经济节目自身的存在价值和生存空间到底在哪里?电视经济节目自身该如何持续发展?要厘清这个问题,必须明确电视经济节目目前所置身的社会现实环境和媒介环境。经济节目所置身的社会现实环境,主要是指其所面对的经济形势。由于经济节目的服务领域和对象是变幻莫测的市场,经济形势的发展动向必然会影响到经济节目在媒介市场中的地位和走向,因此,对经济形势的考察不可或缺。媒介环境则指新媒体崛起后,电视媒体、电视经济节目在全媒体融合发展机制中的处境、地位和功能变化,以及对电视受众流向影响。这些变化必然也会影响到经济节目自身的发展走向。本章将从电视经济节目所面对的经济形势,新媒体背景下电视媒体自身在媒介系统中的位置、功能的变化,以及电视经济节目受众结构的变化三个方面,考察电视经济节目所面临的挑战和机遇。

一、依赖现象级娱乐节目生存的电视媒介

电视经济节目如何发展,毫无疑问,首先取决于电视媒介在整个媒介系统中地位、功能的变化。在电视媒体作为主导性媒介的时代,其既是新闻传播的主渠道,也是提供娱乐的主要平台。伴随着新媒体在媒介系统中的主导地位的确立,电视作为信息传播主渠道的地位已被网络及各种新媒体所取代,此种情境下,电视媒体不得不重新定位自己在新的媒介系统中的地位和功能。目前看来,电视媒体最显著的变化就是,以往那些小规模、谈话类等生活化的节目形态逐渐淡出荧屏,至少其影响力已经大大下降,取而代之的是充分发挥自己定时、公开传播的聚合性特点,通过制造现象级大型娱乐节目来赢得关注度,凸显自己在媒介系统中的地位。2013 年前后,我国电视媒荧屏陆续出现了《爸爸去哪儿》《中国好声音》《我是歌手》等现象级节目,这些以大规模、大制作为主要特征的节目,不仅使沉寂已久的电视娱乐节目成为市场的焦点,同时也使陷入低谷的电视媒体重新焕发活力。这些节目的出现并非偶然,2013 年恰恰是业界公认的新媒体元年,这一年"移动 APP 的应用呈现爆炸式增长"[①],对电视媒体的影响是不言而喻的。在众生喧哗之中,现象级娱乐节目通过高浓度、大规模的娱乐节目,使电视媒体的聚合性、

---

① 光明网:《"移动新媒体元年"将开启》,2012 年 12 月 20 日,转自 http://media. people. com. cn/n/2012/1220/c40733 - 19958289. html。

仪式性特征得以充分体现,彰显了电视媒体在整个媒介系统中的异质性、特殊性,因此一改电视媒体业已到来的颓势,成为拯救电视媒体的一剂良药。

这就将这样一个问题摆放在了电视经济节目面前:电视经济节目是各类电视节目中最不具备娱乐性的节目类型,其生存空间原本就非常狭小,娱乐节目的高歌猛进势必会进一步加压经济节目。那么,电视媒体这种大规模做强娱乐节目的突围之路,是否能够成为新媒体或者全媒体背景下电视经济节目可资借鉴的经验? 或者说,电视经济节目是否也应该像21世纪初那样,向"经济 + 娱乐"的方向发展? 我们将在后面研究这个问题。

二、"中间阶层"新媒体用户增加为时移收视增量提供可能

网络及各类新媒体的迅速崛起,促使电视媒体开始借助各种新媒体进行跨屏传播,以拓展自己的影响力,争取大量流失的受众。这已成为电视媒体普遍的应对策略。就受众而言,通过电脑、手机等其他终端看电视节目已经成为一种趋势。据2018年尼尔森统计,81%的中国受访者表示愿意在移动设备上观看电视节目[1],这些在移动媒体上看电视的用户是否会选择收看电视经济节目呢? 就近年来的统计数据看,那些移向其他屏幕的观众并没有成为电视经济节目的用户,未能促成这类节目时移收视的增加。2017年CSM对52个城市的时移收视数据调查显示,经济节目的时移收视仅为直播收视的3/5,"直播收视中比重较高的新闻类节目在时移收视中仅占5%。可见观众时移收视时更倾向于选择剧情类的节目类型,对具有时效性和服务性的节目选择倾向不强"[2]。这就是说,时移收视观众的主要兴趣点不是新闻类节目,也就更不会是相对小众化的电视经济节目。

我们于2015—2018年随机跟踪了中国网络电视台的网络点击排行榜,无论是日排行还是周排行及月排行,央视财经频道除了《寻宝》这一具有娱乐性的艺术品投资节目经常出现在央视各类节目排行的前十名外,真正意义上的经济、财经节目如《经济半小时》《央视财经评论》等从未进入过。这种情况并非偶然。据益派咨询2016年所做的《第十四次中国新媒体接触习惯报告》,"在收看视频的用户习惯中,电视台中的热播剧和栏目仍然是首选收看内容;热点新闻的获取,用户仍

---

①　吴殿义、周艳:《视频内容跨屏传播评估的产品及其发展》,转引自《现代传播》2018年第2期,第13—16页。

②　《时移收视大调查　有多少人收看时移电视节目?》,http://www.sohu.com/a/213245722_188270。

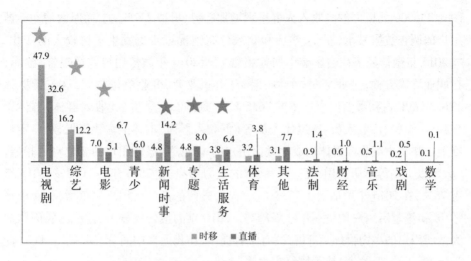

图6.1　各类型节目直播与时移收视份额(%)对比

数据来源:2017 年 CSM 媒介研究 52 城市时移数据

然青睐到专业的新闻门户或客户端中获取"①。这种状况也表明,人们获取新闻的渠道主要是新媒体和门户网站,而非电视节目。这意味着,普通用户几乎不会使用新媒体去看电视经济节目,即电视经济节目仅仅借助多渠道实施跨屏传播,难以实现扩大受众规模的目的。

之所以会出现这种现象,并非因为网络及新媒体不适合于电视经济节目的传播,相反,新媒体服务的精准度和时效性之于财经资讯传播的优势,是电视媒体难以企及的。网络和新媒体未能成为其新的生长点的原因在于,网络与新媒体用户身份和电视经济节目目标受众之间存在错位。我们知道,电视经济节目的目标受众是"三高人群"(高学历、高职位、高收入),而网络及新媒体用户一直以来都为年轻及低收入人群。然而,相关数据显示,近年来,我国网民结构及新媒体用户结构发生了微妙变化,"中间阶层"规模呈现上升趋势。

CNNIC 发布的第 40 次《中国互联网络发展状况统计报告》显示,2017 年,在我国网民规模整体增加的同时,网民结构也发生了两个显著变化,一是 40 岁以上的网民整体上呈现上升趋势,40 岁以下的普遍呈下降趋势,增幅 1.7%;二是(见

---

① 李良荣:《党媒全媒体传播格局的最大变量和最大增量》,东方网,http://xinwen. eastday. com/a/180911154904348. html。

图 6.2)5000 元以上的高收入人群呈现增加趋势,增加 2.1%①。而对微信和微博用户的调查数据显示,职业、学历和收入分布情况近年也发生了比较大的变化。"《2015 年微信经济社会影响力研究报告》和《2016 年微信用户数据报告》显示,在职业群体方面,企业职员、个体户和自由职业者、事业单位员工,这三类群体 2016 年总共占到微信用户总体的 76.5%。与此同时,学生(无收入群体)群体用户减少,农民、待业人员、离退休人员等(低收入群体)群体的占比降低,从一定程度上反映了中等收入群体已成为微信用户的主流。"②微博用户的变化与之相似,"大学以上高等学历的用户已成为微博的主力用户,在 2013 年占 70.8%,2015 年占 76%,在 2016 年增加到了 77.8%。可见,微博的高学历用户逐年增长,而中等学历、初等学历用户均呈逐年下降趋势。2016 年的报告还显示,青年白领群体成为微博用户的主力群体。"③据此,有学者提出,在我国,"中间阶层取代'三低'(低学历、低年龄、低收入)成为网络主力军"。

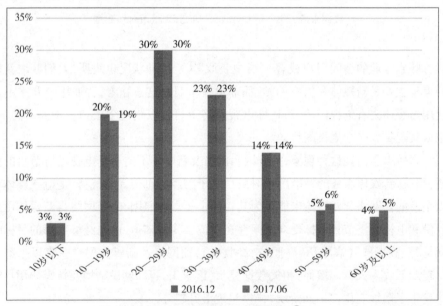

图 6.2　中国网民年龄结构图④

---

①　第 40 次 CNNIC 报告第二章:《网民规模与结构》,http://tech.qq.com/a/20170804/020051.htm。

②③　李良荣:《党媒全媒体传播格局的最大变量和最大增量》,东方网,http://xinwen.eastday.com/a/180911154904348.html

④　第 40 次 CNNIC 报告第二章:《网民规模与结构》,http://tech.qq.com/a/20170804/020051.htm。

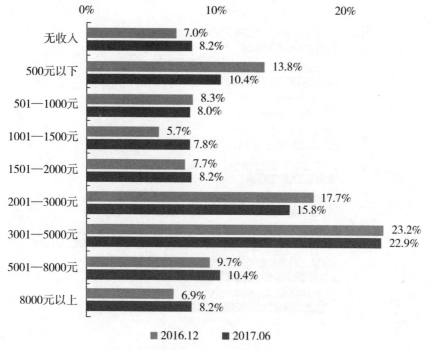

图6.3 中国网民个人月收入结构图①

　　我们知道,"中间阶层"其实就是我们通常所说的"中产阶层""新中产阶级",主要指的是一个社会中的高收入、高学历和高消费人群。目前我国中间阶层的主体是年龄在25—50岁的中青年一代,他们主要是70后、80后及部分90后;"职业主要分布在科教文体及卫生医疗、IT行业、金融领域、行政机关等新兴产业、服务性行业中的技术、业务精英、管理骨干,号称'白骨精'(白领、骨干、精英)和'三高'群体(高学历、高收入、高消费),可以说,是传媒业眼中的黄金群体"②。CNNIC第43次《中国互联网发展状况报告》的数据显示,至2018年底,其中的8000元以上的高收入网民仍呈现递增趋势,较2017年的8.5%增加到11.9%(见图6.4);③另据企鹅智库发布的《2018新媒体趋势报告》

① 第40次CNNIC报告第二章:《网民规模与结构》,http://tech.qq.com/a/20170804/020051.htm。
② 李良荣:《党媒全媒体传播格局的最大变量和最大增量》,人民网传媒频道,2018年9月10日,http://media.people.com.cn/n1/2018/0910/c14677-30283941.html。
③ 见第43次《中国互联网络发展状况统计报告》。

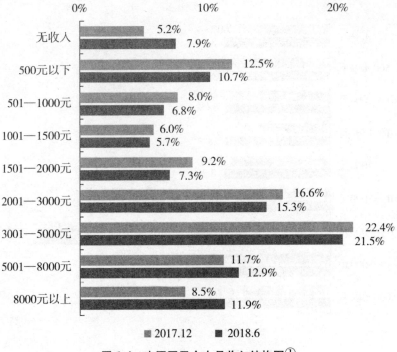

图 6.4　中国网民个人月收入结构图①

　　调查数据显示,2018 年,我国新媒体用户主要集中在一、二线城市,且 30 岁以上的集中在金融、互联网、政府机构、文化传媒、企业管理者、工程师/专家、自由职业者这几个职业、岗位(见图 6.5)。这些职业显然也属于"三高"人群和"中间阶层"。这一群体一向是电视经济节目的目标受众,他们的增加,为电视经济节目时移收视增量提供了可能性。但这些人群是否能流向网络及新媒体上的电视经济节目?

　　2017 年 GSM 调查数据显示,"在电视观众大量流失的前提下,时移用户呈现出增加的趋势,分年龄段时移收视时间分配比例显示,各年龄段人群时移收视量均有提升,年轻观众时移首播收视占比最高,接近 5%……55 岁及以上的老年观众的时移首播收视占比也有明显增长,时移收视开始向高龄观众群体扩展"②。不仅

　　①　CNNIC 第 43 次《中国互联网发展状况报告》,http://tech. qq. com/a/20170804/020051. htm。

　　②　封翔:《2017 年全国电视收视市场回顾》,收视中国,2018 年 3 月 16 日,https://baijiahao. baidu. com/s? id = 1595065852299078264&wfr = spider&for = pc。

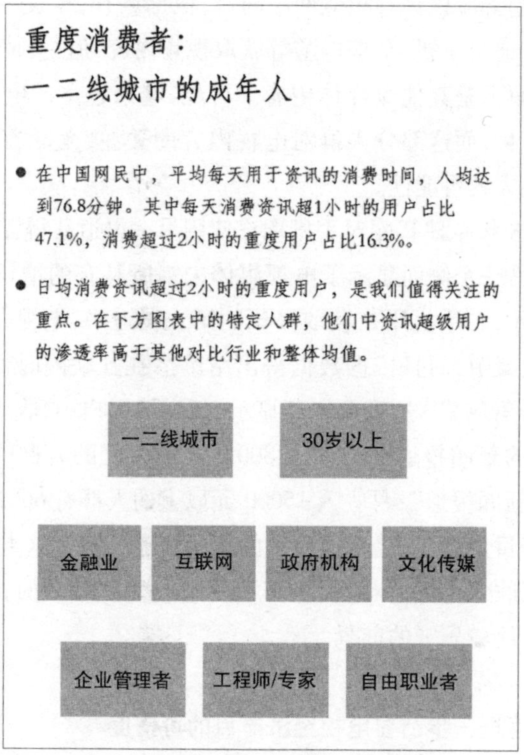

重度消费者：
一二线城市的成年人

- 在中国网民中，平均每天用于资讯的消费时间，人均达到76.8分钟。其中每天消费资讯超1小时的用户占比47.1%，消费超过2小时的重度用户占比16.3%。

- 日均消费资讯超过2小时的重度用户，是我们值得关注的重点。在下方图表中的特定人群，他们中资讯超级用户的渗透率高于其他对比行业和整体均值。

一二线城市	30岁以上

金融业	互联网	政府机构	文化传媒

企业管理者	工程师/专家	自由职业者

图6.5 2018年新媒体消费者情况①

数据来源：企鹅智库

如此，从用户使用媒介的情况看，在信息接收渠道多元化的背景下，各种媒介之间越来越显示出相互补充，不可取代的关系。一向认为呈现颓势的电视用户呈现出新的增量空间。这种变化已经在美国悄然发生。eMarketer2017年发布的研究显示，2018年"同时使用互联网和电视的美国成年用户将达到91%"②。而且，"'当下几乎不受限制的信息获取方式正在改变用户对内容的认知和消费行为。事实上，近85%的互联网用户会边刷网页边看电视。'业界把在使用移动设备的同时观看电视的现象称为'第二屏'（second screen），而这种现象在未来几年中呈增长趋势"③。美国的情况虽然不能完全作为观照我国的依据，但在全球一体化的背景

---

① 企鹅智库：《2018新媒体趋势报告》，http://www.199it.com/archives/804544.html。

② 杨柳依：《社交媒体能否将互联网与电视合二为一》，http://www.sohu.com/a/131719036_570250。

③ 封翔：《2017年全国电视收视市场回顾》，收视中国，2018年3月16日，https://baijiahao.baidu.com/s? id=1595065852299078264&wfr=spider&for=pc。

下,媒介发展的大趋势应该具有相似性。同时,根据调查,年长一些的用户(40 后至 70 后)虽然也在通过手机、平板电脑等获取视频内容,但是,他们从中选择的更多是电视的内容,而不是其他流媒体内容。可见,越来越多的电视观众开始通过新媒体观看电视节目,而这部分人群对电视内容的关注,无疑为电视经济节目用户增量提供了比较大的可能性。

与此同时,2018 年企鹅智库对手机用户使用另一渠道获得资讯的情况进行了调查,这项调查从另一个侧面显示了电视媒体未来所具有的增长空间。《2018 新媒体趋势报告》显示,在手机用户获取资讯的第二渠道中,电视是仅次于互联网/平板电脑的第二大渠道,而且依据数据得出结论:"在互联网时代,电视仍然扮演着重要的资讯传播角色。"①这项调查还显示,新媒体用户中,收入越高的人群,越是偏爱"专业优质的新闻报道",月收入 8001—15000 元的人群中,有 59.5% 的人需要"专业优质的新闻报道";月收入 15000 元以上的人群有 66.2% 的人需要这类资讯。电视经济节目显然属于"专业优质的新闻报道"范畴,这类资讯的市场潜力以及使用人群的高收入走势,在电视经济节目走向移动终端的背景下,无疑为时移收视增量提供了比较乐观的前景。

三、新媒介环境进一步凸显电视经济节目的可信度

如前所说,新媒体的崛起,取代了电视作为新闻传播主渠道的地位,这意味着以传播信息为主的电视经济节目的存在价值受到挑战。但与此同时,新媒体对整个传媒系统的改变,也给电视媒体带来了一些不可忽视的机遇。

新媒体的崛起,使经济信息传播渠道激增,各大门户网站都开设了财经频道;与此同时,还涌现出了大量的财经类 APP:和讯财经、网易财经、华股财经、呱呱财经等。这些新媒体客户端上的财经资讯产品,一方面,极大丰富了用户的信息接收渠道,让用户能更全面、及时地了解市场变化、政策动向等;另一方面,信息和言论渠道的增多,以及传播者身份的多元化,必然会导致用户出现信息选择的困惑,产生认知、判断的不确定性,甚至导致市场环境本身的复杂化,此种情境下,公众更加依赖媒体给予信息和观点的支持,同时也就更加重视媒体的权威性、公信力。从某种意义上说,越是言论分散的时代,社会大众就越需要权威的引导。而权威性和公信力在传统媒体主导的时代,并不是一个需要特别强调的问题,因为,传统主流媒体天然具有权威性。电视时代,视频经济信息的传播渠道主要是央视及地方各类经济(财经)频道,传播渠道单一且媒介性质相同,频道之间虽存在地区和

①　企鹅智库:《2018 新媒体趋势报告》,http://www.199it.com/archives/804544.html。

经济实力的差异,但传播机构的身份均为市场化运行机制下的国家新闻事业单位,这种身份决定了电视经济节目的权威性和可信度是与生俱来的,因此,也就无须特别强调。新媒体崛起改变了这种媒介生态。原来是电视一家独大,今天变成了众生喧哗,而拥有非常庞大用户群的各类新媒体客户端身份复杂,并不具有传统主流媒体那种天然的权威性。这种情境下,电视媒介特有的公开性、仪式感、悠久历史积累的品牌效应,以及特殊身份赋予的天然权威性、公信力,都成为其他媒介无法企及的一种优势。CTR 的一项调查数据显示,至 2015 年,电视媒体的"可信度仍居首位"[1],人们将之当作证实证伪的依据;到了 2018 年,有研究者指出,电视媒体迄今为止仍旧是最适合解决用户信任顾虑的媒体。"依托电视台强有力的权威支撑,电视媒体给到用户的信任值并未减弱,相反随着互联网泡沫日趋严重,其信任指数在不断提升……之所以说电视媒体最适合解决用户信任顾虑,是因为电视媒体在信息传递上,更注重品质感、时效性和真实性。就算存在一些瑕疵,但相对互联网媒体来说,电视媒体所出品的内容,在消费者看来,会更值得信任和推荐。"[2]尤其是在遇到重大社会事件,需要对其进一步了解时,即便是新媒体用户,打开电视看新闻的人数也一直占据比较大的规模,甚至逼近社交网络[3],原因正在于传统媒体的信任度高。2018 年企鹅智库的"平台公信力"调查得出了"传统媒体利好,社交网络低分"的结论。其中,作为传统媒体代表的电视,其公信力在新媒体用户中位居第二位,仅次于资讯类 APP,占所有用户的 65%(见图6.6)。可见,新媒体崛起凸显了电视媒体的权威性在这个时代难以替代的价值。而在诸多电视节目类型中,电视经济节目和受众关系最为特殊,它直接影响到投资者的决策行为,这就更凸显了其权威性、可信度在当前媒介环境下的意义。而这无疑为电视经济节目带来了新的生机。

①　李晏:《2015 年受众接触媒介习惯调查报告》,《传媒蓝皮书》,第 207 页。
②　程耀东:《头条:电视媒体更适合解决用户信任顾虑》,2018 年 10 月 22 日,http://www.sohu.com/a/270506825_473843
③　企鹅智库:《2018 新媒体趋势报告》,http://www.199it.com/archives/804544.html。

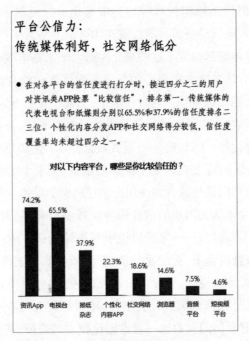

图6.6　2018年新媒体趋势报告

数据来源：企鹅智库

四、国内外经济关系政治化趋势加剧

我们知道，传媒和经济是一对"共生"关系。一方面，传媒可以通过信息传播、舆论引导，推动社会经济发展，甚至改变某种特殊情境下的经济发展方向。"传媒在经济发展中扮演着重要角色，它能够对市场参与者企业、个人或政治家的动机施加影响"①，具体表现为：帮助个体、企业乃至行业，明确发展方向，甚至改变发展策略；对经济市场实施有效监督、规范市场，建立健全利益分配制度②；另一方面，社会经济发展状况也直接影响到传媒业发展进程，是传媒业的发展动力。无论是前者还是后者，两个方面其实都表明，传媒业和经济形势无法分割。有研究证明，经济节目的生存状况直接受制于经济形势，二者是一种非常直接的互动关系③。这在2008年国际金融危机中就表现得非常充分。当时还是经济频道的央

---

① 邱国景：《海派经济学》，2014年第12卷，3期，第88—102页。
② 党耀辉：《传媒经济学：发展与未来》，复旦大学出版社，2016年。
③ 王萌：《央视〈经济半小时〉节目与社会经济的互动影响》，《中国电视》2007年第10期。

视二套,打通《经济新闻联播》和《经济半小时》两档栏目,推出的 101 期大型直播节目《直击华尔街金融风暴》,反响巨大,原因正在于回应了对当时经济形势的关注。可见,经济发展趋势决定着媒介行为,尤其是专注于经济领域的电视财经媒体,其内容发展方向更直接地受到国内外经济形势的影响。这就需要对当下国内外经济形势做出清醒的判断。

当下正值国内外经济形势比较严峻的时期,其中一个不容忽视的特点就是经济关系政治化趋势越来越明明显。我们知道,政治场和经济场原本就是两个相对独立的场域,各有自己特定的运行逻辑,然而,伴随着全球经济一体化程度越来越高,无论是国际还是国内,经济活动愈发呈现牵一发而动全身的作用,经济问题已经不再是单纯的市场问题,它和政治场域构成了密不可分的关系。从国际层面看,全球经济一体化,一方面加深了国家与国家、地区与地区之间的依赖关系;另一方面,这种高度依赖和不断深化的关系,使得各种利益相互缠绕,因此,地区之间的冲突、国家和国家之间的矛盾也越发突出。这种经济矛盾、利益冲突的结果就是,经济问题由经济领域逐渐向政治领域渗透。"国家之间正常的经济关系在特殊国际政治环境的影响下具有了政治功能,引起或加强了国家对'价值信仰、信念或意识形态分歧'的强调,或者对'国家之间实力、权力对比变化的竞争'的重视,乃至将其理解为'本国国内政治问题'的诱因。从辩证角度讲,国际经济关系在国际政治的影响下,成为了实现国际政治目标的手段,具有了协调与控制国家利益关系的国际政治功能。"① "国际经济政治化"包括相互联系的两个方面:一是经济活动和经济关系无形中被赋予政治目的;二是,为实现本国经济利益的最大化,政治积极干预国际经济活动和国际经济关系,经济利益的维护和扩大成了国际政治斗争的目的和主要内容。② 可见,经济政治化最终成为国家利益之间的一场博弈。中美贸易摩擦其实就是典型例证。从某种意义上说,国与国之间经济问题政治化,在经济一体化的大背景下难以避免,"政治是经济的集中体现",因为,当今世界,国家之间的竞争主要是经济领域的竞争,经济安全已成为国家安全的重要组成部分,因此,国家之间的矛盾围绕经济利益之争表现得越来越激烈。当然,国际经济政治化并非一个新问题,自冷战结束之后,尤其是自 20 世纪 70 年代开始,世界政治对于世界经济关系的影响就逐步凸显,全球经济一体化则加剧了这一趋势。在媒介社会中,这种激烈的竞争,往往通过大众传媒体现出来,可以

---

① 李若晶:《中美"经济关系政治化"分析》,《现代国际关系》2011 年第 3 期,第 50—55 页。
② 毛德松:《当代"国际经济政治化"简析》,《世界政治与经济》1998 年第 10 期,第 35—38 页。

说,国家之间的经济利益竞争,其实也是媒体舆论间的博弈。面对如此严峻的国际经济形势,经济节目不能不做出反应。

从国家内部看,我国经济的快速发展,致使利益分配调整的速度以及经济领域优胜劣汰的速度都不断加快,这些方面的不平衡可能会诱发社会领域的不公平甚至激烈的社会矛盾。尤其是在当下我国乃至世界经济下行的特殊情境下,各种矛盾冲突会更加清晰地凸显出来。这种形势,对于作为大众传媒的电视经济媒体来说,既是挑战也是机遇。挑战在于,其所面对的经济问题更加复杂;机遇在于,这种复杂的经济环境更需要电视经济媒体充分发挥其社会协调功能,以自己特有的方式平衡各种协调各种行为主体之间的利益冲突,维系社会各阶层关系,从而实现个体利益与社会利益的一致性,推动社会协调发展。

总之,当经济问题出现政治化趋势时,将会对电视经济节目提出不同于常态经济环境的特殊要求。

第七章

优劣势重估与突围

伴随移动 APP 在我国的应用呈现爆炸式增长,2013 年被公认为是我国"移动新媒体元年"①。新媒体崛起必然引发传统媒体的强烈反应,促使电视节目进行变革、转型。在各类电视节目中,电视经济节目表现得最为积极,几乎各个电视财经、经济频道都推出了自己的新媒体,上海第一财经甚至将第一财经 APP 作为集团的核心产品。但我们在此要着力研究的不是电视经济(财经)频道如何进行媒介融合、全媒体运行,而是在媒介融合发展或者说全媒体运行机制下,电视经济节目自身该如何生存的问题。

电视独大时代,电视经济节目的竞争对象主要有两个,一是开路频道的新闻、娱乐等其他大众化的电视节目,二是其他经济(财经)频道的同类节目。当下在媒体融合发展、全媒体运行的前提下,电视经济节目面对的主要竞争者已经不再是其他类型的电视节目,甚至不再是其他电视频道的同类节目,而是新媒体上的同类视频内容,包括各大门户网站财经频道上的同类信息形态,各种专门的财经类APP,如前所说的和讯财经、网易财经、华股财经、呱呱财经等,同时还包括电视财经频道为自己的新媒体专门开发的同类内容。这些新媒体上的内容形态虽然是电视财经频道为拓展新的盈利模式而创设,但是,无形中与传统电视经济节目也构成了竞争关系。比如,第一财经 APP 上更多的是专为这种新媒体平台设置的内容,其中包括 24 小时滚动推出图文资讯和视频流"正在"直播;还有全天候直击全球财经大事件和第一现场,让用户能最快掌握最立体、最完整的事件进展和各方观点的"LIVE"大直播;而主打的短"视频"中的"究竟 VIDEO",则主要呈现极具权威性的言论、最酷炫的科技应用和最新鲜的理财知识等。第一财经电视节目只是APP 上的一部分内容,真正的全媒体运行的本质正是如此,在这个系统中,电视经济节目已经成了新媒体上的一种视频内容,它要与专属新媒体的内容一起竞争。

---

① 张翼:《"移动新媒体元年"将开启》,人民网,2012 年 12 月 20 日,http://media. people. com. cn/n/2012/1220/c40733 - 19958289. html。

那么,这种情景下的电视经济节目是应该以在传统播出方式中的生存为主导,还是更多考虑它在新媒体上的传播状况? 这看起来是两个不同的发展路径,但我们认为它们实际是一个问题的两个方面。因为,无论电视经济节目在全媒体系统中位居怎样的地位,即便电视传统的播出方式消失,其在时间链条上的意义被消解,电视节目也会与“电视”留给用户的刻板印象牢牢捆绑在一起,其“电视属性”是其无法规避的宿命;只要“电视”的标签还存在着,它就不可能与新媒体上的内容混为一谈。因为电视漫长的陪伴史,已经使其成为人类生活的组成部分,让人们无法忽视其固有的特点、属性。这意味着即便是在全媒体系统中,电视经济节目也必须依赖“电视”属性生存。所谓“电视”属性,显然指的是它在当下这种特殊社会政治经济环境、媒介环境中所凸显出的异质性。第六章我们已经从电视媒体在新媒体背景下的地位、属性及价值定位,电视经济节目所面对的经济形势,以及在全媒体系统中的优势等四个方面,分析了电视经济节目的生存处境,这种生存处境其实已经昭示了其在现时代的特殊性。在这一部分,我们将结合第六章的结论,探讨新的媒介环境下,电视经济节目发展需要正视和解决的问题。

在进入这个问题之前,首先回顾一下之前我国财经媒体已经开启的全媒体探索、对新媒体的开发利用。这种付诸行动的探索,对于清醒地理解今天全媒体环境下电视经济节目面临的问题大有裨益。这就是在彭博模式启发下,早在2004年就由第一财经集团开始的跨媒体实践。

一、“彭博模式”启发下的“全媒体”探索启示

在关于我国电视经济节目如何走出专业化和大众化的矛盾困局这一问题上,业界和学界一直都存在一种比较值得关注的声音,那就是,将彭博模式作为解决这种困局的一剂良药。彭博财经频道既专注于为投资者服务,又不为收视率所困的状态,是一直深陷收视率泥潭的我国电视经济媒体的理想模式。有不少研究者明确提出,“在窄众化的盈利模式下,中国各级电视台的财经频道就应该蜕变为彭博电视台那样的一个机构”[1];而且不仅仅是财经媒体,即便是“在媒体行业之外,还有许许多多的创业者,正在探索成为中国的彭博”[2]。

的确,彭博社是当今世界财经媒体中最具活力的财经资讯供应商。这个成立于1981年的财经资讯机构,早在2006年,其销售额就已经与有百年历史的路透社

① 江远涛:《电视财经节目如何走出困境》,《经济》2008年第8期。
② 第一财经CEO周健工:《DT时代里,一个商业数据公司的使命是什么?》2017年12月17日,https://baijiahao.baidu.com/s? id＝1587011371613898575&wfr＝spider&for＝pc。

比肩了。彭博模式有两个突出的特点:一是有一个核心产品,即绝对主导性的盈利渠道;二是从媒介传播层面看,拥有一个全媒体系统。但它的全媒体系统是为前者服务的,甚至可以说是附着于前者的。我们知道,彭博社的核心产品是为各国央行、投资机构、商业银行、政府部门、大型公司、新闻机构等提供金融信息、数据的终端机,即"彭博专线"。围绕着这一核心产品,彭博搭建起了由电视台、电台、互联网站、书刊杂志等媒体构成的以提供财经数据、商业信息、市场分析等一系列财经资讯产品为目标的综合性媒介平台。彭博社的本质是一个财经资讯提供商,而非真正意义上的大众传播机构。彭博财经电视频道和其杂志、电台等媒体一样,只是其中的一个传播平台,为使用其终端机的用户服务;在整个集团中的主要作用是利用其公开性提升品牌影响力,赢得并巩固议题设置能力。可以说,彭博财经频道的存在是彭博集团为了提升品牌影响力而采取的一个广告策略,而不在于盈利。有数据显示,每年终端机收取的费用占公司年收入的95%,而彭博电视的广告收入只占彭博集团总收入的2%,而且每年公司支出的50%都用于财经电视频道的正常运营,彭博电视不必为了收视率而一味迎合大众市场,因而可以保持一种专业、稳定的发展态势。这种稳定性,不仅能够增加和用户之间的黏性,同时又会培养、吸引更多新的用户,形成良性循环机制。

上海第一财经早在2004年搭建的"跨媒体、跨区域"之路,建设的集广播、电视、报纸、出版、财经通讯社、网站、网络电视(IPTV)、手机电视、短信增值服务等为一体的全媒体格局,就是借鉴彭博模式迈出的第一步:第一财经"'跨媒体'的目的就是要整合一切资源,打造强势媒体,争夺市场份额,并为企业拓展多元化的盈利渠道";"第一财经品牌下的频道、频率、日报、网站、杂志等媒体通过产业链整合,联结到一个跨媒体产业价值链系统中,形成跨媒体产业价值链发展模式","每个单一媒体的内容创意、生产、包装制作和销售环节都可以和其他媒体形成共同的价值联结点",[①]最终目的是实现"价值模式多元化的转变:从单一以广告为赢利支撑到以广告、资讯和服务来盈利"。[②]这种全媒体布局是和彭博模式的影响分不开的。正因如此,第一财经电视频道才开风气之先,率先确立了专业财经频道模式。

紧随其后,央视财经频道在2009年问世之际,也确立了类似的多媒体全链条的发展目标。

但无论是第一财经最初十多年的探索,还是央视财经频道的目标设置,都只看到的是彭博模式中的"全媒体"形式,而未真正触及其本质,即它是一种围绕核

---

①② 国家广播电影电视总局发展研究中心:《第一财经产业价值链研究报告》。

心产品搭建起来的全媒体格局。由于彭博社的全媒体系统是围绕金融数据服务建设起来的,因此相互之间是高度黏合的关系。而无论是第一财经的跨媒体建设,还是央视的全媒体目标,都缺少了核心产品这个支撑性要素。集团内部各媒体之间缺乏实质性联系,处于一盘散沙状态。有研究者直言不讳地指出了第一财经存在的问题:前十多年,维系第一财经各种媒体之间关系的,只是"第一财经"这个品牌,内部不同媒体之间其实是相互独立、各自为政,没有真正实现媒介融合、流程再造、相互支撑这个意义上的全媒体,实际上是流于形式①,"第一财经试图通过'品牌'进行有效的资源整合,通过旗下拥有的媒体平台形成以品牌价值链为主导的'内容集成模式'的全媒体集团。目前第一财经旗下拥有第一财经电视、广播、日报、周刊、网站、研究院、新闻社、无线、学院等平台。至此,第一财经已经形成了'媒体全'的格局,即拥有当下媒体环境一切可以整合的渠道资源,但是第一财经有没有真正实现'全媒体'。正如第一财经媒体内、外部相关从业人员以及学术界普遍认为的,虽然第一财经形式上形成了全媒体的架构,但是它并没有像其他由平面媒体衍生出的全媒体集团那样真正实现全媒体运营"②。症结就在于没有真正意义上的核心产品。因此,2015年12月8日,第一财经携手阿里巴巴,成立了商业数据中心(CBNData)③,开启了商业数据服务业务,实现了一次质的跨越,终于实现了一直以来期望在商业和财经数据业务上打开媒体转型通道的理想。而在这之前的2014年,第一财经就入股恒生聚源公司,该公司是目前国内主要的金融资讯供应商之一,核心业务是向金融机构和投资者提供投资终端、聚源终端、基础数据库、接口数据库、应用数据库等产品线。对于这些举措,时任SMG公司负责人的黎瑞刚明确表示,目的、愿景就是"要做中国的彭博"④。仍将彭博作为发展范例、奋斗目标。伴随着经济社会中投资者规模的迅速增长,商业、金融数据市场将越来越广阔,越来越需要订制式服务,因此,彭博模式的确是最具活力和潜力的财经媒体生存模式。但这种变化意味着集团性质的转型:由大众传媒转为金融数据服务机构。

①② 杨保达:《第一财经"全媒体战略"的10年问题考察(2003—2013)》,《新闻大学》2013年第2期。

③ 第一财经商业数据中心(CBNData)是基于大数据进行智能化商业研究咨询与整合营销传播的战略数据平台,它以商业数据报告/微报告、数据指数、定制化咨询等为核心产品,输出消费行业的全景分析以及面向企业和消费者的深度数据洞察;同时通过数据可视化、原生内容、活动、视频/直播等形式拓展数据研究的业务边界,丰富数据商业化的应用场景,以数据加媒体的倍增效应,全面提升中国商业世界的运行效率。

④ 第一财经CEO周健工:《DT时代里,一个商业数据公司的使命是什么?》2017年12月17日。https://baijiahao.baidu.com/s?id=1587011371613898575&wfr=spider&for=pc。

从大众传媒到财经资讯服务商的转型存一个必须正视的问题:从发生学上看,彭博社一开始就是从提供金融数据服务发展起来的,其全媒体格局是以此为中心形成的,金融数据服务业务是其发展的起点,其人才、技术结构等也是围绕这一特定服务形式建构起来的。而我国电视财经媒体则不同,它们首先是大众传媒机构,其内容产品的发端是服务于普通大众,虽然之后走了专业化之路,但并未改变其作为大众传媒产品以及大众传媒机构的性质。而我国的大众传媒机构,包括电视经济频道,既是信息传播平台,又是事业单位、宣传机构的双重身份,决定了它们不可能变为仅仅为金融数据业务或者其他财经资讯产品服务的商业媒体,电视经济媒体作为党和政府喉舌、舆论阵地这一职能也不可能消失。这意味着在全媒体系统中,电视还必须具有功能、价值的相对独立性。这种独立性是指既服务于投资者,但又不仅仅是投资者。

例如,对于央视财经频道来说,"中央电视台是国家电视台,国家电视台就应该有国家电视台的责任,就应当有国家电视台的担当。在一个全新时代的黎明时刻,以电视形态深入思考和展示互联网对人类社会的深刻影响,是国家电视台义不容辞的责任"。因此,"'为国家经济建设服务,为大众经济生活服务,为企业发展服务',明确自己在建设现代化经济体系过程中,积极创造有利的舆论环境的职责,进行宣传报道"①是央视财经频道始终要坚持的原则。

这就是说,未来无论电视财经频道打造的全媒体系统将确立什么样的核心产品,电视财经节目都不能放弃自己作为舆论宣传阵地的身份完全服务于其他核心产品。由此看来,"彭博模式"可资借鉴,但彭博电视却无法效仿。我国电视经济频道在全媒体系统中,还必须保持自己的独立性,利用新形势下电视媒介的特殊优势,谋求自己的发展之路。

二、"规模化+重要性"重启"宏大叙事"

所谓"规模化+重要性"是指重点打造具有一定长度和浓郁形式感、聚焦重大经济现象和热点经济问题的电视经济节目,以此强化新媒体时代电视经济节目的品牌效应,与碎片化新媒体的构成差异化竞争。其中,"重要性"强调的是节目内容和国计民生的高相关度;"规模化"则指借助"系列化",重拾"宏大叙事",打造现象级节目。

---

① 齐竹泉:《央视财经频道将围绕打造国家财经融媒体传播平台全面改版》,央视财经,2017年12月12日,https://baijiahao.baidu.com/s? id=1586548640919611567&wfr=spider&for=pc。

前面说过,现阶段电视媒体针对新媒体围攻,普遍采用的一个比较有效的方式是,不断推出现象级娱乐节目,以大规模、高浓度,获取眼球效应,黏附不断流失的受众。这种方式的成功,为电视经济节目的发展提供了可资借鉴的经验。电视媒体这种突围方式之所以能够获得成效,有其内在逻辑:它充分彰显了众生喧哗时代电视媒体的特点和优势,那就是利用其播出方式的定时性、强制性,将仪式感做到了极致。在电视作为信息主渠道的时代,短平快地传播信息,是其新闻类节目采取的主要策略,也是电视立足的主要方式;新媒体崛起后,电视的这种功能被取代,新闻节目的影响力逐渐减弱,它更多利用电视的仪式感、聚合效应,通过大规模、精制作的娱乐节目,凸显自己的影响力,与新媒体构成差异化竞争。这无疑是审时度势的结果。

具体到电视经济节目,其处境其实和电视媒体面对新媒体的冲击相似。在快速、便捷、多形式进行经济报道上,电视经济节目并不比新媒体更具优势,这也是十多年前"第一财经"、央视财经频道就开始借助网络等媒体发展自己的原因。现阶段,多媒体运行成为现实,新媒体不再是电视经济节目的附属品,它们和电视经济节目开始并行发展,因此,电视需要扬长避短。电视娱乐节目以高浓度、大规模、精制作获得成功,对电视经济节目是一种启示。但这并不意味着电视经济节目也要走娱乐化道路,而是要从以往的追求短平快,转为重视推出一定规模、一定长度、聚焦重大经济现象和热点经济问题的深度资讯节目,以问题的集中度、一定的形式感,取代以往内容的碎片化、形式的单一化。

回溯电视财经节目的发展历程,无论是央视财经频道还是第一财经电视频道,曾经推出了一个主打性概念"信息流",即以频道为单位,充分利用电视播出的线性特点,实现节目与节目之间无缝连接,不间断地播出最新经济信息、财经资讯,通过体现信息之间的关联性,构成信息流。这种传播策略固然能够让目标受众在定时播出的电视节目中,随时都能够获取有效信息、有用资讯,或者说大大提高捕获有效信息的概率,最大限度地弥补电视的定时性、一次性即过的播出方式所导致的信息选择的局限性,但很明显,这种信息流策略的有效性是建立在电视媒体具有核心地位、仍是主要信息渠道的前提下的,因为电视是第一媒体,开机频率高,这种信息流式的节目编排方式就能够保证信息最大限度地获取。但在新媒体主导地位确立、电视媒体向全媒体运营转型的背景下,电视开始依赖在各种新媒体上的时移收视生存,这种状况解构了电视的线性传播方式,电视节目之间的关联度消失,单个节目的意义被凸显出来,因此,电视财经节目的"信息流"策略在全媒体系统中的意义也就被大大弱化。这意味着以往的"信息流"策略在新媒体时代难以留住电视经济节目受众的流失。电视经济媒体如何应对新媒体环境的挤压？

在信息渠道愈益多元的背景下，电视经济节目要发出自己的声音，就应该化劣势为优势，充分利用自己播出方式的定时性、规律性所蕴含的浓郁仪式感，通过聚焦重要经济现象和热点问题，通过深度开掘和形式创新，尽可能从日常化走向仪式化，以吸引、黏附已经处于信息过载状态的观众。也就是说，在财经资讯类媒体林立的背景下，电视经济节目显然不能仅仅依靠信息传播的速度、数量、便捷程度以及表达方式的多样化和新媒体竞争（这些恰恰都是新媒体的优势），它必须充分发挥自己的仪式化属性，通过制造更高浓度、形式感更强的节目形态来彰显自己的存在意义和价值。

其实本书第五章在论及"前瞻性"时，谈到谈话类节目的另一个特点，即注重选题的"系列性"。"系列性"其实就是凸显"规模化"和"重要性"的有效方式。这种方式在央视财经频道由来已久，屡试不爽。由于央视财经频道一直存在与央视内部及其他强势上星频道竞争的问题，其竞争环境与今天遭受新媒体包围的电视经济节目的处境十分相似。央视财经频道惯用的一个策略是，通过制作各种"特别节目"、浓度高、影响力强的节目形式和活动，提高节目的关注度。比如每年的"3·15"晚会、"感动中国的年度经济人物"、"魅力中国城市"等，都以规模化、仪式性著称，其中，最常见、最有效的形式是，制作财经类大型纪录片。自20世纪90年代开始，直到进入新媒体时代的今天，央视财经频道几乎每年都会推出几部电视纪录片。2014年以来，陆续推出了《互联网时代》《五年规划》《威武之师背后的财经密码》《大国重器》《我们一起走过》等，这些节目的宏大叙事风格和精良制作，让经济节目在众生喧哗中充分凸显了自己，彰显了"电视"经济节目的"大屏"优势。

央视财经频道这些大型节目、大型纪录片的成功，为当下复杂的媒介环境和经济形势下的电视经济节目发展，提供了一个凸显自身优势的路径、原则，那就是，回归宏大叙事①，完整、历史地解读经济形势。无论是大型纪录片还是上述策划的和经济相关的大型活动，其本质都是宏大叙事，即题材重要、重大，视角宏阔、反映历史必然规律，形式上突出故事性。

我们知道，宏大叙事是一种"整体性"叙事，"是针对整个人类社会历史发展进程所进行的大胆设想和历史求证"②，给人们提供的是关于人类历史和现实发展

---

① 董华峰、李怡：《大型电视纪录片与央视财经频道品牌建设》，《兰州大学学报》2013年第5期。
② 程群：《宏大叙事的缺失与复归》，《史学理论研究》2005年第1期。

的整体性解释。20 世纪 90 年代以来,伴随中国社会从高度政治化社会到经济化、世俗化社会的转型,各个领域都出现了由"宏大叙事"统领转为尊崇"个人叙事"或者"日常生活叙事"的变化。日常生活叙事的特点就是从个人视角关注日常生活琐事,去重大和重要性。电视媒体也不例外,央视著名的立足日常化叙事的《生活空间》栏目所带动的正是电视媒体的日常化、平民化转型。日常生活叙事的最突出特点是碎片化、无中心化。而聚焦市场经济的电视经济节目本身就带着浓郁的日常性。尤其是一直以来都游走在"经济、生活"之间,立足"生活服务"的电视经济节目占据主导地位。这让经济节目平民化、接地气的同时,也呈现出碎片化、琐碎性状态。在此情况下,人们就需要一种能够对社会现实和历史整体进行宏观性把握的形式和理念。"理解历史是离不开对大局的认知的"①,要透彻理解现实、把握现实,也必须如此。经历了大规模的日常化叙事热潮之后,面对业已碎片化、无序的社会状态,近年来,连最彻底地对"宏大叙事"展开清算的文学界也都开始重新认识"宏大叙事"的合法性,呼吁重建宏大叙事。"改革开放以来的三十年,中国文学在对历史的警觉和反思当中,自动清除了'宏大叙事'对文学的影响","但是如果静下来理性地反观我们对'宏大叙事'痛快淋漓的解构行为,将会发现一系列严峻的问题和倾向"②。关注"日常生活""身体写作""零度写作"等,虽然让文学重新发现了日常生活对于人类个体和文学的重要性,但作为精神食粮的文学给予读者的"除了令人沮丧的一地鸡毛之外,我们别无所得"③。不仅国内如此,甚至西方一些热衷后现代理论的学者也重新将目光投向了"宏大叙事",表现出强烈的对于普遍性宏大叙事的渴求。美国哲学家克莱因在对后现代主义的反思中指出:"从列维·施特劳斯到利奥塔,从克利福德到福山,我们仍然受到历史的困扰,即便我们迫切地想要摆脱总体叙述的缺陷,但我们还是一而再、再而三地回到宏大叙事中。"④可见,宏大叙事已经成为当今时代无法拒斥的需要,尤其是在碎片化、无中心化日渐加剧的新媒体时代。

　　经济问题是经济社会中最富变化、对社会心理影响最大的问题。面对变幻莫测的经济形势和多元化言论渠道,受众不仅需要具体的、策略性的指导,更需要看到现实和历史乃至未来的发展趋势,这样才能使他对自身行为和决策的合理性做出理性、全面的判断,从而获得一种归属感和安全感。而这正是宏大叙事才会有

---

① 秦晖:《"宏大叙事"与"祛魅"——辛亥革命与保路运动的若干解析》,《南方周末》2011 年 9 月 15 日第 D24 版。

②③ 荆亚平:《改革开放年文学"宏大叙事"的问题与反思》,《理论与创作》2008 年第 5 期。

④ 柴焰:《"后理论时代"关于宏大叙事问题的探索》,《理论月刊》2011 年第 12 期。

的功能。

三、强化舆论引导功能以凸显权威性优势

着力舆论引导是新媒体时代或者全媒体运行机制下,电视经济节目凸显自身优势的另一条有效途径。

首先,舆论生态的复杂化进一步彰显了具有特殊身份的电视媒介在舆论引导中的特殊作用。我们知道,目前我国已经形成了以网络为主体的民间舆论场和以传统主流媒体为主的官方舆论场,而网络舆论主体的多元性决定了这个舆论场的主要特点就是具有不确定性,因此,降低网络舆论场的不确定性,保证社会舆论健康发展成为最迫切的现实需要。由于财经题材的特殊性,财经类新媒体在各类新媒体中成为最活跃的类型,内容呈爆炸式增长①,成为舆论的主要阵地之一。财经类新媒体的活跃程度加剧,必然导致经济问题舆论的频率和热度增加。尤其是市场的瞬息万变和多元叠加,非常容易使具体市场问题酝酿成大的社会问题,直接影响到经济发展方向乃至社会心理。比如,近一时期,唱衰中国经济的言论甚嚣尘上,主要是源于网络及新媒体。在此背景下,毫无疑问需要具有权威性的主流媒体来进行舆论引导。如前所说,目前,作为主流媒体的电视媒体虽然市场低迷,但仍是当下最具可信度、被公众用于证实证伪的媒介。虽然电视等主流媒体也都纷纷推出了各自的微博、微信、APP 等新媒体客户端,但就目前来看,主流媒体的新媒体并没有在新媒体领域占据主导地位,其新媒体的公信力尚未真正形成,人们还是偏向于将传统媒体视为真正的官方立场的体现者,这种认识在用户中根深蒂固。电视媒体的这种公信力和权威性使得它在热点经济问题,或者有争议的经济现象上的观点、言论更具影响力。因此,电视经济节目更多承担舆论引导功能,其实是体现电视媒介自身优势,进行差异化竞争的一种方式。

其次,经济形势的愈益复杂化,尤其是经济的政治化趋势,也要求电视经济节目必须强化舆论引导作用,为国家政治经济发展服务。一方面,如前所说,全球经济一体化背景下,经济问题的政治化导致的国家、地区利益之争越来越突出,这种国家与国家的利益之争往往通过媒体舆论体现出来,在此形势下,发挥舆论引导作用,是电视经济节目理应担当的责任。另一方面,就国内而言,我国经济发展由高速度转入高质量发展阶段,产业结构开始调整,转型期经济及整个社会领域必然会出现各种新问题;而恰恰是在这种背景下,言论渠道的多元化已经形成,非常容易使具体市场问题酝酿成大的社会经济问题,不仅直接影响经济发展方向乃至

---

① 梁小民:《经济学是什么》,北京大学出版社,2001 年,第 6 页。

社会心理,甚至成为影响国家政治、社会秩序的重要因素。这种情境也要求电视经济节目充分发挥舆论引导的作用。正如有研究者指出的:"抽象的财经数据和过程烦琐的推理分析无疑是电视的弱项。因此,电视这块大屏幕要传播的是产业和民生经济,数据和分析功能应交给'小屏幕'解决,探索电视和手机这两块屏之间的联动。比如,在一个重大财经事件发生后,其他网络媒体能做的只是整合梳理发布信息,而电视财经媒体可以利用记者采访、专家解读、移动终端的资讯产品发布等达到优化组合。"①这其实强调的就是舆论引导的作用。

四、重返"大众化"

这里探讨的是电视经济节目在全媒体系统中的生存与发展问题。对于电视经济节目来说,置身于全媒体系统中,其实就是要面对本章开篇时说的,它除了传统播出方式,更多要依赖新媒体传播。这意味着它要更多地争取时移收视,与新媒体内容竞争。要争取时移收视,就要明确时移收视人群的特点、需求。"重返大众化"正是基于这两个方面提出的。

这里所说的电视财经节目的"大众化",相较其他节目类型的"大众化",除了表现形式的通俗化之外,拥有独属于自己的内涵。首先,这里的"大众化"中的"大众"并非指面目模糊的受众,具体指普通投资者以及对经济问题感兴趣的人群,而不只是专业投资者。其次,财经节目的大众化并不排斥专业性。这里的专业性一方面指财经节目所提供的服务本身显示出的专业水准,即科学性、权威性;另一方面指内容选择上,强调"大经济观"②前提下的高集中度,即在更为广阔的意义上理解"经济""财经",不拘泥于专门的投资活动。通过对全媒体系统中受众对电视经济节目接触情况的问卷调查,以及对电视经济节目所处具体环境的分析发现,无论是时移收视人群结构,还是受众对经济节目的认知和需求,都指向"大众化"。

第一,时移收视人群呈现大众化趋势。目前来看,新媒体上的"电视"节目的用户,和电视直播收视的受众结构呈现趋同之势。对于财经节目来说,专业性是其题材的自然属性,大众性是其获得竞争力的前提。在其历史发展过程中,为了获取更大规模的受众,它始终在专业化和大众化之间寻找平衡。央视曾在2000

---

① 李大元:《移动互联网时代财经媒体的创新路径探析——从电视财经的生存》,《今传媒》2017年第6期。

② "大经济观"由央视经济频道在2000年改版时提出,当时的内涵为"大众、综合、实用",以经济资讯为核心内容,强调专业特色的服务,不强调为投资者服务。

年前后提出"大经济观""经济视角"等一系列经济节目报道理念,均为经济节目走向大众化而采取的措施,这些措施的确改变了当时电视经济节目高质量而无观众的状态。那么,当电视经济节目拥有了更多传播渠道,盈利模式走向多元化的背景下,电视财经节目是否可以放弃大众化?

目前来看,时移收视观众结构呈现复杂化、全面化状态,有趋近于原有的电视观众结构之势。2018 年 CSM 媒介研究调查数据显示,"与直播观众构成相比,时移收视观众整体上倾向于女性、年轻及受过高等教育的观众;虽然大学及以上受教育程度观众在时移观众中所占比例比在直播观众的比例高出 2017 年近 8 个百分点,与直播观众构成差异最大,达到 28.6%,成为时移收视观众的第二大群体,但是,相较 2017 年下半年仅有高学历的时移观众比例高于直播收视而言,2018 年不同学历的时移观众正在由大学以上学历向中低学历人群扩展"[1]。这意味着时移收视观众结构变得更加复杂、广泛;"而且时移收视时更倾向于选择剧情类的节目类型,对具有时效性和服务性的节目选择倾向不强"[2]。由此可见,电视经济节目时移收视的受众结构和电视直播收视的受众结构其实是相似的,包含的层次越来越广泛、庞杂。这意味着电视经济节目要想增加时移收视量,仍需要在大众化和专业化之间寻找平衡,走大众财经之路。

第二,时移收视用户仍将大众化内容作为接受电视财经节目的重要因素。如何确定内容产品的发展走向,取决于受众或者用户的需要。2018 年 11 月,我们以《央视财经评论》《对话》以及第一财经的《证券直播室》和央视的《交易时间》这四档电视财经频道中常态的、最具影响力的财经资讯类节目和证券类节目为例,进行了关于"影响观众接受财经节目的要素"的问卷调查(见附录 10、11),此次调查有效问卷 313 份,受调者月收入都在 5000 元以上,学历为大专以上(见附录 10、11),合乎财经节目的目标受众要求。数据显示,受众认为,目前电视财经节目存在的首要问题就是内容不够通俗;而观众最愿意接受的是热点问题、一般性的新闻,而不是具体的投资指南。

在"不收看财经节目的原因"中,"内容太专业、看不懂"等均排在前列(见表 7.1、表 7.2),其中不看《央视财经评论》的元素中,位居第一位的就是"内容过于专业、看不懂";对于《对话》栏目,此项位居第二位。由此从反面印证了大众化依旧是决定观众是否接受电视经济节目的主要因素。

---

[1][2]　胡文慧:《2018 上半年电视观众时移收视观察》(下),收视中国,https://lmtw.com/mzw/content/detail/id/161319/keyword_id/-1。

表 7.1　受众从来不看《央视财经评论》栏目的主要因素排序

选项	平均综合得分
D. 内容太专业、看不懂	8
G. 形式死板	7
F. 不喜欢主持人	0
H. 其他	0
E. 问题分析不透彻	0
B. 对选题不感兴趣	0
C. 选题贴近性弱	0
A. 权威性、可信度不够	0

表 7.2　受众从来不看《对话》栏目的主要因素排序

选项	平均综合得分
B. 对选题不感兴趣	4.85
D. 太专业、看不懂	3.08
E. 时效性不强	2.85
C. 形式死板	2.77
F. 不喜欢主持人	0.92
G. 其他	0.85
A. 权威性、可信度不够	0.38

　　在关于"最感兴趣的话题"这一问题上,调查数据显示,对于财经评论和谈话类节目,观众对其所涉及的诸多类型的话题中,最感兴趣的均为"热点问题",其中,《央视财经评论》是"国内经济热点"(见表 7.3),《对话》是"社会热点"(见表 7.4);而对于后者,即《市场零距离》和《交易时间》这类证券类节目,出乎意料的是,观众最感兴趣的则是其中的"国内外新闻报道",而不是最能体现这类节目特点的"个股分析"这一最实用、最具指导性的内容,"个股分析"反倒排在最末位(见表 7.5)。可见观众关注电视财经类节目主要是基于获得更广泛意义上的新闻资讯的目的,而不是具体的投资之道。

表7.3 受众喜欢的《央视财经评论》栏目话题类型分析综合排序结果

选项	平均综合得分
B. 国内经济热点	5.95
A. 民生经济(和百姓生活相关的各类话题)	4.96
D. 行业发展趋势	4.8
C. 国外市场动向	3.88
F. 政经事件、活动	3.72
E. 证券市场行情	3.63
G. 其他	1.06

表7.4 受众喜欢的《对话》栏目话题类型分析综合排序结果(2018 年)

选项	平均综合得分
B. 社会热点	4.39
A. 民生类(和百姓生活相关的各类话题)	4.03
D. 行业发展趋势	3.72
E. 经济热点	3.61
C. 企业家的经营之道、成功之路	3.58
F. 文化产业	1.67

表7.5 受众对证券类电视节目的内容偏好统计

选项	小计	比例
A. 国内外新闻报道	227	81.07%
B. 国内外市场动态	244	87.14%
C. 大盘走势分析	217	77.5%
D. 个股分析	146	52.14%
本题有效填写人次	280	

这一调查结果从一个侧面表明,纵然电视经济节目一个最个性化的特点是为投资者提供具体实用的策略,但是,观众感兴趣的却是"社会热点"和"国内热点经济问题"这种大众话题。

需要特别说明的是,此次问卷调查并不只是简单、孤立地了解电视财经节目直播收视观众的意见,我们还同时调查了这些观众使用新媒体观看电视财经节目的情况,即其中大部分是时移收视观众。在317份问卷中,其中有92.31%的受众是通过视频网站收看《央视财经评论》的,另有50.96%和49.6%的受众通过微博和微信(见表7.6)收看。

表7.6　受众收看《央视财经评论》栏目的新媒体平台分析综合排序结果

选项	小计	比例
A. 微博	159	50.96%
B. 微信公众号	154	49.36%
C. 视频网站	288	92.31%
D. 其他	45	14.42%
本题有效填写人次	312	

　　这意味着,上述统计结果针对的并不是直播收视受众,其中主要是新媒体上的观众,也就是说,此次调查能够反映全媒体环境下的受众需求和态度。

　　第三,电视经济节目重返大众化不只是基于受众的偏好,它也是作为电视媒体的公共性对电视经济节目的要求。我们知道,基于电视媒介传播的公开性和内容的多样、多元性,它一向都属于公共性媒介。所谓公共性,就是它拥有服务社会大众、推进社会发展、提升社会道德、整合社会文化、形成文化共识等功能。这意味着,具有公共性的电视媒介,必须服务于社会大众。新媒体则不然,其点对点传播的形式,以及传播者身份的复杂性、多元性,决定了它难以拥有公共性;而且,这类自媒体的大规模涌现,不仅会导致对公共性媒体的挤压,使公共媒体的生存空间越来越小,而且,越是如此,整个社会越要求公共性媒体应最大限度地发挥作用。从这个意义上说,新媒体环境下电视经济节目更应该发挥自己公共媒体的作用,竭力避免视野萎缩,在遵循电视经济节目的场域逻辑的前提下,尽可能走大众化之路,这样才能真正发挥公共媒体的作用。

结　语

　　电视经济节目或者电视财经节目在诸多电视节目类型中,是一种既复杂多变,又高度模式化的节目类型。统观整个发展历程,它其实是在一次次的挑战、机遇、突围中走到今天的,挑战、机遇、突围其实就是它的发展模式。本研究力图捕捉、把握其历次变化背后的基本规律,发现引发这种多变性、复杂性的根本原因,从而接近、触摸到这种节目类型的本质,揭示其发展变化的基本逻辑、机理,勾画我国经济节目的全貌。研究通过对电视经济节目发展历程的历时性考察和横向比较,阐明、揭示了如下问题:

　　第一,我国电视经济节目发展过程中所做的一切探索,归根到底是由这两个方面决定的:一是题材的特殊性,二是其所选择的大众传播渠道,二者结合加剧了经济信息传播的复杂性,迫使经济节目不得不在内涵和外延上做出更多、更广泛的探索。从根本上说,经济节目的探索,是在反映经济活动自身发展动向的同时,为了适应电视媒介的生存需要,在不断变换的媒介环境和经济形势下,所做的一次次突围。

　　一般而言,内容决定形式,不同类型的信息,必然会有自己不同的表达方式,正如政治新闻不应过度流连于细节,证券报道离不开图表一样。经济题材专业性强的特点,决定了它既要遵循一般信息报道的原则,同时又要有自己的特殊性。而在大众传播框架下,这种特殊性主要是大众传播平台提出的要求。大众传媒要求经济信息传播必须在保留经济话语特点的基础上,保证能够最大化地到达"大众",因此,"通俗化"对于经济信息的大众传播,较任何其他信息都更为重要。但是,就电视经济节目的具体实践看,显然它面对的不只是信息表达的通俗化问题,它还进行了节目形态的不断开发,让一些经济活动以电视特有的方式呈现出来,如《梦想下一站》《创业英雄汇》等;还有就是将非经济问题通过经济视角解读,使之具有经济属性等。这显然意味着电视经济节目发展过程中所做的一切努力,所做的各种各样的变革、尝试,不仅仅是为了反映典型的经济活动,为了满足那些需要经济信息的特定人群,而是要竭力获得更多的"电视观众"。这也是我国电视经济节目一直都存在的一个重要矛盾点。

我国电视经济节目之所以始终面临这个问题,归根到底是由我国电视经济节目现有的大众传播机制决定的,而这种运行机制又是历史的必然。我们知道,经济活动本身的规定性决定了它原本就该是一种对象非常明确的、甚至应该是订制性的服务信息,应该是面对从事各种经济活动的人群的。而它之所以能够登陆大众传媒或者说由专门的开路电视频道传播,就我国电视经济节目的发展来看,首先是因为中国经济建设需要一个宣传阵地,用以解读经济政策,宣传经济发展成就,传播供求信息,而不是因为许多受众有这种需求;其次,在互联网问世之前,电视媒体是传播速度最快、和自然时间同步的伴随式新媒体,它必然会成为各种类型信息传播的媒介,包括经济信息。然而,经济信息固然可以借助电视媒体传播,但是,它其实并不适合和其他大众频道竞争,因为经济问题的专业性,以及经济节目的受众规模决定了它难以和普通新闻及娱乐节目竞争。因此,早在21世纪初,孙玉胜就指出了我国电视频道执着于走大众化之路的症结,就是免费开路频道、单一广告盈利模式使然。盈利模式决定着内容走向,而我国电视经济频道几乎走的都是开路免费频道,采用的都是单一广告盈利模式。这种情境下,电视经济节目必然要突破经济题材的局限性,在经济与非经济的边缘游走,使简单问题复杂化。因此,电视经济节目的存在与发展方式,归根到底取决于电视经济频道的性质与运行方式。在现有框架内,这些问题将永远存在。

第二,打破了具体的节目分类,从整体上揭示了包括资讯类、谈话类、评论类在内的以提供信息、观点、服务为主的电视经济节目在表达方式上的共同规律,或者说决定其接受度和影响力的关键要素,那就是"选题"和观点提供者即"专家"的选择。二者是支撑财经资讯类节目不可或缺的要素。因为在数字技术运用的鸿沟逐渐消失,各种电视表现手段已经不再成为障碍的时候,电视经济节目的竞争其实主要集中在内容而不是技术手段上,而内容的构成要素则主要是选题和要发表观点的专家。至于新的节目形态开发,则是一个完全开放的空间,但也不乏规律。它不再是经济内容 + 娱乐形式,而是经济服务 + 娱乐形式。这是两个截然不同的结构方式。前者的目的是用娱乐形式来软化经济内容;后者则通过寻找经济活动中的服务领域,与娱乐节目形态或者娱乐要素相结合,通过电视表现方式打造成一种电视化的经济活动服务方式。服务领域的开拓成为节目形态开发的有效路径。

第三,对电视经济节目未来发展的考察,不仅放置在新媒体背景下、全媒体系统中,而且兼顾了电视经济节目的历史发展经验,从历史承继和现实境遇两个视角,客观、理性地分析了它在新媒介环境中的优劣势,从内容层面提出了比较切合实际的发展观念和策略。

第四,对电视经济节目历史面貌、电视经济频道的发展进程所做的梳理、分析,对于进一步研究我国电视经济节目发展史,更深入地理解我国电视媒体的发展与政治文化之间的关系,具有一种拓展思路的作用。

本研究也存在需要进一步研究的问题:其一,宏观研究多,微观观照不够。本研究过于看重对宏观层面电视经济节目的共同规律的揭示,虽然也分析、提炼了不同历史阶段电视经济节目的整体差异,但对不同类型的电视经济节目的特点缺乏专门的研究,使"电视经济节目"研究显得比较笼统。其二,典型节目研究不够突出。本研究虽然不乏对典型节目的文本分析和内容研究,但这些研究都分散在各种宏观研究中,未能充分凸显其研究价值。比如对《交易时间》《市场零距离》《天下财经》《证券直播室》四档证券类节目的对比分析;比如以《对话》《央视财经评论》为例对谈话类、评论类节目做的问卷调查;比如对《对话》和《头脑风暴》的选题分析,对《创业英雄汇》等的文本分析等,都未能充分开掘、利用。最后,历史梳理、现状研究和策略分析分量不够均衡,历史研究比较翔实、具体,对当下的研究显得比较笼统。这一方面有"身在此山中"难识"真面目"之故,另一方面则是不够立体的知识结构限制了深入的认识和开掘。

参考文献

[1]大卫·麦克奎恩:《理解电视》,华夏出版社,2003年。

[2]党耀辉:《传媒经济学:发展与未来》,复旦大学出版社,2016年。

[3]杭敏:《国际财经媒体发展研究》,中国财政经济出版社,2016年。

[4]贺宛男:《财经报道概论》,复旦大学出版社,2009年第2版。

[5]居伊·德波:《景观社会》,王昭凤译,南京大学出版社,2007年。

[6]雷蔚真:《名牌栏目的策略与衍变——〈经济半小时〉透析报告》,中国人民大学出版社,2005年。

[7]梁小民:《经济学是什么》,北京大学出版社,2001年。

[8]刘习良:《中国电视史》,中国广播电视出版社,2007年。

[9]皮埃尔·布尔迪厄、华康德:《实践与反思:反思社会学导引》李猛、李康/译,中央编译出版社,1998年。

[10]沈毅:《中国经济新闻史》,北京大学出版社,2008年。

[11]孙宝国:《电视节目形态学》,新华出版社,2009年。

[12]孙凤毅:《电视经济新闻》,金盾出版社,2007年。

[13]赵化勇:《中央电视台发展史》,中国广播电视出版社,2008年。

[14]赵化勇:《中央电视台品牌战略》,中国广播电视出版社,2008年。

[15]赵月枝:《传播与社会:政治经济与文化分析》,中国传媒大学出版社,2011年。

[16]《中国广播电视年鉴》,北京广播学院出版社,1988年。

[17]庄瑞峰:《财经新闻道:对话美国顶尖财经媒体高层》,南方日报出版社,2008年。

[18]程群:《宏大叙事的缺失与复归》,《史学理论研究》2005年第1期。

[19]董华峰、李怡:《大型电视纪录片与央视财经频道品牌建设》,《兰州大学学报》2013年第5期。

[20]国家新闻出版广电总局发展研究中心:《第一财经产业价值链研究报告》。

[21]韩松:《关于电视台办二套"经济台"的思考》,《视听界》1995年第2期。

[22]胡智锋、顾亚奇:《以何为本 以何称王——从央视经济频道改版谈电视频道的生存与发展》,《现代传播》2005年第6期。

[23]毛德松:《当代"国际经济政治化"简析》,《世界政治与经济》1998年第10期。

[24]裴玉章:《面向群众,改进电视经济新闻报道》,《北京广播学院学报》1980年第3期。

[25]秦晖:《"宏大叙事"与"祛魅"——辛亥革命与保路运动的若干解析》,《南方周末》2011年9月15日。

[26]邱国景:《海派经济学》2014年第12卷第3期。

[27]任晓润、余承璞、顾晓燕、毛永晖:《国内外电视财经类节目纵览》,《视听界》2008年第1期。

[28]汪文斌、李幸:《"大众化"与"新形态"》(上),《现代传播》2002年第1期。

[29]王黑特、王希子:《中国电视节目类型体现探析》,《中国电视》2011年第6期。

[30]王萌:《央视〈经济半小时〉节目与社会经济的互动影响》,《中国电视》2007年第10期。

[31]杨保达:《第一财经"全媒体战略"的10年问题考察(2004—2013)》,《新闻大学》2013年第2期。

[32]杨晖:《电视精英谈话节目的影响力与受众分析——2005年中国电视精英谈话节目影响力调查分析报告》,《现代传播》2006年第1期。

[33]《中央电视台收视率排行榜》,《电视研究》1994—1996年。

[34]周根红:《美国彭博财经频道的运作理念与品牌战略》,《中国记者》2011年第2期。

[35]朱继峰:《电视新闻改革中的几个问题》,《北京广播学院学报》1983年第4期。

[36]艾瑞:《2018年中国财经新媒体行业洞察报告》,2018年3月26日,http://fund.jrj.com.cn/2018/03/26133024298679.shtml。

[37]张翼:《"移动新媒体元年"将开启》,人民网,2012年12月20日,http://media.people.com.cn/n/2012/1220/c40733-19958289.html。

附 录

附录1 2018年我国经济频道一览表

电视台	频道呼号
中央电视台	央视财经频道
北京电视台	北京财经频道
江西电视台	江西经济生活
宁夏电视台	宁夏经济频道
河北电视台	河北经济频道
辽宁电视台	辽宁经济频道
浙江电视台	浙江经视频道
新疆电视台	新疆汉语经济
新疆电视台	新疆维语经济
山西电视台	山西经济资讯
安徽电视台	安徽经济生活频道
湖北电视台	湖北经济频道
湖南电视台	湖南经视
重庆电视台	新财经
甘肃电视台	甘肃经济频道
内蒙古电视台	内蒙古经济生活频道
上海电视台	第一财经
福建电视台	福建经济频道
四川电视台	四川经济频道
青海电视台	青海经济生活
深圳电视台	深视财经生活频道
上海东方电视台	第一财经频道

附录2 1987年3月2日—3月9日一周节目表

星期一		星期二		星期三		星期四		星期五		星期六		星期日	
9：40	故事片	9：40	电视剧	9：40	故事片	9：40	电视剧	9：40	日本故事片	9：40	电视剧	9：40	日本故事片
11：20	百花园	11：10	周末文艺	11：25	实况录像：围棋比赛	11：15	戏曲欣赏	11：15	体坛纵横	11：04	百花园	11：58	人口与计划生育
12：10	婴幼儿教育	12：07	婴幼儿教育	14：00	农业教育与科技	11：52	科教片	12：15	婴幼儿教育	11：54	纪录片：中国妇女	12：13	美术片
14：00	星火科技	12：33	科教片	14：30	电视剧	12：12	计算机科技电视讲座	14：00	星火科技	12：11	婴幼儿教育	14：00	农业教育与科技
14：30	九州方圆	18：30	农业教育与科技	15：20	京剧	14：00	农业教育与科技	14：30	电视剧	14：00	农业教育与科技	14：30	电视剧
16：20	美术片	19：00	少儿节目	17：38	美术片	14：30	电视剧	16：00	故事片	14：30	实验英语教法讲座	15：24	故事片
17：35	人民子弟兵	19：20	电视剧	17：53	请您欣赏	16：01	外国故事片	17：25	世界体育	15：20	法语入门	16：51	科技之春：首都科技界联欢会

续表

星期一		星期二		星期三		星期四		星期五		星期六		星期日	
17：55	请您欣赏	20：45	世界体育	18：30	星火科技	17：26	世界体育	17：40	美术片	15：45	星期日日语	18：21	瑜伽
18：30	农业教育与科技	21：30	经济博览	19：00	交响乐之春大音乐会	17：41	美术片	17：55	请您欣赏	16：25	学日语	18：51	美术片
19：00	美术片	21：40	动物世界	21：30	世界经济窗口	17：56	请您欣赏	18：30	农业教育与科技	16：50	星期日英语	19：00	少儿节目
19：15	电视剧	22：00	结束	21：40	世界各地	18：30	农业教育与科技	19：00	现场直播合球大赛	17：40	美术片	19：30	电视剧
20：45	世界体育			21：55	结束	19：00	现场直播	21：30	企业家园地	17：55	请您欣赏	20：47	世界体育
21：30	经济纵横					21：30	科技与效益	21：40	外国文艺	18：30	星火科技	21：30	消费者之友
21：40	体育之窗					21：40	文化生活	22：02	结束	19：00	现场直播：合球大赛	21：40	电视剧
21：55	结束					21：55	结束			21：30	经济发布会	23：32	结束
										21：40	今日世界		
										21：55	结束		

附录 3　浙江经视访谈记录

访谈时间：2012 年 8 月 26 日
访谈地点：浙江经视会议室
访谈对象：浙江经视副总监孙剑忠、制片人陈欣

课题组：请给我们梳理一下整个频道的发展历程，以及各阶段改版的特点。

孙剑忠：浙江经视到今年正好是第 10 年。浙江电视系统 10 年前是由三部分组成的：一个是老的浙江经视电视台；浙江教育台；一个是有线台，它的下面设有三个频道，经济生活频道就是其中之一。10 年前搞了个三台合一，使得每一个频道对应一个浙江台。我们 2000 年 12 月成立了集团，所有的台都以频道制的形式出现，直接对应浙江广电集团。

成为集团一员后，到现在为止我们形成了五大集群。我们跟第一财经走的是不同的道路，他们是专业财经的道路，我们提出要做"品质频道"，所以我们节目范围更宽泛。比如我们的新闻集群，有若干新闻节目，我们主打的是《经视新闻》，它走的是公共新闻的道路。

课题组：从南京开始大家走的都是民生新闻，你们现在走公共新闻的路子？

孙剑忠：这个"公共新闻"与来自美国的概念还是不同，我们提出两句话：时政新闻民生化、民生新闻公共化。当时集团的新闻节目的结构是，浙江卫视的新闻以时政新闻为主，也基本上是垄断的；其他的频道基本上走的是民生新闻；我们走的是中间路线。

虽然没有时政新闻的资源，但是我们还是保持比较高的关注度，从民生角度去关注，我们比浙江卫视好的是，它们是规定动作，我们相对要活一些，新闻性拎得比较轻。我们报道会议程序上的东西比较少，枝枝蔓蔓的少一些，比如两会我们不会关注具体的议程，而是将重点放在老百姓关注的话题上，用不同的视角解读。

《哈罗　忙呢》名称译自《HELLO MONEY》，"你好！财富"。这是浙江经视2010 年推出的一档财经大白话节目。栏目着眼于财经信息整合，打破不同媒体间隔，从海量的财经信息中提炼出最有价值的内容、观点进行解读、剖析，让受众获得当天发生的财经热点、亮点、焦点等最新的资讯和专业的解读。栏目同时摆脱当前财经节目过于精、过于专的束缚，拉近受众距离，使其变成一档轻松、诙谐的财经新闻脱口秀节目。

主持人茅莹,具有近10年的财经节目主持和财经人物采访经验,现场灵活、善于控制,同时对经济现象理解深刻,把握娴熟。主持人项勇,浙江电台城市之声著名节目主持人,语言诙谐,个性鲜明,现场感强。

这种用财经大白话方式向观众传递财经信息的节目,目前是省内财经节目的首创。

宣传部门对于民生新闻的意见是,它比较大众化、碎片化。一位部长将其概括为"三鸡新闻"——鸡飞狗跳、鸡毛蒜皮、鸡零狗碎,也称"三鸡性",就是指碎片化、零碎化的特点。我们的新闻也有比较高品质的内容,属于民生类的。我们的新闻节目在内容构成上有四分之一是经济类,二分之一是民生类,还有其他的一些。我们这个类型报道优势比较突出,从来都强调不仅仅是展示,民生新闻最大的问题是展示——展示过程、现象、场域和冲突。

我们最好的方面是评论非常强。我们跟别的频道差异化竞争,最强的就是新闻评论节目——《新闻深呼吸》。它是去年1月成立的,这个节目也是挺折腾的,话题比较宽泛。这个节目保持了一种善意、理性,富有建设性,不是拍桌子骂人。我们也有冠上评论的帽子,但是表情丰富、肢体语言比较多、表演性很强的那种。在这个节目中我们保持一种理性、客观,稍加评论,不中庸,观点很鲜明,有时候它的立场和官方的立场会有一些细微的冲突。

同时这个评论环节我们是要全覆盖的,在主打的《经视新闻》栏目中,除了具体的栏目叫作经视评论外,在编排这些新闻的时候,在导语、编后,我们会把一些观点、想法,或者我们善意的一些提醒放到里面去,这是我们跟其他节目最大的不同。别的频道也知道我们这个特点,也想学,但是它永远追不上。

我们希望大家看经视新闻的时候能够产生思想,我们也有专门的《经视评论》。不仅如此,我们每一条新闻后面都有评论,或者说都有评论色彩。我们强调新闻从拍的时候就要有想法,这个观点可能与新闻本身的要义有冲突。我们认为没有绝对客观的报道,我们报道的时候就要有想法,或者说在现场发现的时候就要产生想法、有立场。报道车祸有很多种,我们和别人不同的地方,就是抓住它的典型性,并且由此及彼,告诉一些其他的东西。10年来我们一直坚持朝着这个方向努力,在编辑、整合这个方面,《经视新闻》是我们浙江广电视集团里最强的。

我们的新闻跟第一财经最大的不同是,它们走专业财经的路子,我们走的是公共新闻。当然我们也考虑到受众层面的问题,CNBC的受众面永远是5%,受众占有率今年是5%,明年还是5%,我们走的是Fox新闻,我们还是追求市场占有率的,但是我们不是用民生新闻去占有市场,而是用所谓意见领袖的路子去占有市场,通过话语权的争夺来占有市场。

现在的美国是 Fox 一家独大,去年是 42% 的占有率,今年滑到第三位 19%,CNBC 永远是 5% ,第一财经也是如此,在上海市场上,它所有的节目几乎都在底下。我们不希望我们的节目仅仅抓住这 5% ,我们跟他们的路子完全不同。他们有他们的好处,如果你喜欢经济,关心财经,任何时候点进去都可以收看。而我们是在大的范围里往经济方面靠,用财经的眼光来关注各个层面的问题。

总的来说,我们第一个集群包括《经视新闻》《给你说法》《新闻深呼吸》,再加上一个小的资讯节目。

《新闻深呼吸》以评论见长,《给你说法》也是这样,做的题材是"三鸡性"的题材,就是家长里短的东西,但是我们在其中设置了说法的环节,每期节目里有三个说法的专家,通过他们引导,把所谓"三鸡性"的东西变为权威的说法。正是这种引导,使得我们的节目跟其他同类型的节目不同。

我们第二大的集群就是财经类节目,比如《证券直播室》,也是我们经济生活频道开播以来的老栏目,已经 10 年了,《经视新闻》不止 10 年。

《证券直播室》跟第一财经那些证券类的栏目没有太大的差别,在浙江观众群里,我们跟浙江卫视的《今日证券》就是非此即彼的关系。我们跟他们相比,它只有晚间一档,从 15 分钟到 30 分钟,后来扩版到 1 小时,现在又缩版到半小时。我们现在是白天四档,正点播出,晚上一档。我们在编排上有一个难题,下午的时间被好易购占据了。好易购是经济生活频道生出来的,我们频道总监创建的,虽然它现在是集团下面的独立频道,但它是从这里诞生出来的,结果我们下午的时间被它占据,一点办法也没有,所以证券节目的下午时间缺失。虽然我们用了一些办法,在好易购播出时间用滚动条来弥补,还是有缺憾,不完整。我们上午 9 点、10 点、11 点、12 点四个时间,各一档节目,下午是 5∶30—6∶30,前面 10 分钟是期货,后面 50 分钟是证券,合起来叫《证券直播室》。

2009 年我们新创了两个节目《新闻深呼吸》和《经视看地产》。

财经节目,在晚间除了《证券节目直播室》,晚间还有《HELLO MONEY》,在 10 点钟与《新闻深呼吸》一前一后。我们把《HELLO MONEY》定位为"财经大白话",把每天和财经有关或者可以引发出财经的东西整合到一块。它的方式跟《新闻深呼吸》不一样,《新闻深呼吸》是比较正统的——正说,它是谐说,是嬉笑怒骂都有的这样一种解构方式,每期半个小时。

11 点到 12 点,一个是去年创办的《经视看地产》,一个是《理财大赢家》。前者是我们省做地产节目的第一家,它目前的状况不是很稳定,制片人的一些想法很难定位。原来的想法也要做评论,现在资讯比较多。原来是每天两三个嘉宾跟主持人一起,每天会看盘、读盘,比如叫深度开讲,现在就是做实验性的东西,很难界定,有一点服务性的,资料类的也有,不是很明晰。这个节目也不是最被重视的,但是在业界有一定影响,目前也不是唯一的了,别的频道也有一些装修、家居的节目。

《理财大赢家》还是要维持,因为它的专业性太强了,主要是金融产品、理财方式,受众面比较窄,看看再说。它现在每天介绍一种理财产品,因为它给我们带来效益,所以还是要保留。

我们节目的结构在网站上也查得到。经视6点半到8点半一直就是电视剧,电视剧也很强,每年都有好几部,选择跟我们频道定位相呼应的电视剧,大众路线,一般来说,不会播低品质的电视剧,电视剧品质维护得很不错。

下面就是8点半到11点半三个小时,应该说是浙江经视的核心时段,也是非常被业界肯定的,8点半到9点25分《经视新闻》,9点25分《经视说法》,然后10点开始《HELLO MONEY》、10点半《新闻深呼吸》、11点《理财大赢家》。这样的结构有几个特点,我们从10点开始就进入了评论时段。我们今年上了《HELLO MONEY》,去年上了《新闻深呼吸》,两个栏目共同产生了一个评论时段,这是别的频道不敢碰的,大家都知道专家一发言,收视率都往下掉。但是我们经过培育之后,没有这个问题。原来10点的时候,我们是《证券晚间版》,上了《HELLO MON-EY》之后,我们是有压力的,但是收视率比去年同时段涨了40%。《新闻深呼吸》的市场更好,它是不可替代品。它的评论员就是我们新闻中心主任,他是大学教授出身,英语八级,爱看《纽约时报》之类的,所以他的视野比较宽,想法相对比较独特,但不是一条道走到黑,还是照顾到上上下下,现在各个方面都很好。一个厅长夫人爱看这个节目,夫人向厅长推荐,厅长也爱看了。还有我们宣传部的领导,也很喜欢看这个节目,他的秘书也喜欢看。

评论性的节目不能太平,太平了老百姓不爱看;也不能太歪,偏离主流价值观,必须是善意和有建设性的。我们新闻中心主任舒中胜的普通话不是很好,但是他本人作为评论员,有思考有观点,每天都要看稿子,材料都是自己弄,我们鼓励他上。

他就是一个非常简单、纯粹的人,但是有很多人就这样爱上他了。做这个节目很辛苦,我们去年是一周五档,星期六、日他还能喘口气。今年我们要做强做大,没有休息日。

我们做的事儿是反传统的,传统都是俊男美女。这个方面要慢慢适应,不是一个舒中胜成功了,再来一个也能成功。他现在在同时段杭州市网的收视率排第一,这确实不容易,去年平均收视率不到1.5,今年基本上翻了一倍,平均也有2.7—2.8。

也就是说,我们的栏目是一浪高过一浪,一般而言,后面这个浪是很难起来的,但是我们到了10点半还能拉起这么一个大浪来,还是非常不错的。各方面评价、美誉度、创收等都很好。上次集团领导来调研我们这个节目,问我们投入产出,实话实说后他们很吃惊:"啊!投入这么少,产出这么多?"我们跟他说,这个节目是不可复制的,换个人可能就不行了,个人色彩非常鲜明。

Fox的特点就是这样,每一个时段就是一个人,靠个人的特点来支撑。可能之前我们向凤凰学习,凤凰是向Fox学习的,那我们还不如直接向Fox学习。我们现在还没有条件,希望以后可以网罗到这样的人才,或者从内部培育出这样的人才。网罗和培育还是不一样,因为自己的人永远跑不掉,外部的人网罗得再好,最后还是外面的人。所以,我们现在注重从内部挖掘,还是很有潜力的,再配上合适的节目。总之我们的方向是十分明确的,这是一个增长点。

前段时间,记协办了一个研讨会,我代表经视介绍经验,所有的课题组都不相信,或者说不敢相信,评论的收视率这么好吗?我说就是这么高,我们有各种收视数据,不仅仅是索福瑞的数据,还有其他辅助的数据。

应该说,这个节目各个方面都上去了,以前白岩松、杨锦麟来经视,我们还有些胆怯,气场不如人家。去年我们《风云浙商》的典礼由白岩松来主持,舒中胜做点评,他比白岩松的地位还要高,我们就让他这么做直播的,最后的结果非常好。对他来说也确实有压力,这两年他从评论的角度闯出一条路子。

我们第二栏目《HELLO MONEY》也在往这个方向走,资源相对弱一些。《风云浙商》的主持人来做《HELLO MONEY》的主持人。我们配备了很强的编辑班子,话题的质量还是挺高的,但节目核心是主持人。这个栏目一开始起点很高。

《新闻深呼吸》去年上半年还很困难,差点给毙了,收视也不理想,话题很容易闯祸。而《HELLO MONEY》一开始收视数据就是40%,但现在是滞胀阶段,这种节目本来随着主持人的美誉度、吸附率提高,它的粉丝会越来越多,过了半年或者最多一年,会爆发性增长,但是目前并没有这样。它的核心资源还是不够,虽然主持人提高很多,而且开始自己写话题,编辑再帮她,但是她的想法不主流,宏大叙事少一些,缺乏宏观思考。我们昨天开会说,索性就选择女性视角,从女性视角谈财经,但谈的问题应该是热点,只谈证券、金融产品是不行的,那不如找个财经作家来做,他们做的节目,从专业角度来看是需要的,放到我们这个栏目还是脱节的,就会出现专家一说话,收视率就掉的情况。

我们善于走更加个性化特色的路子。这个栏目现在有一个男主播,以后男主播会撤下来,做得更女性化一些,更突出个人特点。这个很难,但我相信每个人都会找到自己的粉丝群,即使最后收视率没有提高,但是换了一批受众,节目的目的就达到了。

课题组:整个经视频道在全集团的收视贡献怎么样?

孙剑忠:可以说我们卫视一家独大,它的创收是 12 个亿,能做到 14 亿多。专业频道主要是 6 家,一共是 8 家,今年我们排第二。在创收方面,第一位的是浙江教育科技,已经做了很多年的地面频道的老大了,过去的老二是影视频道,经视应该算是小弟弟,还排在钱江都市后面,第四的样子。经过整合,我们节目的收视数据得到全面提升,去年就是《新闻深呼吸》《经视地产》把 10 点半、11 点的收视率提上来了。《给你说法》由程程主持,之前《王春说法》的收视率是 2,程程来做了以后,收视涨了一倍,把我们 9 点半到 10 点、10 点到 10 点半的节目的收视率全面地拉上去了。

课题组:《给你说法》算哪个集群呢?

孙剑忠:算新闻集群。《给你说法》有传统的,经视对这个节目还是改变了很多。以前是《王春说法》,它的前身是《沟通故事会》,再往前是《给你说法》,我们前年回到《给你说法》,但是节目形态有变化。过去是投诉类,展示一个小投诉,一个节目有三个投诉,是新闻的延续。本来是新闻的一部分,后来觉得这部分不错,就独立出来。因为这些投诉类的东西往往跟法律有关,所以往法律方面靠。一步步走过来,又觉得这个节目很轻,很细碎、干涩,不生动,后来就改为每一期会有一个单列的点,都很简单,但是会跟观众产生共鸣,比如说夫妻吵架、财产分割。很清晰,我们向你说明,给你点拨,这个节目从来没有遇到观众投诉或者被领导批评的情况,评价内容一直不错。

说实话,节目也有猎奇的部分,也有冲突的内容,就是因为我们告诉你怎么聪明地解决生活中的一些烦恼,给你说法,帮你理清一个思路,所以到目前为止,这个节目的收视率还是不错的,对我们今年的收视率贡献很大。总的来说,从《经视新闻》开始,整个收视数据都在全面提升。《经视新闻》也有 30%—40% 的提升,也是通过编排方式的变化来提升收视。《HELLO MONEY》是 40%,《新闻深呼吸》是 80%—90%。同样,我们广告的提升幅度也比较大,今年浙江卫视提升了 90%,我们是第二位,提升了 30% 多,上半年我们是 9200 万元,全年我们要完成 1.9 个亿,去年我们是 1.5 个亿,大概是这个状况。以前几个频道的广告是并驾齐驱的,经视、影视、钱江都差不多,与教育这个大哥差距就有几千万,今年我们跟教育的差距缩小了。

课题组:为什么教育广告额这么高?

杨主任:教育是三个频道,包括教育主频道,一个是公益频道,不追求创收,还有一个是不挣钱的留学频道。它等于是一拖三,但是主要还是靠教育频道,数字电视不太景气。

浙江华数也有我们的股份,数字频道浙江算做得好的。在创收方面,我们算是一个典型,总台不断地用我们来刺激其他频道,今年,鼓励我们冲击 2 亿,但是我们还是要为明年留点力。其他频道做到 1.5 个亿用了 70—80 分钟的广告时段,影视频道用了 80 分钟,我们晚间的黄金时段广告时间就是 50 多分钟。

广告这部分,我们都是由频道单独来操作。

我们的自主性很强,但是上交也很多,超过 50% 的广告收入要上交集团。平常的运作经费是频道自主的,我们频道的经费还是很节约的,《HELLO MONEY》和《新闻深呼吸》都是低成本运作。这两个节目的创收都很好,《HELLO MONEY》收视还不是很突出,但是它创收不错,也是一个特点。

课题组:您刚才说的五大集群,还有什么?

孙剑忠:主要是《程程访问》《风云浙商》这两个栏目,都是周末的节目。《程程访问》是我们集团的第三个品牌培育栏目,我们的品牌培育栏目应该算是最多的,除了浙江卫视。《程程访问》今年是第三年,《风云浙商》差不多十年。

课题组:《风云浙商》是一个年度活动,对吗?

孙剑忠:我们是栏目和活动结合。它是一个日常的周末栏目,在它的基础上,每年的 1、2 月份我们搞一个活动。是同一批人在做,希望栏目和活动能够呼应,但是目前来说,还是各做各的。在我们频道这两个栏目是做得比较成熟的,美誉度比较高。

《程程访问》个人色彩比较明显,从全国范围来说,有点像杨澜、鲁豫,但是在省内是唯一的高端访谈节目,所以我们把它放在晚上 10 点的时段,从受众面来说,除非改版增加娱乐色彩,否则收视率是比较吃力的,但这个节目还不错,收视率蛮好。

《风云浙商》的收视率就比较吃力了,它本来可以做成《波士堂》一样的节目,《波士堂》投入比较大,但《风云浙商》就是一个低成本的栏目。我们过去的观念就是低成本,《程程访问》《风云浙商》《HELLO MONEY》《新闻深呼吸》全都是低成本的节目。《给你说法》虽然是演播室的一个情节性的节目,投入相对会高一点,总的来说也不高,我们一年的节目,差不多够卫视做一期节目。我觉得最主要是看你的性价比,《新闻深呼吸》的性价比就非常高,收益是 1000 多万,但投入不超过 30 万,所以非常高。

课题组:这次我们做得比较宏观,如果后面有一些跟进研究的话,它作为个案研究是比较典型的。

孙剑忠:以后我们会召开《新闻深呼吸》的研讨会,你们如果有兴趣的话可以来。

此外,我们第四块核心就是《风云浙商》颁奖活动,每年一次。还有一个是我们集团每年推的观众节,其中有一个部分叫作《观众嘉年华》,也是我们频道来办。一次露天活动要吸引15万到20万的观众来参加,难度确实很大。

《风云浙商》颁奖典礼已经办了七年,有几年也会变化一下,增加"荣誉浙商""新锐浙商"这些,总的来说不变的就是"十大浙商"。因为这个已经是集团的品牌活动了,是三大品牌活动之一。不仅电视播出得到了认可,甚至我们的整个操作流程,他们看了以后评价非常好,直接带来效益,有一些商务活动让我们去操办,他们觉得从操办到布置,再到整个会场,感觉很好、很舒适,像个专业的公关公司的作品。

课题组:就像是央视二套的经济年度人物评选。

孙剑忠:我们这个跟他们是没有交集的。过去有过交集,现在二套很怪异,跟报纸搞一个联盟,也可能是他们的一张牌吧。

以前我们有些活动如"秀色江南""汽车嘉年华""劳动光荣",有赞助商我们就做。除了《风云浙商》是集团提供资金我们来做,其他都是有人提供资金我们才做。我们至少要不亏。最新的浙江商务厅委托我们打造的商务周马上就要做了,他们觉得找本地的公关公司做不到这个水平。关键是我们给他们操作是低成本,比公关公司要低很多。

课题组:公关公司是不是缺少播出平台?

孙剑忠:是的,我们宣传之类的都会跟上。主要问题是我们的人都有日常的节目要做,而这种大型活动又需要大量人力,但是还好,活动做的时候需要几十人、上百人,做之前有三四个人就可以了。

这些就是我们现在的节目构成。

我们这十年换过很多频道总监。曾经有一个频道总监的一句话已经变成名言了——"坚持比创新更重要",我们就是在坚持的基础上创新,我们创新的基础还是坚持。如果我们做民生、做娱乐,会更轻松,很快就可以做到更大的市场。

我们的栏目构成也没有很大改变。

我们跟第一财经的坚持不一样,他们是坚持专业,我们是坚持品质,用品质去替代专业,因为专业就是直接把受众面拉窄了。

课题组:我们也看到一些资料,浙江经视在前几年曾经想走财经专业的路子,有过一次调整。

孙剑忠:刚开始是证券节目铺得比较开,后来觉得不需要那么大的密度。会跟着牛市和熊市走,因为牛市的时候,证券类节目会提升70%—80%,如果进入牛市的时候,我们去扩版,证券类节目去抢市场,熊市的时候它的收视率就"唰"的一下子掉下去了,很多人会三个月、六个月都不碰股票账户的时候,就没有必要了,我们可能会根据市场来调整,没有一定之规。如果我们要扩版,把电视剧压缩一下就出来了,晚间就把《HELLO MONEY》直接砍了,做证券类的节目。

之前的那些改版,我不是很了解。最近两年,10点半到11点半这一个小时做了一个改版,《经视新闻》本身是做了几次改版的,时长没有这么长,本来是30分钟,后来压缩到25分钟,然后又到1小时,后来又到了55分钟,但是《经视新闻》的理念没有改变。

当时只不过是说法有些不同,没有引进公共新闻的概念,这个是我们现在的徐总于2004年提出的,写过一篇论文。

我们一直没有走民生新闻的路线,因为我们集团里的教育台有一个《小强热线》,等于他把低端做到极致了,卫视把高端这块儿做到极致了。当时我们原来的新闻部主任就写过一篇论文,"放开两厢,坚持中间",2000年左右就要求我们坚持走这个路子。现在看来,反而是好的,现在省里的好多部门要求我们跟卫视一起参加,因为他们觉得卫视主要关注的是领导人,它真正要表达的东西是要通过其他的频道。但是,其他频道会把它解读到哪里去?可能会不靠谱,更加民生了。因为我们做政策解读比较专业,又可以省去很多的程序,所以省委省政府很重视我们,要求我们参加。因为我们的表达有公信力,主持人又很大气,不是走小家碧玉这个路线的。播报的速度非常快,都在300字以上,冲击力很强。

课题组:从上到下都在谈论制播分离,你们这边有没有措施?

孙剑忠:我们自制主要的新闻节目,比如说评论节目,另外一些类型化的节目,也有制作公司提供的,晚间我们除了自制的《程程访问》《风云浙商》,高端节目《郎咸平说》《任义行》,都是制作公司提供的。

还有一些是很专业,但是很小众化的,比如高尔夫、汽车节目,都是由外面的公司制作好,我们在周末的非黄金时段播出。我们现在先埋一个种子在那里,目前这个时段它很小众,但是不能排除在未来的某个时段,某样东西突然之间长成为一棵参天大树。比如,楼市的节目,五年之前我们想不到会把楼市节目培养成一个主要品种。这跟社会背景、关注度很有关系。还有现在汽车的关注度就在往上走,但是还没有达到楼市的程度。

课题组:你们是通过资金交易,还是广告置换?

孙剑忠:合办节目我们是不花钱的,给他广告时间。分工就是这样,我管自己的节目,外购节目由分管营销的副总监负责。

虽然不是我们的节目,审片还是很严格的。比如《郎咸平说》这个节目,退回去不少。他们公司操作跟我们的尺度不太一样。我们会把一些集团的或宣传部的要求发给他们。

我们去年改了一次版，今年改了一次，明年还会有第三次，我们昨天开会就是为这次改版做铺垫，我们要做到强者恒强，比如《新闻深呼吸》，很明显在同时段的竞争力很强，我们不可能看着这块资源一直让它保持原样，肯定会让它更强。

课题组：这种改版是大刀阔斧式的，还是调整？

孙剑忠：是调整，我们每次都是调整。我们去年把 10 点半到 11 点半进行了调整，效果很好。反过头去就发现，10 点和 9 点半这两个节目太弱了。今年我们改版的重点就是 9 点半到 10 点，《给你说法》和原来的《证券晚间》进行改版，这两个节目跟原来的两个节目完全没有关系，完全是新节目，但是我们改版的思路还是延续的。原来《给你说法》虽然是投诉类的，但是还有法制的味道，我们保留了法制味道，但改为更大众化的节目。

财经类的内容覆盖原来证券类的内容，应该是把外延放大了，方向还是一致的。明年我们在这个节目单上还会有证券内容，我们的保守疗法已经很多年了，就是不可能要求每个节目都很完美，跟装修一样，这间房子装修好了，又发现厨房、卫生间不配套了，又要更新它们，就这样几年一轮地更新。目前，我们认为证券维持还是不错的，这么多年培养下来，受众很好，很忠实，除了我们的节目就是看卫视，卫视跟我们比时间少了点，还是看我们的多，而且很多嘉宾都是我们培养出来的，这种节目的嘉宾也很重要。

我们都知道，湖北卫视大刀阔斧改了之后，效果还是很明显的，所以我们明年可能把这条线大刀阔斧地改一改，主要还是增加它的权威性，这正是这类节目最大的问题。很多主持人和嘉宾，说得很随意，说的方向都是沿着行情的趋势去说，今天说了明天就证明说的是错的，如此往复。我们改一下这个模式，第一财经就做了很多尝试，就是说我不只是分析行情，分得很细，我会对某个板块、某个重点热点的股票进行具体分析，是根据技术数据来分析，因为它有很多视觉性指标和研究报告来支撑，会更专业。这方面操作起来有空间。

改的话，我们会把《新闻深呼吸》放大，把《HELLO MONEY》缩小，因为它无论创收还是受众，都非常好，所以我们不会放弃，但是会适当地缩短它的播出时间，把更多的时间给《新闻深呼吸》，甚至有可能把它们打包成一个节目，就是一个时段，那样 10 点到 11 点的竞争力肯定会更强的。这是我们去年、今年、明年三个阶段的改版。

我们还有一个动作，就是《风云浙商》已经很成熟了，会继续办下去，这个是比较高端的活动。我们今年会继续做一个活动，题目叫《资本相亲会》，可以想象站在那里的女嘉宾是投资人,男嘉宾就是根据项目、产品来要资金的,就是项目和投资人之间的角逐,项目人希望得到更多的资金,投资人希望得到更多的利益。我们给它戴个帽子,其实是激发全民创业,这跟浙江的环境有关系。

课题组:这个尺度比王利芬的《赢在中国》要更近一步。

孙剑忠:节目的形式不同,《赢在中国》的前身是美国的《学徒》,我们的节目不是这样的,要做出一个季播的活动。如果可以做活,就栏目化;如果不是,我们宁愿第一季、第二季地去推,不想搞成一个每周必须有的,可以中间断一下,准备一下。如果是常态化的节目,主持人、嘉宾以及选择项目就没有那么从容了。只要吸引到制作的冠名权这些资源,可以大投入,可以请最合适的主持人和嘉宾,做出来的东西肯定是另外一个水准。国内的节目也有做的,但是小打小闹,我们这个节目会抛出很大一个数目的资金,就是以亿计的活动。

课题组:是不是打算今年做?

孙剑忠:我们准备年底的时候推,还没有完全的把握推出来,现在就是尝试改版。我们频道人不是很多,150人,从专业频道来说还是可以的,但是有一半的人做新闻,这样除掉管理层和综合部门,剩下的就没有几个人了。所以我们做活动就是一个导演、一个剧务、一个摄像(一个主摄像),碰到活动了再到外面找人,我们出创意、出思想,出了流程之后再去找制作公司,《程程访问》也是这样的,两个编导,人很少,现在我们陆续进了些人。

进的人基本上是卫视挑剩的,我们是聘任制,集团层面是认可的。我们有一部分是集团编制,一部分是劳务派遣,后来的人只能是劳务派遣。老人老办法,新人新政策。

课题组:你们对编辑记者、编导的素质有什么要求?考核体系是什么样的?

孙剑忠:我们的要求就是集团的要求,学历本科以上,大专学历就很难进浙江广电,除非特别优秀,比如说主持人、播音员,这种可以例外。一些特殊人才,比如从哪里挖个人,这种可以。

课题组:除了学历呢?

孙剑忠:用人这方面,我们没有很大的自主性,由集团的人力部门统一招聘。我们有自主权的就是特殊情况,有人退休了,有人辞职不干了,会多出几个空缺,这个我们有自主权。每次我们自己去招聘的时候,先向集团打报告,他们同意和他们一起招聘,提出一些比较专业的要求。比如去年我们招编辑,编辑要求有很强的整合能力,不管你是否学经济,有很好的分析、判断、评论能力,试卷由我们自己出,面试也是我们自己做,人都经过我们审核过,这样的话能够挑到我们自己想要的。去年来的不多,但是基本符合我们的需求,一来就上岗,一上岗就能做出点业绩来。

分过来的人,我们自主性就小了点。今年过来的六个人有点参差不齐,总的来说不是特别喜欢。有一个还行,可能是卫视优秀的太多了,或者他个人愿望比较强一些,不愿意去卫视。我们频道总监挑人是很精的,不看大学院校及留学背景,而是看高中在哪儿读的,这个最真实。我们杭州就两所最好的高中,如果是的话,那么我们就认可了,各方面肯定没问题。我们开玩笑说,写作能力高中阶段就已经培训好了。

课题组:我们大学课题组,有时候对学生写的东西也很无奈。

孙剑忠:我往往看他们的文字能力,还有表达能力。因为在电视台,哪怕是做编辑,有一天你会换岗呀,做电视的人,如果你的表达有问题,那肯定不太适合。

课题组:那技术层面呢?

孙剑忠:这个我们跟卫视不同,它自身有一个很大的、独立的技术部门,我们过去的传统是有线电视,集团化之后划转到电视制作中心,独立出一个部门,我们频道的技术人员只有两个人。我们播出需要的技术都是集团的电视制作中心提供支持的。我们这两个人很强,技术方面有创新。创新跟联通合作,做了一个3G直播车,过去都是卫星直播、微波直播,还有光缆直播,3G技术通过网络来实现电视直播,其实还是很困难的,我们是第一个吃螃蟹的人,虽然信号还是受些影响,因为网络还是不稳定,跟带宽等因素相关。联通的带宽只能和一家合作,和第二家都不行,谁都操作不了,就是我们专门管技术的人跟联通一起想出来的,其实是有专利的。现在又做出了无线3G直播,更轻便了,一个摄像机加上一个无线3G直播的设备就可以出去了,连车都不用。他准备申请专利,到地市一级去推销,这个就不会跟我们打架。如果有突发新闻,调车也要一两个小时。

我们这方面过去还是挺艰苦的,比如我们的演播系统。我是老卫视出来的,经视十年用的是老卫视十六七年之前用过的设备,我们所有的节目就是在一个80平方米的演播室制作,所以我们大量地用蓝背景来抠像,来实现不同的节目、不同的背景。

课题组:现在很多学校的演播室都比这个大。

孙剑忠:今年我们在集团的支持下,实现了跨越式的发展,演播室、设备,包括电视包装系统,全面更新。我们原来苦惯了,所以180平方米也解决不了什么问题,我们觉得它的层高很高,就再做一个小演播室出来,这样就有了两个不同的小演播区。配的设备很好,标清、高清价格差距很大,而且高清的标准也一直在变,选标清价格一下子就下来了。系统、摄像机的配置很高,我们的包装系统是浙江广电最贵的,最后出来的东西会很好。别的频道有包装系统,但是是国产的,出来的效果不是很好。我们花了200多万,最终的效果可能比3000万的设备都好。

课题组:那么这些资金是集团投入?

孙剑忠:集团为主,因为我们跟卫视同时在谈,卫视方案不好,一下子被我们总裁杀掉了好几千万。我们是同一天的会,同时把我们杀掉了一千万,本来有很多钱可以由集团来提供。后来我们自有资金还充裕,所以大屏也好、包装系统也好,该花的钱还是要花。我们没有把演播室做成一个演播室,而是一个贵宾厅,以后人家到经视来做节目,一踏进经视就会感觉是贵宾,跟那种单独演播室的情况很不一样,让人一来就觉得很舒服,是座上宾。

课题组:因为央视二套走专业化的道路,央视二套人说,从经济生活改为财经是对频道资源的浪费,收视数据下降得惊人。您怎么看做大众传播媒体,您面对浙江地区,如果做专业财经会不会浪费?

孙剑忠:我认为这个观点不是很精准。我觉得对于中央台来说,这个市场应该是 $1+2+3+4+5+6\cdots\cdots$,一直加到12,这样去细分,而不是叠加,比如说一套我要追求95%,二套还是95%,这就不对了,这就是叠加。因为它的资源布局已经非常好了,落地情况也非常好,它确实有这个条件。我觉得它原来走的路子是有问题的,它原来之所以高,是因为有大量的娱乐节目,我们经视就不办娱乐节目,我们过去有一个运动类的《经视嘉年华》,去年就停掉了。

课题组:为什么停掉?

孙剑忠:可能是观众不会认可你,当然可能跟这个团队的操作不当也有关系。总的来说,在经济频道看到一个娱乐节目有点奇怪。即使办节目,我也要办益智类的、跟财经至少有呼应,它那个东西完全没有。虽然央视做《幸运52》,但是呼应性还是很差,停掉还是对的。它现在走的路有些不好的评价,但是有的是对的,比如把老左请去做证券,这个招数是非常好的,按照这个方向走很好。但是它不统一,其他方面都是播音员,只有老左,体现了个性化主持,看着也觉得挺怪的。我知道老左来了央视二套之后,一定会提升很多的收视份额,我觉得它这点是对了,其他节目印象不深。

课题组:央视也是在强调晚间的时段,跟你们有一些相似性。

孙剑忠:每个频道肯定都会这么做。

课题组:你们跟央视会不会有竞争?

孙剑忠:央视二套在浙江不存在竞争,它在浙江这边还是不行,央视三、五、八套有一定的市场,也是不大。二套应该比较小,从地域来说,不存在竞争。它跟我们地面不一样,我们浙江广电没有强到频道可以细分市场,还没到这个程度,我们还要跟别的地面频道去竞争,我们要先做强大,比如我们跟钱江竞争,过去他们三分之二,我们三分之一,现在完全倒过来了。我们浙江广电的布局还不能像央视那样细分市场,但可以做到成功,我们再有 10% 就成功了,就占有了这一块的 90%,要走它的路子就是死路一条,不会良性循环。我们从 1 亿到 2 亿,到 10 亿的时候,我们可以做到更专业。可以适当窄化,我们现在走特色化的路子,我们跟别的频道差异化竞争,他们都是影视剧加新闻,新闻都是走民生的路子,只有我们是特立独行,我们跟别的频道区别很明显,很多品牌投广告就说经视是一定要投的,卫视要投,经视也要投。我们不像第一财经那么窄,既有特色又有财经,又能保持我们在市场应有的收视份额。

不能说我们频道专业化,应该说是特色化。我们偷换了一个概念,叫品质频道。我们的呼号叫作浙江经济生活频道,我们已经很少用它了,现在叫浙江经视。我们是品质频道,通过对节目品质的追求来达到对频道的认知,跟经济有呼应,不是直接走经济路子。任何东西你放进去一点就不一样了,我们的新闻四分之一是经济的,就很有特色。其实,四分之一是合适量,如果都是经济,势必有很多没有关注度的、不是热点的东西放到经济的篮子里了。四分之一,这就有一个度了,只把大家最关心的东西放进去,这样选择题材虽然只有四分之一,但是关注度很强,大家认这个东西。我们的经视头条,相当大的一个比例是经济,观众就会觉得这个频道跟别的频道不一样。

课题组:是不是大多数经济频道、经济生活频道都是在走这个路子?

孙剑忠:有可能。因为我们跟他们不交集,不存在差异化竞争,只是跟浙江地区的频道差异化竞争。

课题组:云南有一档节目《都市条形码》跟经济有关系,更多偏民生。

孙剑忠:我们不偏民生。我们的节目有特色,观点、意见、追求非常集中。

课题组:你们经视的社会性新闻比较多。

孙剑忠:二分之一。通过观点改变纯粹的展示、围观这种现象,会有些粘连、由此及彼的东西。比如水管爆裂,我们做的时候会跟别的现象去联系,这样的话不是孤立的、个别的,我们做不到每一条都这样,但我们在往这个方向走。我们跟别的地方的经济频道不一样,我们从证券开始,发表意见。“说法”我们主打说法团的专家,后面两个节目我们主打个性化的评论员,这些使得我们与其他经济频道有一些差异。我们走这条线路还是要有勇气的,明年还要继续走,更清晰一些。这也是被逼出来的,之前要把我们树立为典型,后来说要新闻立台,我们就加强了评论平台。

新闻立台方面,我们是符合宣传部的要求的,我们的节目都是以新闻为主。有些高端的内容,也可以视为大新闻。

附录4 "第一财经"访谈记录

访谈时间:2010 年 8 月 23 日
访谈地点:上海第一财经办公室
访谈对象:第一财经办公室主任缪慧琴;第一财经品牌运营中心总监麦挺

课题组:我们主要想要了解第一财经 1993—2003 年这段时间的经济类节目的发展脉络。

麦挺:那个时候,也不能严格说是经济类节目。因为当时我们第一财经改版之前是一个有线电视台的财经频道。有一些是经济类节目,但是还有很多是民生和社会类。我不是很清楚具体的情况,我是 2004 年进入公司的。缪主任是老有线过来的,可以问问她。

课题组:第一财经的编审部分,包括节目内容、改版情况、收视率、受众的情况如何?

麦挺:就是整体第一财经品牌,其中涉及一些跟外部公司的合作,比如我们的一些品牌输出,唯众其实是我们的一个供应商,很多节目研发是大家共同来做的。特别是一开始的波士堂,是我们共同研发来做的。

课题组:品牌运营者经历过哪些历程?

麦挺:第一财经在刚开始的战略方向有两个:一个是品牌化;一个是跨媒体。第一财经起家的时候就有广播和电视。2003 年的时候我们就设定一个目标,要做平面和互联网,要做数字媒体,包括要有自己的研究团队,这一切都是在我们的规划当中的。我们的战略就是一定要做跨媒体、集团化的发展,第二个就是品牌化。即所有的跨媒体必须围绕第一财经来做,可能也有一些媒体集团下面有很多子媒体,包括平媒、电视,但是没有做到呼号的统一和协同,我们从开始就设定一切都在第一财经品牌旗下,相互支持,最初的两个战略支持我们走到现在,已经是第七年。七年来,如果有什么重点和步骤,就是按照我们的战略饼图,每年做一件事情,2003 年我们是做广播电视呼号,建立这样一个品牌,2004 年我们做了报纸,就是北京、广州、上海三家,我们是作为控股的股东,50% 的股权。2005 年我们做了自己的网站,从门户网站开始,现在我们做了财经的专业网站。2006 年我们有了自己的研究院,2008 年我们有了周刊,2009 年我们开始做数字媒体,2010 年我们的卫视上行,实现了曲线上星。这七年间,每一年我们都有很扎实的发展,在这个过程中,我们除了注意打造自己的品牌之外,还注重延伸自己的产业链。包括财经资讯的菜品,比如会展经济类中涉及的论坛、榜单、展览等一系列。财经公关、财经会展这些任务就成为我们整个收入的一个补充。从战略上来讲,用我们秦总的话说,做大、做强我们传统媒体这一块,这当中我们有几个强势平台是一定不能忽略的。比如说电视、卫星频道,全国跨地区的报纸以及我们在业界有很好口碑的杂志。另外的一块就是数字媒体,基于移动互联网,不同终端的内容供应。这一块,我们从去年开始做一些研发,今年探索出一些新的路径。

廖慧琴:2001年成立的财经频道,其实是2001年在筹备,2002年1月上海的有线财经频道转呼号,频道专业化,成为上海市财经频道,差不多是一年半的时间,我们就改呼号为第一财经频道。再往前应该是在有线财经里面,新闻和财经的内容是混在一起的,大部分财经以图文电视的形式存在,有一些股市新闻。它的财经新闻不是我们现在架构的财经节目,是比较早的那种,每天最多三档新闻节目。那个时候我们都还没来,上市财经频道我是知道的,是2002年1月。

课题组:对于品牌今后的发展,有什么打算?

麦挺:品牌具有一定的延续性,是以第一财经作为发展的基础,其实往下还是要看平台。品牌是灵魂,但它是附着在内容生产上的,所以说最核心的部分还是内容生产。在内容这一块,通过这几年的积累,特别是跨媒体的内容生产模式,或者说跨媒体的协同,在国内我们是走在前面的。在适应未来信息爆炸的新媒体时代的发展中,我们的这些内容如何能够转到新媒体上去,成为一个产生商业价值的产品,现在我们上千名新闻记者怎么能够做到为不同的平台去生产,而不是传统的,做电视只为电视生产,做报纸只是写稿子,这是一个需要转变思维方式的问题。

课题组:具体有什么措施呢?

麦挺:现在正在做报研社一体化的事情,社指的是新闻社,因为我们不能成立通讯社,所以我们希望我们的产品能够具有财经通讯社的属性,我们可以除了服务一些机构客户、一些个人理财的需求,还可以服务一些新闻机构,如同找稿子找新华社是一个道理,找财经新闻可以找第一财经。这当中很重要的是人的思维方式的转变,通过大量的培训,甚至是强行军的做法,让每个人知道,白天参加一个活动,你在现场首先要以微博的方式给网络供稿,然后要在现场帮助电视连线,第一时间发出你的报道,然后才是写稿,当然这对个人要求是非常高的,我们也正在摸索当中。新媒体起来之后,传统媒体的重点会发生变化,比如现在整个财经团队,很多人都在服务于一个网站,不是看好财经这本杂志能赚多少钱,传统媒体的最大优势是打造影响力,新媒体有新的盈利模式以及与受众的互动,能够产生一个黏附性。这是将来的方向,我们的重心会往那个方向发展,当然这当中会有很多的前提,比如说每个人的思维方式的转变。

缪慧琴:前5年的情况是比较清楚的,变化比较应该从今年开始,我们跟宁夏卫视的合作,使我们三个频道的定位比较明确。

课题组:你们现在跟很多媒体,包括一些民营媒体都有合作,主要模式有哪些?

缪慧琴:媒体合作是比较窄的,主要指的是相互之间的资源互换,宣传都是自己品牌的内容,不涉及第三方。跟宁夏的合作其实是一个战略合作,还不是一个媒体合作,它跟唯众的合作也不叫媒体合作,我们可能理解比较狭义,就是我们媒体资源的互换,比如我们跟很多平面媒体,包括电视台,互换时段之类。跟宁夏卫视的合作也是一件很大的事情,它跟湖南、青海卫视有一点点类似,但是合作的方式不一样,除了宁夏自制的新闻时段之外,所有的时段以及广告经营都由我们来做。他们有他的节目,频道的资源是国有的,不可能买断的,我们就好像是一个节目制作公司,我们承包了这个平台的部分节目。从这个角度来说,我们也是国有媒体,这个可以让中宣部放心,它愿意促成这样的合作,包括湖南和青海卫视。不涉及投资,是两家独立的电视台,湖南和青海它们共同出资成立了一家公司,但是我们两家的合作既像一个包外公司,又像一个节目制作公司,我们能够提供节目内容,同时又有经营的能力。

课题组:它的广告也是这边在经营?

缪慧琴:对的。对于利润的分配,我们前期都谈过,都是有约定的。我们其实一直合作的公司只有三家,跟节目制作公司是唯众,跟《财富人生》的融通公司,还有一家是华裔地产,是地产类合作的公司。这几家公司合作的模式也都不完全一样。有的是委托制作,我们支付节目的制作费用,广告经营由我们来做;也有的是他们既承担节目制作,也承担这个时段中的几分钟广告,之前也是有约定的。总之,根据各个公司的实力,节目制作的能力、广告经营的能力,采取不同的方式。

课题组:您了解频道定位的一些内容吗?

缪慧琴:当然,我们是面对广大投资者的一个频道。我们跟央视也有很多合作。我们两家的定位开始有雷同,在第一财经成立的早几年,央视以前就叫"经济频道",现在才是"财经频道",从名字的更改可以感觉到定位要调整。我们之前的交集不是很多。我们本身是一个地方频道,我们面向上海以及周边的投资者,也是中国投资者最集中的地方,我们俗称的股民,就是在长三角这个地方。但央视是全国性的大频道,它要顾及的东西比我们多得多,肯定是不一样的。

课题组:去年,我们学校开了一个研讨会,请了央视二套的策划人,谈到二套从经济生活频道改为财经频道实际上是对开路频道的一种浪费。第一财经本来是做地面的,在数字频道里面也有,跟宁夏合作也做上星的频道,跟东方财经会不会矛盾?

缪慧琴:我刚才说了 2003 年到 2008 年的情况,从调研报告去了解。从 2008 年起,我们发展的方向,除了有一大块是新媒体以外,各个平台的发展和定位还是沿着以前的路子走,从今年开始跟宁夏卫视的合作再加上数字频道,其实我们有三个频道,这三个频道定位会有所不同,还是有些差异化的调整,不然的话,不可能保证同时是这三个频道的受众,所以我们要在三个频道中体现个性。我们希望三个频道的受众交集得越来越多,因为受众可以从这个频道找到需要的资讯。有一些大略的想法还在思考当中。

《今日股市》是从有线台带过来的,我们过去自制节目也没有那么多。

缪慧琴:我们 2003 年成立公司,2002—2003 年叫上市财经频道。2003—2008 年的情况全部在总局的调研报告中。1993—2003 年的年鉴中有些内容,但是非常少。2003 年有这个台,之后就是一个有线闭路电视,能够安全播出已经是最多了,还是有密码才能看的。去年之前我们有人跑收视,最多也就是为广告客户提供分析数据。我们是地面频道,是首选的,观众白天就挂着,交易时段是收视最高峰,《今日股市》到 2、3 就已经是天花板了,我们甚至都想跟大盘走势相关。这两年湖北卫视在上海落地,才开始做详细的分析,才有专人分析,我们现在是自己做,从索福瑞、尼尔森买数据。

附录 5　央视财经《交易时间》内容构成

日期	新闻版块	主要内容	专家身份	问题来源
2017. 5. 22（周一）	股市大头条（国内、国际）上午版	星级资讯榜		主持人提出
		油气体制改革方案发布 部署八重点任务	周大地：中国能源研究会常务副理事长 林伯强：厦门大学中国能源政策研究院院长	
		邵帅：市场化改革覆盖油气全产业链	邵帅：首创证券研究发展部总经理助理	
		央行：开展 800 亿元 3 个月国库现金定存		
		研报热度榜		
		邵帅：量稳价升传递稳健中性的货币政策基调	邵帅：首创证券研究发展部总经理助理	主持人提出
		证监会对国海证券"萝卜章事件"作出严肃处理		
		证监会拟暂停新沃基金公募业务申请 6 个月		
		外盘风云榜		
		赵潮：软银愿景基金募资规模超 930 亿美元	赵潮：财经频道特约评论员	主持人提出
		公司排行榜		
		贾跃亭辞去乐视网 CEO 新主梁发布新战略		
		股市气象站	张霏：北京鸿普投资管理公司投资总监 温鹏春：引领投资有限公司投资总监 林隆鹏：国泰君安证券研究所首席市场分析师	

续表

日期		新闻版块	主要内容	专家身份	问题来源
2017.5.22（周一）	上午版	开盘见分晓	盘面动态:沪深两市小幅低开		
		首席看市（环保行业）	寻找环保行业投资新逻辑	张翠霞:第一创业证券首席投资顾问	主持人提出
			王玮佳:生态修复 土壤治理企业将会率先受益	王玮佳:中信建投证券环保行业首席分析师	
			王玮佳:关注雄安新区设立对环保板块的长效影响		
			王玮佳:"土十条"为土壤修复市场描绘巨大市场空间		
		盘面观察	盘面动态		
	下午版	首席看市（环保行业）	王玮佳:我国环保技术和设备制造能力已经日渐成熟	张翠霞:第一创业证券首席投资顾问	主持人提出
			王玮佳:环保产业与PPP的结合是一种必然	王玮佳:中信建投证券环保行业首席分析师	
			王玮佳:环保产业多个热点领域将持续快速增长		
		最新消息	沪指晨汤 油气改革概念股走强		
		陆家嘴见闻	乐视网重大调整 伪创新板泡沫破裂		
			上海投资者:讲故事现象 散户难拒热点诱惑		
		数据挖掘	市盈率超100倍股票共有591只		
			博信股份市盈率高达4149倍 估值最高		
		车报相马（汽车行业）	广汽:传祺贡献一半利润 生长线满负荷运转	李含楚:农银汇理基金公司	主持人提出
			广汽:SUV GS8 提车需等一个月		
			广汽:技术先行降成本 无人驾驶呼之欲出		

日期		新闻版块	主要内容	专家身份	问题来源
2017.5.22（周一）	下午版	股市风向标（A股市场）	最新动态:沪指震荡 油气改革概念股走强	王赵欣:万联证券研究所高级研究员	主持人提出
			王赵欣:概念板块全线回调 市场整体热点匮乏		
			王赵欣:白马股引领市场 防御性再受重视		
			王赵欣:后市等待双底夯实 监管冲击不容忽视		
			王赵欣:低估值股票仍是投资重点		
			王赵欣:估值已经大幅回调 但目前尚难言底部		
		财经资讯	环球指数榜 5 月 19 日收盘		
			美国道琼斯 30 种工业平均价格指数:20804.84		
			美国纳斯达克综合指数:6083.70		
			美国标准普尔 500 指数:2381.73		
			英国金融时报 100 指数:7470.71		
			法国 CAC40 指数:5324.40		
			德国 DAX 指数:12638.69		
			美国纽商所 2017 年 6 月黄金期货:1252.5		
			美国纽商所 2017 年 6 月原油期货:51.16		
			英国伦敦金属交易所 03:5569.50		
			英国伦敦金属交易所 03:2631.00		
			英国伦敦金属交易所 03:1936.00		
			沪金主力合约:283.05		

续表

日期	新闻版块		主要内容	专家身份	问题来源
2017.5.22（周一）	下午版	财经资讯	沪锌主力合约:22210		
			沪铝主力合约:13980		
		盘面直击	谢亚轩:保险资金运用渠道拓宽	谢亚轩:招商证券首席宏观分析师	主持人提出
			谢亚轩:库存去化速度快 钢铁有色金属等周期板块迎来反弹		
		热点扫描	证监会对国海证券"萝卜章事件"作出严肃处理		
			证监会拟暂停新沃基金公募业务申请6个月		
			乐视网创始人贾跃亭辞去总经理一职		
		"一带一路"新起点	深圳首发中欧班列今日开通 开启海铁大联动模式		
		新机遇	深圳开通中欧班列利好电子产品出口贸易		
			福建茶企抱团出海 开拓"一带一路"茶香通道		
		收盘快评	谢亚轩:公司业绩支撑茅台股价 价值投资为上		
			谢亚轩:预计未来乐视网聚焦子公司主营业务		
			谢亚轩:市场仍将延续目前的震荡走势		
2017.5.23（周二）	上午版	股市大头条（国内、国际）	星级资讯榜	谢亚轩:招商证券首席宏观分析师	主持人提出
			昨日406只个股跌幅超过5% 高估值品种领衔		
			昨日60只个股跌停 次新股占比接近50%		
			央视财经50指数昨日再创年内新高		

续表

日期	新闻版块	主要内容	专家身份	问题来源
2017.5.23（周二）	股市大头条（国内、国际）上午版	10年期国债期货创一个多月最大单日跌幅		
		黄博：资金面阶段处于紧平衡状态		
		黄博：价值投资理念进一步深化		
		险资投资重大工程获政策扶持	黄博：民族证券首席投资顾问	
		近一个月螺纹钢期货主力合约涨幅超过20%		
		新技术让物流变得更智慧		
		金融安防有望成为人工智能应用发力点		
		研报热度榜		
		黄博：人工智能产业化进程加快		
		外盘风云榜		
		美国与沙特或签3000亿美元大单 工业股大涨	陈一佳：路透社财经评论员	主持人提出
		受工业股和科技股支撑 美股周一上涨		
		公司排行榜		
		今日新股申购		
		股市气象站	曾翔：方正证券财富管理部首席投资顾问周荣华：恒天财富研究院执行院长陶冶：华安证券高级分析师	
开盘见分晓		盘面动态：沪深股指小幅低开 中小创指数双翻红	张翠霞：第一创业证券首席投资顾问	

171

续表

日期		新闻版块	主要内容	专家身份	问题来源
2017.5.23（周二）	上午版	首席看市（计算机行业）	计算机行业:炒概念还是真找白马?	吴砚靖:中银国际证券计算机行业首席分析师	主持人提出
			吴砚靖:今年建议采取三维度三主题选股策略		
		盘面观察	盘面动态:沪深股指低位震荡 金融股领涨	张翠霞:第一创业证券首席投资顾问	
		首席看市（计算机行业）	吴砚靖:行业成长逻辑落地慢于此前预期	吴砚靖:中银国际证券计算机行业首席分析师	主持人提出
			吴砚靖:关注物联网平台及关键模块公司的投资机会		
		最新消息	午后两市加速下跌 次新股 雄安概念领跌		
			次新股遭重创 投机资金击鼓传花		
		陆家嘴见闻	上海投资者:估值高致次新股下跌 未来收益或下降	李含楚:农银汇理基金公司	
		数据挖掘	昨日收盘 347 只次新股集体下跌		
		陆家嘴见闻	以往新股重组股涨幅大 但低筹股断露头角		
			上海:飞天茅台断货 1300 元价格红线受测试		
			大宗商品昨日大涨 锌 铁矿石涨超4%		
			陈一佳:纽约三大股指走高 油价创一个月来新高	陈一佳:路透社财经评论员	主持人提出
			最新动态:创业板下挫 雄安新股 雄安概念领跌		
		股市风向标	郑委:大盘在3000点一带构筑底部	郑委:国元证券研究中心高级研究员	主持人提出
			郑委:市场最大利空就是来自解禁股		
			郑委:新股融资仅3000亿 未来解禁股却有5倍以上		
			郑委:次新股拐点难见到 除非新股发行略缓		

续表

日期	新闻版块	主要内容	专家身份	问题来源
2017.5.23（周二）上午版	股市风向标	郑昱：去年增发胶抛售压力显现 郑昱：贵州茅台走势属强势投机 无投资价值 郑昱：操作难度相当大 官多看少动	郑昱：国元证券研究中心高级研究员	主持人提出
	又见猪周期	生猪出栏价创23个月新低 "猪周期"进入下行趋势 从"躺着挣钱"到减产止损 "猪周期"有新特点 环保高压推动行业洗牌 养猪业何去何从？		
	盘中直击	何平：银行保险和酿酒板块继续走强 何平：题材炒作是短期行为 寻求业绩优蓝筹股的成长性 何平：大盘继续弱市 沪指在年线下方箱体震荡	何平：广发证券深圳分公司首席投资顾问	主持人提出
	热点扫描	*ST新都退市多家机构 ST板块公司警钟仍在拉响	尹国红：深圳市圆融方德投资管理有限公司研究总监	
	楼市新观察	海南多城市出台调控政策 三亚商品房量价齐跌 琼海楼市转冷 中介转行普遍 海口：本地刚需数量大 产权式酒店纳入限购范围		
	收盘快评	何平：严监管查操纵 存量资金流向绩优蓝筹股 何平：市场趋弱 新股估值定价中枢下移 何平：题材炒作是短期行为 寻求业绩优蓝筹股的成长性	何平：广发证券深圳分公司首席投资顾问	主持人提出

续表

日期	新闻版块	主要内容	专家身份	问题来源
2017.5.24 (周三)	上午版 股市大头条 (国内、国际)	星级资讯榜		
		蓝筹股大涨 中小盘杀跌 A股呈现"一九分化"		
		"一九分化"现在换仓还来得及吗?		
		研报热度榜		
		白酒股逆势大涨 贵州茅台再创新高	田渭东:开源证券研究所所长	
		"醉酒""行情该"醒酒"了吗?		
		京津冀首个统一环保标准发布		
		如何看"京津冀环保"概念?		
		生猪出栏价刷新23个月新低 "猪周期"进入价格下行		
		外盘风云榜		
		期待减产协议延长 国际油价迎来五连涨	陈一佳:路透社财经评论员	主持人提出
		特朗普推出激进预算草案 通过可能性较小		
		美国曼彻斯特发生恐袭事件 引发投资者担忧	王子昕:路透社财经评论员	主持人提出
		欧洲三大股指周二高开高走 恐袭对市场冲击较小		
		公司排行榜		
		田渭东:增持有利于提升投资者信心	田渭东:开源证券研究所所长	
		恒为科技今日申购		

续表

日期		新闻版块	主要内容	专家身份	问题来源
2017.5.24（周三）	上午版	股市大头条（国内、国际）	股市气象站	邢星：新时代证券首席投资顾问 尹国红：深圳圆融方德投资管理公司研究总监 杨风：大时代投资首席投资策略分析师	
		开盘见分晓	沪深两市全线低开		
		首席看市（旅游行业）	中小盘离跌出价值有多远？	李鑫：源达投顾首席投资顾问	主持人提出
			绩优股和优质次新股存在机会	李跃博	
			最近重点在调研旅游产业	李跃博：兴业证券研究所副所长	
			观光游在向休闲度假游转变	李跃博	
		盘面观察	盘面动态		
		首席看市（医疗美容行业、体育产业）	医疗美容产业未来大有前景	李鑫：源达投顾首席投资顾问	主持人提出
			需求和投资给体育产业带来历史性机遇	李跃博：兴业证券研究所副所长	
	下午版	最新消息	两市跌幅收窄 创业板指翻红		
		陆家嘴见闻	A股罕见分化 茅台新高与估值高估板块新低并存		
			上海投资者：对板块分化麻木 不敢追涨也不敢抄底		
			昨日沪深两市115股跌停		
		数据挖掘	跌停股票中机械设备日跌停数最多		
			光正集团昨日跌停但市盈率仍高达2159倍	李含楚：农银汇理基金公司	
			年内287只股票创出上市之后的历史新低		

续表

日期	新闻版块	主要内容	专家身份	问题来源
2017.5.24（周三）下午版	投资者说	赵其渌：靠投资实现周游世界梦想		
		看妹妹赚钱心里畔 跟风炒股亏一半		
		学技术分析不赚钱 巧打新股增收益		
		靠股改赚到100万 参悟投资本质活在当下		
	股市风向标	李松阳：中小创跌幅较大继续震荡寻底	李松阳：农银汇理基金公司市场部副总经理	
		李松阳：两融余额回归低点 底部或已不遥远		
		李松阳：个股大幅杀跌 超跌错杀投资机会隐现		
	盘中直击	林隆鹏：盘中热点散乱 等待更有利的进攻时机	林隆鹏：国泰君安证券研究所首席市场分析师	主持人提出
		林隆鹏：创业板表现较强 考虑价值成长均衡配置		
	热点扫描	*ST新都更名进入退市整理期		
		律师：行政处罚结果或成案嫁关键因素		
	产经观察（玩具业）	广东汕头：玩具企业赶工六一订单 经销商限单催货		
		"一带一路"带动玩具出口 中东南亚等新兴市场增长明显		
		玩具产品融入智能动漫等元素 利润增长明显		
		分析师：玩具产业升级孕育新的投资机会	孙磊：汉唐资本首席研究员	主持人提出
	收盘快评	林隆鹏：市场风险偏好低 金融板块难以大幅走弱	林隆鹏：国泰君安证券研究所首席市场分析师	
		林隆鹏：个股分化加剧 强势股也须以业绩为王		

续表

日期	新闻版块	主要内容	专家身份	问题来源
2017.5.25（周四）	股市大头条（国内、国际）上午版	星级资讯榜		
		国务院决定设立国家职业资格目录		
		国务院:深入推进全国通关一体化 打造更便利营商环境		
		国务院:未来三年再棚改1500万套		
		投资者看		
		研报热度榜		
		沪指昨日探底回升 创业板指收涨超1%		
		张刚:市场极度缩量 促成超跌反弹	张刚:西南证券首席研究员	主持人提出
		张刚:市场利率走高 逆回购是不错的选择		
		国家发展改革委:2017年钢铁煤炭去产能已取得积极成效		
		国家发展改革委:第三批央企混改试点将进一步扩大范围		
		张刚:资源品价格将征续弱市 周期股将受拖累	张刚:西南证券首席研究员	主持人提出
		张刚:混改主题运作周期较长 适合长期投资		
		外盘风云榜		
		美联储公布会议纪要 6月升息可能性大	陈一佳:路透社财经评论员	
		美股大涨 标普500指数创新高		

177

续表

日期	新闻版块	主要内容	专家身份	问题来源
2017.5.25（周四）	上午版			
	股市大头条（国内、国际）	联储计划缩小资产债务表美元走软	陈一佳:路透社财经评论员	
		国际油价终止五连涨		
		周三英国股市汇市出现上涨	王子昕:路透社财经评论员	
		德国6月消费者信心指数升至16年高位		
		公司排行榜		
		吉利将收购马来西亚国产汽车宝腾49.9%股份		
		今日新股申购		
		股市气象站	葛红军:达仁资管投资部董事总经理 张利:源达投顾资深投资顾问 张郁峰:中航证券首席分析师	
	开盘见分晓		吕长顺:北京大君智萌投资管理有限公司董事长	
	首席看市	市场持续走弱 投资如何调整		
		辛宇:投资者对股市的预期 使多空力量对比发生了变化		
		辛宇:别人赚了钱的时候去接盘不一定是正确的选择	辛宇:北京神州牧基金董事长	主持人提出
		辛宇:投资者要在恰当时期选择有恰当投资理念的基金		
	盘面观察		吕长顺:北京大君智萌投资管理有限公司董事长	
	首席看市	辛宇:时代风口是改革 坚信改革成功带来的投资机会	辛宇:北京神州牧基金董事长	

续表

日期	新闻版块	主要内容	专家身份	问题来源
2017.5.25（周四） 下午版	最新消息	沪指午后大涨超1% 券商保险板块领涨		
		下跌抵抗渐成合力 五月大股东首现净增持		
		上海投资者:增持好过套现 市场走势要看资金		
	陆家嘴见闻	5月以来大股东净增持金额合计47亿元	陆羿健:富国基金公司证券分析师	主持人提出
		10家上市公司5月以来增持股数超2000万		
		增持股数前10位公司平均市盈率46倍		
	投资者说	波浪理论操作不赚钱 持有好股票收益高		
		技术分析靠失牛股 抱年云南白药赚十倍		
		小市值大行业 只要选对就不怕套		
	股市风向标	最新动态:沪指午后大涨超1% 银行保险板块领涨	黄树军:财经评论员	
		黄树军:严监管 限并购 大扩容市场价值回归		
		黄树军:高估值绩差个股存较大风险		
		黄树军:低估值 高分红 绩优成长是未来方向		
	盘中直击	卢山:大金融板块带动市场走强	卢山:深圳市前海大宇资本董事长	主持人提出
		卢山:去杠杆临近尾声需要进一步观察		
		卢山:房地产板块眼涨港股 低估值受到资金青睐		
	热点扫描	深圳首套房贷利率全线上调 多家银行调至9.5折	周学军:深圳房地产信息网总经理	
	产经观察（中药行业）	山东平邑:金银花迎来收季 面积增加价格腰斩	梁绍龙:康美药业股份有限公司数据分析师	
		广东云浮:巴戟天价格经历过山车 经销商亏损拖欠工资		

续表

日期		新闻版块	主要内容	专家身份	问题来源
2017.5.25 (周四)	下午版	产经观察 (中药行业)	分析师:中药行业内部分化严重 回避普通中成药概念股	张同:招商证券医药行业高级分析师 黄简:深圳市冀虎投资管理有限公司研究员	
		财经评论	美联储公布5月会议纪要 审慎应对加息	陈茜:CNBC财经评论员	
		收盘快评	卢山:部分中小股票已经到了价值投资区域	卢山:深圳市前海大宇资本董事长	主持人提出
			卢山:破净个股增多 底部区域来临		
			卢山:两极分化持续 大市值股票成为香饽饽		
			星级资讯榜		
			沪指收复3100点 央视50指数再创近23个月新高		
2017.5.26 (周五)	上午版	股市大头条 (国内、国际)	一根"大阴线"大底能否相见?		
			权重与中小创齐飞 "一九"结构选哪头?	段少崴:民族证券首席投资顾问	
			段少崴:国企蓝筹成为反弹的主要推动力		
			研报热度榜		
			证监会:继续推进股指期权上市准备	段少崴:民族证券首席投资顾问	
			全国城市基础设施建设"十三五"规划发布实施	章林伟:住房和城乡建设部城建司副司长	
			"十三五"期间 我国交通运输投资总规模将达15万亿		
			投资拉动 基建板块能否走出持久行情?		
			段少崴:基建投资与交运革共同发力支持经济发展	段少崴:民族证券首席投资顾问	
			外盘风云榜		

续表

日期	新闻版块	主要内容	专家身份	问题来源
2017.5.26 (周五)	上午版	股市大头条(国内、国际)		
		欧佩克与非欧佩克产油国将产油减产期限延长9个月		
		减产幅度不及市场预期 国际油价大跌	陈一佳:路透社财经评论员	
		美股继续冲高 标普500 纳指刷新纪录		
		欧洲央行行长德拉吉:应维持当前的货币政策路径		
		英国经济第一季度放缓程度大于预期	王子昕:路透社财经评论员	
		伦敦金属开始由跌转涨		
		公司排行榜		
		股东增持频现 投资者能否跟随?	段少崴:民族证券首席投资顾问	
		股市气象站		
	首席看市	市场热词:上涨 护盘 增持	史月凌:和讯信息高级投资顾问 李刚:中山证券资深投资顾问 田渭东:开源研究所所长	
		盘面动态:沪深股指小幅低开		
		382只个股回到上轮牛市起点 超跌股能买吗?	段少崴:民族证券首席投资顾问	
		超跌股怎么买?		
	下午版 陆家嘴见闻	蓝筹受追捧 资金避险还是价值重估?	程远:东兴证券基金业务部投资总监 冉兰:深圳圆融方德投资公司董事长	
		上海投资者:低估值板块避险 不会长期持有银行股		
		今年以来上证50指数涨幅为8.15%		
		上证50动态市盈率为10.86倍		

续表

日期	新闻版块	主要内容	专家身份	问题来源
2017.5.26（周五）下午版	陆家嘴见闻	上证50成分股平均市值2600亿	陆君婕：富国基金公司证券分析师	
	投资者说	钟兆民：用股东心态做投资		
		钟兆民：走近股神 吸收精华做学生		
		钟兆民：投企业关键要抓三个"三"		
	股市风向标	方星海：国内原油期货年内将在上海上市	尹强：中国石油流通协会副秘书长	
		最新动态：两市震荡整理 雄安概念股涨幅靠前	马全胜：富国基金首席策略分析师	
	盘中直击	廖晓红：主题回温 创业板和大金融板块回调 结构分化依旧	廖晓红：招商证券研发中心副总裁	
	热点扫描	比特币海外价格上涨破2700美元 再创新高后回落	国世平：深圳大学金融研究所所长	
		服装业一季报七成净利润回升 消费升级倒逼企业转型	夏国新：深圳歌力思服饰股份有限公司董事长	
	产经观察（服装业）	服装企业分化加剧 中小企业缩减生产规模	沈宏芳：深圳市服装行业协会会长	
		服装企业业务多元化 跨界经营求突破	孙妤：招商证券纺织服装行业首席分析师 吕明：国泰君安证券纺织服装行业首席行业分析师	
		分析师：纺织服装板块弱于指数 提防高估值的大盘风险	廖晓红：招商证券研发中心副总裁	
	收盘快评	廖晓红：建议投资者谨慎控制仓位过节		
		廖晓红：看好雄安板块中受益较为确定的大环保相关个股		
		廖晓红：银行板块存在估值修复的空间		
		廖晓红：券商板块盈利面临较大挑战		
		廖晓红：市场的投资风格开始进入"重质"时代		

附录6　第一财经频道《市场零距离》节目内容构成

日期		新闻版块	主要内容	专家/嘉宾身份	问题来源
2017.5.22（周一）	上期	马元视点	＊ST吉恩5月26日起暂停上市		主持人提问
		今日关注	国务院:有序放开油气勘查开采体制		
			证监会首提全面禁止通道业务 针对整个资管行业		
			河北保定首推"双限双竞" 10年内不能买卖房屋		
			证监会核发10家IPO批文 筹资不超过63亿元		
			乐视沟通会:股权质押总金额已下降近一半		
			国债逆回购新计息方式今天正式实施		
		本时段重要资讯	关于深化石油天然气体制改革的若干意见	魏勇:中和应泰首席分析师	
			乐视网换将:贾跃亭辞任总经理 财务总监去职	周铮:银河证券分析师	主持人提问
			上市券商2016年度派现321亿		
		欧洲股市	欧股走出"特朗普"事件影响		
			欧盟敲定英国退欧谈判时间		
			欧盟将宣布新的资本市场联盟计划		
		美国股市	美股周五上涨 联储官员认为当前加息过快		
			T－mobile 被高盛加入坚定买入名单		
		大商所·现场	美元下挫金油上涨 黑色系全面上场	张莉平:光大期货研究员	

续表

日期		新闻版块	主要内容	专家/嘉宾身份	问题来源
2017.5.22（周一）	上期	（记者观察）	通道业务再曝风险 证监会首提全面禁止	郭璐庆：第一财经记者	
		（盘面动态）	两市股指小幅低开 油服概念涨幅居前	魏勇：中和应泰首席分析师	
		（盘面分析）	魏勇：大盘弱势仍将延续		
		深交所连线	短线反复震荡 谨慎多创业板反弹		
		香港演播室	香港股价高开0.57% 市场气氛好转	马气寻：九州证券首席策略师	主持人提问
		（港股最新点评）	Gotham City 做空瑞声 多家投行更新报告维持看好		
		微策略	银河证券：金融去杠杆在路上	周铮：银河证券分析师	
			银河证券：限售股解禁和壳资源风险需规避		
			中和应泰：弱势行情仍将延续	魏勇：中和应泰首席分析师	
			中和应泰：关注中报预增股		
		本时段重要资讯	央行公开市场净投放300亿元		
			商品期货开盘大面积上涨 螺纹钢涨近5%		
			同比增20%以上 国家旅游局：今年旅游投资超1.5万亿		
			收取押金应接受交通部监管 交通部：鼓励共享单车运营企业免押金服务		
			7只新股本周发行		
			上市券商2016年度派现321亿		
			国海证券因"萝卜章事件" 开盘跳空大跌		

续表

日期	新闻版块	主要内容	专家/嘉宾身份	问题来源
2017.5.22（周一） 上期	本时段	乐视网换将：贾跃亭辞任总经理		
	重要资讯	比特币冲破2000美元大关		
	焦点资讯	"老大哥"助阵基因测序军团 华大基因IPO将上会	马七寻：九州证券首席策略师 许树泽：第一财经主持人，评论员 袁强：金元证券资深投资顾问	
	（盘面动态）	指数全面飘红 保险板块领涨		
		债券投资做重大工程获政府支持 险资支持实体经济细则出台	蒋亦凡：国泰君安证券研究所高级市场分析师 袁强：金元证券资深投资顾问	
		袁强：市场做多热情不高 投资者交投谨慎		
		数据揭秘：融资余额环比增加前5股		
		近期两市大宗交易情况		
		两市大宗交易成交额最大个股		
		美的集团近期走势		
		两市大宗交易溢价前五个股		
		文投控股近期走势		
	龙虎榜跟踪	沪股通最近5日资金动向		
		沪股通成交量最大前五股		
		龙虎榜机构资金动向		
		龙虎榜：机构净买入最大个股		

续表

日期	新闻版块	主要内容	专家/嘉宾身份	问题来源
2017.5.22（周一）上期	龙虎榜跟踪	龙虎榜:机构资金净卖出最大个股		
		石化机械机构出逃意愿强烈		
		龙虎榜每日净买额最大个股		
		龙虎榜每日净买额最大营业部		
		中化岩土:华泰南通姚港路1.25亿强势封板		
		活跃游资联合拉升东方能源		
	亚太时间	亚太市场全面上涨		
		受特朗普影响 亚太市场波动		
		黑色系领涨 农产品油强粕弱		
	期市连线	豆类油脂重回基本面	毕慧:宝城期货研究员	
	大宗商品	美元回落 商品走强	严跃:大宗商品分析师	
	汇市连线	美联储官员鸽派表态 纽盘金价小幅上涨	黄天栢:工行贵金属业务部交易员	
	微研报	国泰君安:珠宝行业将步入新一轮增长	蒋亦凡:国泰君安证券研究所高级市场分析师	
	资金流向	上市券商2016年度派现321亿元	袁强:金元证券资深投资顾问	
	本时段重要资讯	频开罚单整合注销牌照 第三方支付市场面临"最强"监管		
		保监会明确相关政策:支持险资通过债权投资计划投资重大工程		

续表

日期	新闻版块	主要内容	专家/嘉宾身份	问题来源
2017.5.22（周一）上期	本时段重要资讯	央行公开市场净投放300亿元		
		同比增20%以上 国家旅游局：今年旅游投资超1.5万亿		
		收取押金应接受监管 交通部：鼓励共享单车运营企业免押金服务		
		将连接北京新机场和雄安新区 京霸铁路开工建设		
		消费升级带动需求 中高端酒店迎发展机遇		
	互动话题	屡创新高的白马股还能再追？		
	板块牛熊榜	险资支持实体经济细则出台 保险板块拉升	袁强：金元证券资深投资顾问	
	市场纵横线（一周基金）	袁强：保险股中长期走势行情值得期待		
		A股震荡上行 上周成长风格表现好于价值		
		倪韵婷：股票市场 短期建议保持谨慎	倪韵婷：海通证券金融产品研究中心首席分析师	
		倪韵婷：股票市场建议建议低配事件驱动策略产品		
		倪韵婷：长期投资可适当配置黄金ETF基金		
	早盘收市	沪指早盘跌0.24% 雄安 次新板块重挫		
	本时段重要资讯	7只新股本周发行		
		*ST吉恩：5月26日起暂停公司股票上市		
		上市券商2016年度派现321亿		
		乐视网换将：贾跃亭辞任总经理		
		百视通：年内建200家点播影院		

续表

日期	上期/下期	新闻版块	主要内容	专家嘉宾身份	问题来源
2017.5.22（周一）	上期	午间论市	沪指早盘跌0.24% 雄安次新板块重挫		
			市场弱势格局难改 关注流动性及量能	田瑞：东吴期货市场分析师	
			多空压制 BOLL线压制 震荡等待量能放大	马气寻：九州证券首席策略师	
		本时段互动话题	证监会首提禁止通道业务 影响几何？		
		盘面分析	石冰：沪指冲高回落 关注3100点压力	石冰：五矿证券投资顾问	
			夏立军：大盘短期将继续围绕年线震荡整理	夏立军：和讯首席投资顾问	
		本时段重要资讯	商务部：中美经贸关系不会求"压舱石"和"推进器"		
			孙宏斌：不会谋求乐视控制权		
			推迟三周发行 浙商证券确定发行价为8.45元		
	下期	高端访谈	汇市短期有恐慌 长期影响有限		
			黄金走势仍难判断	徐山：汇能金融总裁	
			美联储若按期加息 美元有望走强势		
			美元频繁波动对人民币国际化或有重要影响		
			"一带一路"推进人民币国际化		
			资本外流将放缓 主因是管制加强		
		本时段话题	通道业务再爆风险 证监会首提全面禁止	邵宇：东方证券首席经济学家	
		市场360	资管去通道 对股、债、楼市意味着什么？	何北：良运期货研究员	
			商品普遍上涨 高位波动加剧		

续表

日期	新闻版块	主要内容	专家/嘉宾身份	问题来源
2017.5.22（周一）	市场360	黑色系与金属大涨 螺纹钢沪锌暴涨逾4%	贾舒畅：兴业期货研究员	
		上周规避情绪上升推涨黄金		
	本时段重要资讯	中俄远程宽体客机研制即将上马		
		中俄远程宽体客机研制即将上马	刘刚：太平洋证券总部首席投资顾	
	板块牛熊榜	可关注宝钛股份、钢研高纳等，相关涉及供应商集中在材料领域	同	
		短期震荡探底为主 本周支撑3038点		
		盐津铺子午后闪崩 封死跌停		
		油气改革消息面面观		
下期	本时段重要资讯	交通部发文鼓励共享单车免车押金		
		珠海银隆冲刺IPO 已办理辅导备案登记		
		贵州茅台今年营收预计增长20%左右		
	亚太时间	亚太外围市场造好 外资品牌汽车股强劲	刘明琪：阿仕特朗资本管理投资经理	
		基本面利好 韩汽车股继续向好		
		香港楼市调控再升温 对房价影响有限		
	行业风口	速度激情魅力无限 赛车经济迅猛向前	张洁：第一财经研究院研究员	
		汽车运动是汽车消费升级趋势	刘刚：太平洋证券总部首席投资顾	
		汽车运动国内尚处于前期发展阶段	同	

续表

日期	新闻版块	主要内容	专家/嘉宾身份	问题来源
2017.5.22（周一）下期	资讯焦点	*ST新都成2017年退市第一股		
		*ST新都被终止上市 24日进入退市整理期		
		长城汇理或将折戟*ST新都		
		私募费长城汇理或跌地雷		
	市场辩论会	"债券通"获批意义有多大?	马建:上海新兰德分析师；夏立军:和讯首席投资顾问；石冰:五矿证券投资顾问	主持人提问
	收盘倒计时	沪指震荡走低失守5天均线 保险股逆市走强		
		马建:短期低估值策略仍占优 做好防御	马建:上海新兰德分析师；夏立军:和讯首席投资顾问；石冰:五矿证券投资顾问	主持人提问
		夏立军:大盘本周3050—3100横盘蓄势		
		石冰:沪指3060 向下调整空间有限		
	尾市盘点	两市股指震荡下跌 次新股遭遇惨烈跌停潮		
		今日个股涨跌统计		
	资金流向	沪股通最近5日资金动向		
		近五日大盘主力资金流向		
		今日大盘主力资金流向		
		主力资金净流入前五板块		
		建材家具板块主力资金净流入前五		
		索菲亚近五日主力资金流向		

续表

日期	新闻版块	主要内容	专家/嘉宾身份	问题来源
2017.5.22（周一）	资金流向	工程建筑板块主力资金净流出前五		
		中材国际近五日主力资金流向		
		中材国际日线图		
		主力资金净流入前五		
		平安股价创近两年来新高		
		2016年中国平安经营情况		
		中国平安的经营业绩一直保持高速		
		中国平安去年每股派息大幅增加		
		中国平安上市以来每股股息增长10倍		
		保险股估值依然合理 有望继续上行		
		主力资金净流出前五板块		
		保变电气近五日主力资金流向		
		下一交易日大盘涨跌预测		
	资讯播报	商务部:中美经贸关系是"压舱石"和"推进器"		
		中俄国际商用飞机成立		
		孙宏斌:不会谋求乐视控制权		
		上市券商2016年度派现321亿		
	尾市盘点	沪指震荡走低失守5天均线 保险股逆市走强		
		马建:短期低估值策略仍占优 做好防御	马建:上海新兰德分析师	

续表

日期	新闻版块	主要内容	专家/嘉宾身份	问题来源
2017.5.22（周一）	全球三点半	美国沙特签署总额超2000亿美元合作协议		
		美国大公司与沙特达成一系列协议		
		黑石携手沙特主权基金大举投资美国基建		
		沙特能源部长再放鹰声 布油刷新一个月高点		
		特朗普支持率跌至当选以来最低		
		美股走低美元大跌 资金撤离美国资产		
		高盛下调美税改前景预期		
		巴西总统称将申请暂停对他的调查	李栎：建设银行外汇分析师	
		特朗普首访沙特签大单 美股油价获提振		
	下期	美股军工股普涨		
		油价连续二周收涨		
		油价关键影响因素在于供给		
		美元上周大幅下挫支撑了油价		
		加元触及十四个月低点 小幅反弹		
	港股收市	科通芯城遭沽空 股份停牌		
		港股盘中触及22个月高位	黄威：六福金融经济策略师	主持人提问
		科通芯城遭沽空 后续还需观察公司回应		
		受消息面带动 内险股有补涨行情		

续表

日期		新闻版块	主要内容	专家/嘉宾身份	问题来源
2017.5.23 （周二）	上 期	马元视点	科通芯城大跌22%		
		今日关注	监管层对券商通道业务再表态 暂未全面禁止但仍关注规模		
			保监会：支持险资通过债权投资计划投资重大工程		
			MSCI将于6月20日公布是否纳入A股的决定		
			美元指数下破97关口 刷新特朗普当选以来新低		
			定增倒挂率近四成 破发是否带来投资价值？		
			京津冀医疗协同发展论坛召开 雄安医院建设需求大		
			石化油服：可燃冰尚未进行商业开发		
			《网络安全法》即将实施 概念股或再受捧		
			美股三连阳 军工科技股走强		
			英国曼彻斯特体育场发生爆炸 有数人受伤		
		本时段 重要资讯	两市融资余额两连降，减少7.54亿元		
			【互动话题｜恐袭黑天鹅再度飞起，市场作何反应？】		
			英国爆炸事件造成19人死亡 约50人受伤		
			通道业务监管是证券业长期发展方向	胡扬：长城证券投资顾问	主持人提问
			通道业务再度收紧 周一市场走弱	洪书敏：湘财证券投资顾问	主持人提问
			低价及破净股增多 底部难言渐近	胡扬：长城证券投资顾问	主持人提问
			明晟6月宣布中国A股能否纳入明晟指数		
		欧洲股市	欧股恢复平稳走势		

193

续表

日期		新闻版块	主要内容	专家/嘉宾身份	问题来源
2017.5.23（周二）	上期	欧洲股市	英镑走低推动富时100领涨欧股		
		美国股市	欧委会:将欧元结算纳入欧元系统直接监管 特朗普出访送礼包 同一美股全面飘升 福特寻求转型更换ceo 股价上扬 唯品会砸重金扩大物流 中概股再现雄风		
		大商所·现场	原油黄金延续上涨 国内商品震荡	张莉平:光大期货研究员	
		本时段重要资讯	股价小幅低开 可燃冰概念跌幅居前	洪书敏:湘财证券投资顾问	
		深交所连线	张益:年线处短期压力仍较大	张益:中信建投证券投资顾问	
		香港演播室（港股最新点评）	港股高开0.1% 保险股继续强势		
		（记者观察）	科通芯城遭沽空机构狙击	杨倩雯:第一财经记者	
		微策略	监管风暴后"万能险"倒逼中小险企转型 长城证券:继续谨慎看市场	胡杨:长城证券投资顾问	
			湘财证券:监管资金偏紧 做好防御	洪书敏:湘财证券投资顾问	
			湘财证券:手游成游戏公司增长亮点 关注优质公司		
		本时段重要资讯	多家上市公司转道可转债 再融资新规实施3个月	胡杨:长城证券投资顾问	

续表

日期	新闻版块		主要内容	专家/嘉宾身份	问题来源
2017.5.23（周二）	上期	资金流向	近五日两市主力资金流向		
			主力资金净流入前五板块		
			主力资金净流出前五板块		
			主力资金净流入前五		
			主力资金净流出前五		
			【"人机大战"首局今日开打 柯洁迎战阿尔法狗】		
	本时段	重要资讯	英国首相特雷莎·梅:我们正在调查这起被警方视为"骇人听闻的恐怖袭击"的全部细节		
			美国白宫公布 2018 财年预算计划概要,寻求未来十年减少支出 3.6 万亿美元		
			央行今日公开市场净回笼 300 亿元		
			明晟 6 月宣布中国 a 股能否纳入明晟指数		
			雄安新区调查摸底土地人口房屋情况		
			又有 8 家造纸厂涨价 原纸最高再涨 200 元/吨		
			股价暴跌 22% 后停牌 香港上市公司科通芯城遭沽价机构狙击		
			人机大战第二季将打响 柯洁挑战 AlphaGo		
			英国曼彻斯特一体育场发生爆炸		
			金额高达 1.7 万亿美元 特朗普计划提出削减一揽子支出方案		
			日本连续 3 个月贸易顺差		

续表

日期	新闻版块	主要内容	专家/嘉宾身份	问题来源
2017.5.23（周二）	焦点资讯	今年破发公司达到63家 定增倒挂率超39%	张益：中信建投证券投资顾问	
	（盘面动态）	指数全面反弹 保险、白酒领涨	蔡璟：辉相基金投资顾问	
		近五日两市融资余额	魏青：银河证券投资顾问	
		昨日融资净买入额前五		
		数据揭秘：融资余额环比增加前5股		
		近期两市大宗交易情况		
		两市大宗交易成交金额最大个股		
		中国太保近期走势		
		两市大宗交易溢价前五个股		
		天海防务近期走势		
	龙虎榜跟踪	两市大宗交易折价前五个股		
		沪股通最近5日资金动向		
		沪股通成交量最大前五股		
		深股通成交量最大前五股		
		龙虎榜机构现身的个股数量		
		龙虎榜：机构资金净买入最大个股		
	上期	金牌厨柜开板过早 机构抢筹超八千万		
		龙虎榜：机构资金净卖出最大个股		

196

续表

日期		新闻版块	主要内容	专家/嘉宾身份	问题来源
2017.5.23（周二）	上期	龙虎榜跟踪	石化油服最近走势		
			机构出逃石化油服,石化机械		
			龙虎榜每日净买额最大个股		
			龙虎榜每日净买额最大营业部		
		亚太时间	亚太市场大多上涨		
			日本调查显示:日企有意再中国增加产能		
		期市连线	橡胶领涨 农产品盘整	毕慧:宝城期货研究员	
			资金跟进不足 豆类油脂反弹空间有限		
		大宗商品	欧元大涨助推金价上扬 减产有望油价继续攀升	郭铭:大宗商品分析师	
		微研报	银河证券:金融去杠杆大方向没有改变	魏青:银河证券投资顾问	
			银河证券:关注医药板块的防御功能		
			银河证券:手游行业增长亮眼		
		（盘面分析）	蔡璟:资金面吃紧 观望为主	蔡璟:日信证券首席分析师兼高级研究员	
		汇市连线	美元跌至六个月低位 国际金价强势走高		
		资金流向	资金流入量比较靠前	黄天铭:工行贵金属业务部交易员	
			资金净流出最大排行		
			个股资金净流入最大		
		互动话题	白马股有没有进入估值溢价期?		

197

续表

日期	新闻版块	主要内容	专家/嘉宾身份	问题来源
2017.5.23（周二）	本时段重要资讯	保监会：当前保险业风险总体可控		
		柯洁对战alphago 今日首战		
		明晟6月宣布中国A股能否纳入明晟指数		
		央行今日公开市场净回笼300亿元		
		工信部对工业机器人管理办法再次征意见		
		专家称：腾讯仍有翻倍的成长空间		
		英国曼彻斯特一体育场发生爆炸		
	即时资讯	贵州茅台早盘继续走强，股价涨破450元整数关口，创历史新高		
		环保部：将抓紧出台一批急需的环境质量标准和污染物排放标准		
		阿里健康在港股价大涨超12%，创8个月新高		
	板块牛熊榜	沈新股板块回调 万通智控等多股涨停		
	市场纵贯线（一周基金）	蔡璟：次新股对投资者投资能力要求高	蔡璟：日信证券首席分析师兼高级研究员	
		A股市场的版纸变化		
	一周银行理财	国内金融领域通道业务岁银行资产出表展开		
		李莉：通道业务的核心尤室管理责任的让渡	李莉：第一财经记者	
		李莉：通道业务主要投资于非标市场		

日期		新闻版块	主要内容	专家/嘉宾身份	问题来源
2017.5.23（周二）	上期	早盘收市	沪指早盘跌0.1% 多只蓝筹跌造创新高		
			年内61份研报给予"买入"评级		
			襄阳轴承因信披违规等行为收到监管函		
		本时段重要资讯	今年以来逾百家公司终止并购重组		
			近百家上市公司股东被迫补充质押		
			再融资新规实施3个月 多家上市公司转道可转债		
			行业景气提升 机构密集调研锂电池产业链		
			万科聚焦投资机构发起设立商业地产投资基金		
	下期	午间论市	芦瑾:权重护盘题材杀跌 风险偏好骤减	芦瑾:湘财证券投顾、第一财经等多家媒体特邀分析师	主持人提问
			沪指早盘跌0.1% 多只蓝筹跌造创新高		
			沪指早盘跌0.1% 多只蓝筹跌造创新高	张益:中信建投证券投资顾问	主持人提问
			张益:短期年线市多空争夺的焦点		
		互动话题	*ST新都退市遭争议 如何抓住撤离通道?		主持人提问
		快讯	张郁峰:仍处筑底阶段 关注量能变化	张郁峰:中航证券首席策略分析师	主持人提问
			宋志云:热点全线退潮 大盘调整将延续	宋志云:世纪证券资深投资顾问	
		本时段重要资讯	环保部将出台环境质量和污染物排放标准		
			北斗系统已开始全球组网		
			同业市场利率上升较快 银行存贷款重定价		
		（盘面分析）	童彬:短期维持低位震荡	童彬:东海证券水城南路营业部副总经理,东方财富网财经名家	

日期		新闻版块	主要内容	专家/嘉宾身份	问题来源
2017. 5. 23（周二）	下期	高端访谈 复旦-ZEW 指数	去杠杆使中国经济产生短期的阵痛效应		
			中美经济景气指数下跌 两国 GDP 表现不一	孙立坚:复旦发展研究院金融研究中心主任	主持人提问
			存贷款利率长短期表现不一 物价股市汇率均下跌		
		盘中异动	次新股板块大跌近 4%		
		高端访谈 复旦-ZEW 指数	去杠杆使地区房价承压 区域经济承受调整压力		
			去杠杆使中国经济产生短期的阵痛效应		
		（本时段话题）	*ST 新都退市余波:会计调整遭争议	黄思瑜:第一财经记者	
			投资者要求索赔 需看监管调查结果		
			待监管机构调查后 投资者可视情况提起诉讼	许峰:上海华荣律师事务所律师	
		（盘面分析）	商品小幅波动 涨跌互现	何北:良运期货研究员	
			商品大多上扬 硅铁大涨 3.51%		
		盘中异动	雄安板块拉升反弹 冀东装备等直线拉升		
		（盘面分析）	供给增速阶段放缓 需求仍将制约铜价上行	曹洋:东证期货有色金属分析师	
			基本面弱势格局未改 镍价难以形成反转		
		本时段最新资讯	大企业 ceo 开门收徒 助力中小企业转型升级		
			吉祥航空:"一带一路"沿线国家将是布局重点		

续表

日期	新闻版块	主要内容	专家嘉宾身份	问题来源
2017.5.23（周二）下期	板块牛熊榜	童彬:短期维持低位震荡	童彬:东海证券水城南路营业部副总经理,东方财富网财经名家	
		次新股板块大跌近4%		
		a股市场二八分化格局演意愈烈		
		近期创新高部分个股(除新股)		
		更多股票跌跌不休 交投清淡		
		"大象"集体舞仍未散场原因		
		2016年证监会处罚情况		
		大盘蓝筹股继续高歌猛进 隐忧仍在		
		创新高个股近五日主力资金流向		
		创新高个股今日主力资金净流入前五		
	本时段最新资讯	李彦宏:百度将不再是互联网而是人工智能公司		
		工信部:2017年起对民用无人驾驶航空器产品摸底		
	亚太时间	亚太市场涨跌互现 避险情绪维高企元	方商:第一财经记者	主持人提问
		香港科网股顾倍沽空 宜适时减持	苏沛丰:招银国际策略师	
	行业风口	教育智能行业向整体解决方案转型		
		VR AR AI等技术正融人教育产业未来	孟红:第一财经研究院研究员	主持人提问
		长期看好智能教育产业未前景	童彬:东海证券水城南路营业部副总经理,东方财富网财经名家	
		预计2020年教育装备规格达2.9万亿		
		当前涉及智能教育产业不多 且估值偏高		

续表

日期	新闻版块	主要内容	专家、嘉宾身份	问题来源
2017.5.23（周二）下期	快讯	英国警方称曼彻斯特体育场爆炸系自杀式袭击		
		曼彻斯特体育场爆炸已致22人死亡59人受伤		
	资讯焦点	央行今日公开市场净回笼300亿元		
		1年期shibor首次倒挂贷款基础利率	温彬：民生银行首席研究员	
		多家银行内部已进行存贷款重定价		
		市场利率走高 银行戴"紧箍咒"迎考MPA		
		交易员：表外利差几个月前就已经吃紧		
		银行签出"史上最严流动性风险严控方案"		
		某银行2月末已3次调FTP内部资金转移定价		
		基金市场显现资金换仓迹象：逾8亿资金抢筹创业板ETF		
		数据显示：近期ETF投资者不断加仓创业板基金		
		机构人士认为创业板短期有望超跌反弹		
		资金流水及海外收入被重点关注 IPO窗口指导审核再收紧		
	市场辩论会	资金逆势抢筹创业板ETF 释放何种信号？	宋正皓：东方证券投资顾问	主持人提问
		宋正皓：白马股高兑现 小市值逢低加仓	张郁峰：中航证券首席策略分析师	
		张郁峰：逢低加仓创业板 机构左侧交易		
		宋志云：创业板权重品种超跌严重	宋志云：世纪证券高级投资顾问	
		近期市场不是最好的介入时机 目前大盘仍处于寻底之中 耐心等待		

续表

日期	新闻版块	主要内容	专家/嘉宾身份	问题来源
2017.5.23（周二）下期	尾市盘点	次新股午后再现跌停潮		
		雄安概念股拉升反弹		
	收盘倒计时	次新股集体走弱 创业板指跌逾1.6%	宋正皓:东方证券投资顾问	
		宋正皓:交易量显示市场情绪没有明显复苏		
	尾市盘点	次新股集体走弱 创业板指跌逾1.67%		
		张郁峰:二次探底过程 半仓持股过节	张郁峰:中航证券首席策略分析师	
		宋志云:大盘维持震荡 注意个股杀跌风险	宋志云:世纪证券高级投资顾问	
		沪指震荡下挫 深成指五连跌		
		上证50指数涨逾1%		
		近期创新高部分个股(除新股)		
		"大象"集体舞仍未散场原因		
		大盘蓝筹股继续高歌猛进		
	资金流向	今日个股涨跌统计		
		沪股通最近5日资金动向		
		今日大盘主力资金流向		
		主力资金净流入前五板块		
		银行板块主力资金净流入前五		
		电子设备板块主力资金净流出前五		
		大唐电信尾盘闪崩		

续表

日期		新闻版块	主要内容	专家/嘉宾身份	问题来源
2017.5.23（周二）	下期	资金流向	主力资金净流入前五		
			主力资金净流出前五		
			中国建筑近五日主力资金流向		
			首创股份近五日主力资金流向		
			下一交易日大盘涨跌预测		
		资讯播报	山西省"十三五"煤炭工业发展规划发布		
			工信部对工业机器人管理办法再次征求意见		
			贵州茅台续创新高 年内61份研报给予"买入"评级	宋正确：东方证券投资顾问	
		尾市盘点	次新股集体走弱 创业板指跌逾1.67%		
		全球三点半	朴槿惠时隔53天再露面 出席首场公审		
			英国曼彻斯特一体育场发生爆炸		
			英国执政党保守党支持率下降		
			英国脱欧谈判火药味渐浓		
			德央行预计二季度德国经济保持快速增长		
			默多克：德国贸易顺差部分是由于欧元疲软		
			特朗普将放大招 削减1.7万亿福利开支		
			巴西股市汇市再遭双杀		
			伊朗在减产关键期计划9个月后增产8%		

续表

日期		新闻版块	主要内容	专家/嘉宾身份	问题来源
2017.5.23 (周二)	下期	全球三点半	突发爆炸及脱欧火药味渐浓 英镑或承压	李刘阳：招商银行金融市场部外汇首席分析师	主持人提问
			英国曼彻斯特爆炸 英镑金价反应较平淡		
			英国脱欧谈判不确定性增加		
			6月大选前英镑或维持稳中有升		
		港股收市	关注周四公布的美联储5月会议纪要	黄丽娟：海通国际股票衍生产品销售助理副总裁	主持人提问
			美元或已处上涨行情末期 临近拐点		
			加息和缩表预期暂时支撑美元		
			恒指走势向好 创两年高位		
			保险股强势 中国平安股价创新高		
			银行股向上 招行H股盘中创两年高位		
			香港恒生指数上涨0.08%		
		马元视点	稳住股指＝稳住风险？		主持人提问
			中国新动能赢得世界赞誉		
2017.5.24 (周三)	上期	今日关注	习近平主持深改组会议，要求推进重点领域开放		
			国务院发文力挺社会办医，产业投资热潮或将延续		
			基金超期未发监管思路出炉：可延期或不再发行		
			深改组会议：在京津冀及周边地区开展跨地区环保机构试点		
			储能技术和产业发展促进政策将发布		
			民生称3000亿市值通近质押警戒线		

续表

日期			新闻版块	主要内容	专家/嘉宾身份	问题来源
2017.5.24 (周三)	上	期	今日关注	摩根大通李晶：A 股下个月被纳入 MSCI 机会较大		
				＊ST 新都今日进入退市整理期		
				储能技术和产业发展促进政策将发布		
				河北将维持百家信息骨干企业		
				监管部门进场核查：银行收缩票据业务		
				今年以来 13 家公司 IPO 延迟发行		
			"正在"直播区	习近平主持深改组第 35 次会议	阮军：东方证券分析师	
			本时段	中国新动能获世界赞誉	刘哲：上海新兰德证券分析师	
			重要资讯	国务院发文力挺社会办医		
			欧洲股市	PMI 推动欧洲股指蒲片走高		
				美股保持涨势 市场关注白宫预算案		
			美国股市	诺基亚与苹果达成和解 股价大涨		
				4 月份新建住宅销售远低预期		
			大商所·现场	OPEC 或演出减产协议 原油继续上场		
			（盘面分析）	市场热点缺乏 两市股指全线低开		
			深交所连线	李海涛：关注 3050 点的支撑	李海涛：金元证券分析师	主持人提问
			香港演播室	港股小幅低开 内险股继续向好		
				腾讯股价接连大涨 又创新高		

续表

日期	新闻版块	主要内容	专家/嘉宾身份	问题来源
2017.5.24 (周三)	微策略	两市股指低开低走，行业板块普遍下跌		
		关注业绩增长确定性较高的主线行情	刘哲：上海新兰德证券分析师	
		上海新蓝德：关注新能源汽车概念股		
		东方证券：流动性偏紧或会制约市场反弹	阮军：东方证券分析师	
		年青人有望带来珠宝首饰的消费升级		
		继沃尔沃之后吉利再出大手笔，计划拿下连花汽车控股权		
	"正在"直播区	北京公示第二批新能源车补贴名单		
		中国央行近日公开市场净回笼500亿元		
		央行公开市场今日净回笼500亿元		
		上海国资委：今年将推动2~3家企业集团整体上市		
		中央国家机关住房公积金新政出台		
		4月铁路货运量增速15.3% 连续9月正增长		
	焦点资讯	1132股市预告中期业绩170家增幅翻倍		
		近20家上市公司发布"增持令"		
		民生称3000亿市值遭近质押警戒线		
		英国将恐怖主义威胁级升至最高级		
上期		"漂亮50"不断突破新高 市场分化加剧	桂浩明：申万宏源证券市场研究部总监	
		中小创引领反弹 可燃冰领涨	林暐：第一财经卫视分析师 瞿时尹：海通证券分析师	

续表

日期	新闻版块	主要内容	专家/嘉宾身份	问题来源
2017.5.24（周三）上期	（盘面动态）	创业板反弹力度大,中小板基本持平		
		乐普医疗近期不断走高		
		国泰君安股价处于阶段性低点附近		
		龙虎榜:机构资金净买入最大个股		
		南国置业两日接力"一字板"		
	亚太时间	亚太市场大多上涨		
		日本央行如何与市场沟通恐成难题	毕慧:宝城期货研究员	
	期市连线	商品调整 铁矿"领跌"		
		豆棕价差小幅走阔仍未摆脱低位	王伟:大宗商品分析师	
	大宗商品	金银回落因美元反弹		
		美指重回97上方 国际金价承压下跌	黄天倪:工行贵金属业务部交易员	
	微研报	海通证券:市场结构胜于趋势	瞿时尹:海通证券分析师	
		海通证券:油气改革——打破垄断 央企改革		
	资金流向	中小创引领反弹 可燃冰领涨		
	本时段	中央国家机关住房公积金新政出台		
		4月铁路货运量增速15.3% 连续9月正增长		
	重要资讯	1132股市预告中期业绩170家增幅翻倍		
		近20家上市公司发布"增持令"		

续表

日期		新闻版块	主要内容	专家/嘉宾身份	问题来源
2017.5.24（周三）	上期	本时段重要资讯	民生称3000亿市值遭遇质押警戒线		
			英国将恐怖主义威胁等级升至最高级		
		"正在"直播区	文化部关停10家直播平台		
			乐视在美国大幅裁员325名，业务精简战线拉回国内		
			桂浩明：市场风格切换短期内不现实		
		板块牛熊榜	OLED概念股极速拉升 多股涨停	林晓：第一财经卫视分析师	
		一周外汇	美元自6个半月低位反弹 市场静待美联储会议纪要	马珂威：香港亨达特约分析师	
			美国白宫公布2018预算案 美元指数走强	林健：第一财经记者	
			荷兰国际：预期欧元/端郎1个月目标1.1100		
			沪指早盘下跌0.36% 雄安新板块超跌反		
		早盘收市	美国对全球光伏产品发起保障措施调查		
			中石油与中铝签署战略合作框架协议		
			证监会:7公司首发过会 1公司未通过		
			新都酒店今日进入退市整理期交易		
			财政部PPP项目资产证券化推出		
		午间论市	沪指早盘下跌0.36%	马珂威：香港亨达特约分析师	
		互动话题	次新股"闪崩"愈演愈烈 补充质押成诱因?	李海滨：金元证券分析师	

续表

日期	新闻版块	主要内容	专家/嘉宾身份	问题来源
2017.5.24（周三）下期	互动话题	次新股"闪崩"愈演愈烈 补充质押成诱因？		主持人提问
		王丽颖：大盘短暂反弹难聚人气	王丽颖：东方证券首席	
		冯春明：短期市场震荡 关注低位白马股	冯春明：国元证券投资顾问	
	本时段重要资讯	财政部回应穆迪下调中国主权新用评级		
		国务院：支持高成长性科技企业上市		
		负债端持续收紧 Shibor 中长期品种上行		
		银行行长面临大考不敢放贷		
	"正在"直播区	财政部：2018—2010 年我国政府债务风险指标与 2016 年相比不会发生大变化		
		保监会：截至 4 月底税优健康险实收保费 1.26 亿		
	首席对策	监管加强 上市银行规模扩张明显放缓	董希淼：中国人民大学重阳金融研究院高级研究员	
		108 只次新股宣布股权质押	蔡钧毅：上海证券首席市场分析师	
	本时段话题	今日监管规范市场 多方因素致个股"闪崩"		
		"闪崩"个股背后存在共同点		
	市场 360	商品下跌为主 铁矿"石"领跌盘面	姜楠：良运期货研究院	
		黑色系跌幅扩大 铁矿"石"期货接近跌停		
		黑色系再度下挫 铁矿"石"暴跌 6.74%	周尚晨：华鑫期货副总经理	
		鸡蛋现货走低 拖累期货价格反弹		

续表

日期		新闻版块	主要内容	专家/嘉宾身份	问题来源
2017.5.24 （周三）	下 期	市场360	供应收紧需求改善 鸡蛋价格有望回暖		
			搜狐发布星图计划打造完整自媒体生态链	冯宇：泓湖投资基金经理	
			市场分化加剧 资金集中抱团白马股		
		板块牛熊榜	京津冀首个环保统一标准将于9月1日实施	傅子恒：万联证券研究所所长	
		本时段	涉非标超限 中信银行暂停"名股实债"业务		
		重要资讯	多地网约车新政过渡期到期		
		亚太时间	韩股连创新高 短期资金流有利后市慢牛表现	温钢城：中投傲扬基金经理	
			美汇走弱反复偏弱 资金从美元流出		
			本月港股预计持续窄幅震荡走势		
		行业风口	百度无人驾驶计划向何去何从？	李柏军：第一财经研究院研究员	
			腾讯入股特斯拉 成第五大股东	朱勇：数据观察员	
		资讯焦点	银监会发文重点检查信托违规拿地业务	李雨宸：第一财经记者	
			介绍"华龙一号"全球首推示范工程等顶吊表	黄晶晶：第一财经记者	
			"华龙一号"建造顺利推进		
		市场辩论会	大盘能否成功构筑小双底上攻形式？	余海华：证监委首批注册分析师 王丽颖：东方证券投资顾问 冯春明：国元证券投资顾问	
		收盘倒计时	余海华：个股超跌严重 报复性反弹要求强烈		
		尾市盘点	a股尾盘震荡上行 创业板指收涨逾1%	余海华：证监委首批注册分析师 王丽颖：东方证券投资顾问 冯春明：国元证券投资顾问	

续表

日期	新闻版块	主要内容	专家/嘉宾身份	问题来源
	资讯播报	将择优创建一批"中国制造2025"示范区		
		京津冀首个环保统一标准将于9月1日实施		
		近20家央企试点混改顺利 第三批试点扩大		
		国资委:前4月央企利润总额4449.9亿元,同比增18.1%		
		今日有234万元资金买入新股以及错期的新都退		
		余海华:关注超跌次新股以及错杀优质杀错品种		
	"正在"直播区	白宫发布特朗普2018财年预算案		
	尾市盘点	美众议院多数党领袖:预计今年完成税改		
2017.5.24（周三）	全球三点半	美国将售出一半战略石油储备		
		美国五月制造业PMI创去年9月来新低		
		美国4月新建住宅销售从10年高点回落		
		欧元区制造业PMI创6年新高		
		英国将恐怖主义威胁级别上调至"危急"		
		韩国前总统朴槿惠在首次庭审上坚称无罪		
		OPEC即将决定延长减产 油价望迎周期上涨	周锦骅:平安信托策略与投资顾问总监	
		美国页岩油供应影响市场情绪和油价		
		美国石油钻井数连增18周		
		全球石油需求前有支撑		
		欧佩克第172次会议5月25日召开		
下期				

续表

日期	新闻版块	主要内容	专家嘉宾身份	问题来源
2017.5.24 (周三)	下期			
	港股收市	港股窄幅震荡，除息股回吐	潘铁珊:亚洲创富证券行政总裁	
		中国恒大领涨内房股		
		科技股短线回吐压力较大		
		香港恒生指数微涨0.06%		
	马元视点	华大基因首发过会		主持人提问
2017.5.25 (周四)	上期			
	今日关注	新华社:上市公司大股东增持或增强市场信心		
		国常会:未来3年改造棚户区1500万套		
		银监会回应收紧信托融资通道查运营:系例行检查		
		人社部:加快实施养老金投资运营		
		证监会:维科精华等3公司并购重组获批		
		深交所:中小板公司去年业绩增速创近五年新高		
		华大基因首发过会 基因测序概念站上风口		
		河北省大力推进大数据建设		
		雄安新区或成成标杆		
	"正在"直播区	"华龙一号"全球首推示范工程专项吊装		
		山西试点煤电联营一体化，巨头重组预期升温		
		多重因素致个股"闪崩" 市场不应过度解读		
		中国铁建:新签逾120亿元海外合同		

续表

日期	新闻版块	主要内容	专家/嘉宾身份	问题来源
2017.5.25（周四）上期	正能量扩散	近30家上市公司股东加人增持大军	李博:广发证券市场分析师	
		养老保险基金保持续续增	沈钧:中银国际证券分析师	
	欧洲股市	1370亿元养老金已经到账并开始投资		
		英国10年来首次将安全警戒级别调至最高		
		特朗普欧洲行引发关注		
	美国股市	联储发布会议纪要6月加息再度升温		
		美元指数反弹 美股涨幅扩大		
		奢侈品牌蒂芙尼股价打折		
	大商所·现场	聚焦今晚油产会议 原油震荡静待结果	杜佩霞:渤海期货研究员	
	国内指数	李博:市场企稳,暂时观望	李博:广发证券市场分析师	
	深交所连线	胡郁之:市场初现箱位 等待修复行情	胡郁之:深圳锦荣汇投资管理有限公司法人	
	香港演播室	港股高开0.33% 内房股继续强势		
		吉利将收购宝腾股份及莲花汽车股权		
	(记者观察)	金融机构风控群体调查:在不同机构"圈内打转"		
	港股微策略	港股有获利回吐空间	沈钧:中银国际证券分析师	
	微策略	创业板估值指造近历史低位		
		机构对高头龙股的配置与大盘走势	李博:广发证券市场分析师	
		对高成长持续性的预期被打破		

续表

日期	新闻版块	主要内容	专家/嘉宾身份	问题来源
2017.5.25（周四）	"正在"直播区	资金流向		
		商务部：通过对话协商妥善处理中美经贸摩擦		
		商务部：中国不会搞货币竞争性贬值		
		王晶：养老金入市有助于完善市场结构		
		央行公开市场今日零投放零回笼		
		方星海：将在更多期货品种引入做市商制度		
		《全面推进智能交通发展战略合作协议》		
		商品期货开盘涨跌不一，铁矿石跌超2%		
		A股定增困境：拿到船票却多上船		
	本时段重要资讯	瑞昌科技被沽空机构组击，管理层首次回应		
		印尼首都雅加达发生爆炸致多人死亡		
		5月来超60家公司补充质押，风险整体可控		
	焦点资讯	近30家上市公司股东加入增股大军	胡郁之：深圳锦荣汇投资管理有限公司法人	
		指数二八分化 保险 银行领涨	黄楚、顾剑锋	
		昨日融资净买入额前五		
	龙虎榜跟踪	数据揭秘：融资余额环比增加前5股		
		近期两市大宗交易情况		
		两市大宗交易成交金额最大个股		

215

续表

日期	新闻版块	主要内容	专家/嘉宾身份	问题来源
2017.5.25（周四）	上期	美的集团近期走势		
		游族网络近期走势		
		两市大宗交易折价前五个股		
		沪股通最近5日资金动向		
		沪股通成交最大前五股		
	龙虎榜跟踪	龙虎榜：机构资金净买入最大个股		
		博天环境上1家机构席位大买3200万		
		龙虎榜：机构资金净卖出最大个股		
		雄安新秀大禹节水高位机构持续抛售		
		龙虎榜每日净买入额最大个股		
		一线游资齐聚雄安概念新标的		
		游资2.71亿强如反弹龙头石化机械		
		龙虎榜每日净买入额最大营业部		
	亚太时间	亚太市场全面上涨		
		日本央行资产负债表庞大		
	期市连线	商品波幅不大 铁矿维持弱势	姜楠：良运期货研究员	
		豆粕弱势整理 玉米关注拍卖		
	大宗商品	商品价格呈震荡格	蔚竣：大宗商品分析师	
	汇市连线	美联储会议纪要措辞谨慎 国际金价震荡上行	黄天恒：工行贵金属业务部交易员	

216

续表

日期	新闻版块		主要内容	专家/嘉宾身份	问题来源
2017.5.25 (周四)	上期	微研报	中信证券:利率为纲 价值为本	顾剑锋	
		互动话题	如何看待中信 国信 海通 3 家券商遭罚?		
		本时段重要资讯	商务部正式发布《关于中美经贸关系的研究报告》		
			方星海:4 月末期货市场资金总额达 4726.1 亿元		
			柯洁对战 alphago 今天进行第二场比赛		
			北京四大行业整体税负下降 15.3%		
			《全面推进智能交通发展战略合作协议》		
			"未来理财师"第十届大学生理财大赛启动		
		"正在"直播区	方星海:持续强化市场监管		
			福布斯全球上市公司 2000 强:工行蝉联冠军,四大行跻身前十	黄趣	
		板块牛熊榜	港股站上 25600 点,创 22 个月新高		
		一周大宗商品	银行板块强力翘脚 上证 50 再创年内新高	龙玲:中央电视台证券资讯频道特约分析师	
			龙玲:预计美联社今年晚些时候开启缩表		
			龙玲:缩表对大宗商品和资产价格整体都不利		
			龙玲:原油将维系涨势 化工品受到提振		
		早盘收市	龙玲:铜短期偏空但中期偏空压力不改		
			沪指早盘涨 0.39% 上证 50 创 6 个月新高		

续表

日期	新闻版块		主要内容	专家/嘉宾身份	问题来源
2017.5.25（周四）	上期	本时段重要资讯	华大基因成功过会，登陆A股进入倒计时		
			中小企业板公司去年业绩增速创近5年新高		
			五大机构扎堆调研17家公司		
			5月来超60家公司补充质押，风险整体可控		
			闪崩频现"浙系"资金成卖出主力		
			瑞声科技被沽空机构狙击，管理层首次回应		
			"未来理财师"第十届大学生理财大赛启动		
	下期	午间论市	沪指早盘涨0.39% 上证50创6个月新高		
			濮良珺：短期超跌求反弹 中长线底部未明	濮良珺：市场分析师	
			胡郁之：市场维持分化 轻仓等待反弹时机	胡郁之：深圳锦荣汇投资管理有限公司法人	
		互动话题	定增断崖式下跌 再融资如何"脱虚向实"？		
		互动话题	定增断崖式下跌 再融资如何"脱虚向实"？		
		下午市场分析	二八分化加剧，向一九转化，部分个股持续调整	冯文锁：新时代证券研发中心经理	
			沪指翻红，个股分化严重	吴玉成：深圳长江证券投资顾问	
		全市场扫描	国内指数，亚太市场，外汇市场，股指期货		
		最新资讯	方星海：持续强化市场监管		主持人提问
			巴蜀松：委外业务仍有存在空间		主持人提问
			机构预测：明起汽柴油价格进行上调		主持人提问

续表

日期	新闻版块	主要内容	专家/嘉宾身份	问题来源
	"正在"直播区	联想集团第四季度净利润 1.07 亿美元，同比下降 41% 网信办、央行等多部门正制定文件规范金融信息服务 国债期货高开后震荡走低		主持人提问
	北京智库	"一带一路"产业投资逻辑分析 如何构建"一带一路"金融大动脉：中国基础设施建设需要八万亿美元以上 高铁和核电技术是最具竞争力的中国"产品" 中国核电技术世界领先 中国在建造技术方面全球领先 "一带一路"利于推动人民币国际化 动员国际金融市场参与项目建设 人民币境外离岸市场在快速发展之中	曹远征：中银国际研究公司董事长	主持人提问
2017.5.25（周四）下期	话题环节	定增放发、倒挂预现、再融资断崖式下滑 定增陷入窘境，资金转道可转债 大商商市场及时表现	周楠：第一财经记者 桂浩明：申万宏源市场研究总监 姜楠：良运期货研究员	主持人提问
	盘面分析	供大于求对市场形成压力，市场上对于资金面和宏观面有缩紧预期，商品早盘跌涨分化，铁矿石下挫 2.79%，聚丙烯近期涨势放缓，全产业链去库存接近尾声，6—8 月是传统需求淡季	杜彩凤：东征衍生品研究院能源化工分析师	主持人提问
	汇市表现	美联储 6 月加息概率提升，预期加息缩表	杜雨超：中行评论员	主持人提问

续表

日期		新闻版块	主要内容	专家/嘉宾身份	问题来源
2017.5.25（周四）	下期	最新资讯	塑料期货交易大规模增长 / 同城速递竞争激烈，众包物流达到C端开放	陈纬：大连商品交易所工业品事业部总监	主持人提问
		板块牛熊榜	沪指涨幅超1.1%，收复3100点 / 股指短暂企稳后仍有调整需求 / 上证50上涨超2%，浦发银行涨停 / 柯洁再负阿尔法GO，人工智能板块迅速拉升 / 券商板块再现数据梳理	谢峻 / 朱勇：数据观察员	主持人提问
		全市场扫描	商品涨跌互现，铁矿延续弱势		
		最新资讯	商务部：拟开放汽车电子等领域外资股比限 / 生猪存栏量连续两个月环比增长		
		亚太时间	亚太市场普遍向上，韩国股市再创新高 / 港股高开高走，恒指创两年高位 / 雄安概念股再现集体涨停	方岩：第一财经记者 / 陈星：峰会金融基金经理 / 谢峻	主持人提问
		投资人说	股市震荡向下，谨慎抄底 / 金融监管不放松，股票二八分化更极致 / 货币中性偏紧导致商品股票同涨跌 / 股票里的小机会难捕捉，股民谨慎操作	冯宇：泓湖投资基金经理	主持人提问
		全市场扫描	国内指数、亚太市场、外汇市场		主持人提问
		资讯焦点	第十四届上海衍生品市场论坛今日举行，方星海：持续强化市场监管，股指期货与国债期货流动性不深	方星海：证监会副主席	主持人提问

续表

日期	新闻版块	主要内容	专家/嘉宾身份	问题来源
2017.5.25（周四）下期	市场辩论会	上证50创年内新高 价值发现是否已完成？	刘刚：太平洋证券总部首席投资顾问	主持人提问
		刘刚：上证50创新高反映机构化现象明显		
		刘刚：机构对大蓝筹谨慎于波段操作		
		冯文锁：风险偏好较低 资金持续流向白马股	冯文锁：新时代证券研发中心总经理	主持人提问
		冯文锁：一九行情将持续至中小创探明底部		
		吴玉成：优质股安全性高 行情分化将持续	吴玉成：长江证券投资顾问	主持人提问
	收盘倒计时	上证50再创近17个月新高 沪指重返3100点	刘刚：太平洋证券总部首席投资顾问	主持人提问
		双底构筑完毕，小周期反弹可期		
		收盘结果：一片红盘		
	全市场扫描	国内指数、亚太市场、外汇市场、股指期货		
	尾市盘点	大权重板块集体拉升 沪指强势收复3100点		
		限售股解禁 股权质押及高估值品种风险大		
		低估值的金融板块被看好	冯文锁：新时代证券研发中心总经理	
		沪指短期受阻3120点，低位仍需调整		
		双底构筑完毕，小周期反弹可期，个股因触碰平行线出现险象 股权质押及高估值品种风险大	吴玉成：长江证券投资顾问	
		全天数据面情况：沪指强势收复3100点，大盘净流入6亿元净流入，深股通净流入53.7亿元，沪股通资金流入10.75亿元，房地产、土木工程、煤炭石油为净流入净流入前五板块；银行类、券商、浦发银行强势涨停	刘刚：太平洋证券总部首席投资顾问	主持人提问

续表

日期	新闻版块	主要内容	专家/嘉宾身份	问题来源
2017.5.25（周四）下期	资讯播报	两部委发文推进环保和污水处理设施开放		
		中国移动称暂时未收到混改通知		
		商务部：拟放开汽车电子等领域外资股比限		
		民航局：将打造京津冀世界级等三个世界级机场群		
		北京今年拟新增地方债 525 亿元，用于北京副中心建设等领域		
	尾市盘点	大权重板块集体拉升 沪指强势收复 3100 点	刘刚：太平洋证券总部首席投资顾问	主持人提问
	全球三点半	美联储 5 月纪要：再加息，上调缩表额度	徐权翰：中国工商银行贵金属业务部交易员	主持人提问
		加拿大央行维持利率不变		
		德国去年新建房屋数量创 12 年来新高		
		德纪苦暗示欧洲央行将在 6 月保持政策不变		
		欧佩克或建议延长减产 9 个月		
		高盛：欧佩克会议或给市场带来惊喜		
		英国王室为恐袭死难者默哀		
		比特币涨破 2500 美元 刷新纪录高位		
		美股走势强，欧股走势偏软		
		美联储 5 月纪要暗示 6 月加息，黄金 V 形反转		
		金价短期 1245—1265 美元区间震荡，全球经济复苏将刺激金价上行，金价波动率将降低		

续表

日期	新闻版块	主要内容	专家/嘉宾身份	问题来源
2017.5.25（周四）	下期	港股收市	港股高开高走 恒指创两年高位	黄伟豪:香港演播室耀财证券研究部副经理	主持人提问
			保险股领涨 中国平安股价创新高		
			资金布局内房股 中国恒大冲高		
			联想集体扭亏转盈 股价大涨		
		马元视点	柯洁再负 alphago,人工智能的用处和对人类的挑战值得思考		
2017.5.26（周五）	上期	今日关注	央行:防范非法开立、买卖银行账户及支付账户行为		
			市政建设十三五规划发布 多股望受益		
			商务部:拟放开汽车电子等领域外资股比限		
			民航部:着力打造京津冀等三个世界级机场群		
			标普500指数与纳指共创历史新高		
		"正在"直播区	6月6日苹果召开全球开发者大会		
			国内油价上调 汽油每吨上调140元		
			5月以来融资客加仓银行减持保险		
			6月份长协煤价恐迎最大跌幅,煤价拐点将至		
			顺丰控股子公司拟500万美元与UPS设立合资公司		
			原油期货上市临近,境外交易者四种模式参与		

续表

日期	新闻版块	主要内容	专家/嘉宾身份	问题来源
2017.5.26（周五）上期	重要消息	市政建设十三五规划发布，综合管廊成重点，1.2万公里长度管廊，万亿级别的工程	潘敏立	主持人提问
		基金"围猎"基因测序股，是否能成为下一个风口，还需等待市场验证	黄俊:嘉盛集团全球首席中文分析师	主持人提问
		6月6日苹果召开全球开发者大会		
		神雾集团身陷关联交易争议，神雾环保称关联交易量并不大，监管部门需现身管理		
	欧洲股市	能源股下跌令欧股承压		
		北约峰会昨天举行 聚焦反恐与安全合作		
		英国停止与美国分享反恐情报		
	结算竞价	股指全线低开，地下网概念涨幅居前	潘敏立	主持人提问
		连续调整有利于后市企稳反弹	黄俊:嘉盛集团全球首席中文分析师	
	美国股市	美股再创新高 科技股领涨		
		首申失业金人数好于预期 劳动力市场稳定		
	深交所连线	曾海龙:一阴穿三线 短期情绪再现回暖	曾海龙:私募基金管理人,投资总监	
	香港演播室	港股高开 0.16% 石油股受压		主持人提问
		香港证监会调查上市公司欺诈		主持人提问
	货币市场基金分析	混合型,债券基金4月"双降"货币基金成"香饽饽"		主持人提问

续表

日期	新闻版块	主要内容	专家/嘉宾身份	问题来源
2017.5.26 (周五)	股市分析	分化现象存在		
		黄俊:商务部拟放开部分领域外资限制,所有城市地下管廊政策落实,权重发力大盘反弹空间打开	黄俊:嘉盛集团全球首席中文分析师	
		黄俊:八大环保产业政策密集出台 寻找被错杀的低估值板块		
	微策略	东方证券:连续调查有利于后市企稳反弹,建议调整雄安,可燃冰等热门板块,同时也要关注风险		
		东方证券:政务云存在巨大的市场空间		
		东方证券:我国将建立网络数据安全管理体系		
		阿里云营收连续两年实现三位数增长		
	资金流向情况	主力资金动向小幅度净流出,昨日净流入人格局未能持续		
	全市场扫描	国内指数,亚太市场,股指期货		
		航空股强势走高		
	"正在"直播区	李克强对"华龙一号"福清核电5号机组建设工作作出重要批示		
		中国央行5月26日发布公开市场业务交易公告,当日开展了七天回购操作,中标利率2.45%,以利率招标方式开展了200亿元14天逆回购操作,中标利率2.60%		

续表

日期	新闻版块		主要内容	专家/嘉宾身份	问题来源
2017.5.26（周五）	上期	本时段重要资讯	端午假期，国内旅游收入将达330亿		
			我国企业退休人员基本养老金人均2362元		
			多家银行理财收益率突破5/5 时隔四年，高收益银行理财重出江湖		
			十部委开展网络监管专项行动		
			券商预计风险整体可控，多家公司股权质押补仓		
			1135家公司预告中期业绩，170家着增翻倍		
			产业链公司或迎股价和业绩双成长，6月6日苹果召开全球开发者大会		
		焦点资讯	美联储会议纪要：6月可能再次加息		
			曾海龙：节前市场平稳 年线附近夯实结构	曾海龙：私募基金管理人、投资总监	主持人提问
			指数二八分化，雄安、核电板块领涨		
			不断提升我国核电研发制造水平，李克强：确保核电建设和运营管理绝对安全	林明 周琦	主持人提问
			核电不仅是项目建设，也涉及能源安全		
			林明：节后有望弱反弹，关注低价超跌		

续表

续表

日期		新闻版块	主要内容	专家/嘉宾身份	问题来源
2017.5.26（周五）	上期		近五日两市融资余额		主持人提问
			昨日融资净买入额前五		主持人提问
			数据揭秘：融资余额环比增加前5股		主持人提问
			近期两市大宗交易情况		
			建投能源近期走势		
			两市大宗交易溢价前五个股		
			顺威股份近期走势		
			两市大宗交易折价前五个股		
			沪股通最近5日资金动向		
			沪股通成交最大前五股		
		龙虎榜跟踪	深股通成交最大前五股		
			龙虎榜：机构资金净买入最大个股		
			神雾集团业绩被质疑		
			神雾集团回应质疑		
			龙虎榜：神雾系两个股跌停 机构抢人		
			龙虎榜：机构资金净卖出最大个股		
			龙虎榜每日净买额最大个股		
			活跃游资成为金融股大涨主要推动力量之一		
			龙虎榜每日净买入额最大营业部		

续表

日期	新闻版块	主要内容	专家/嘉宾身份	问题来源
2017.5.26（周五） 上期	亚太时间	亚太市场涨跌互现 科网股低迷 洋水称将继续做空香港股市		
	大宗商品	美国数据好坏不一——黄金维持震荡调整	韩立强:大宗商品分析师	主持人提问
	微研报	民族证券:全面屏价格动显示行业变革,投资者要重视变革	林明	主持人提问
		民族证券:泛旅游板块回暖 关注绩优龙头,旅游企业未来整合空间很大		
		周琦:指数震荡筑底,二八继续分化	周琦	
	资金流向	净流出23个亿,和之前相比不大,盘面不少板块净流入状态		
	汇市连线	加息预期今市场谨慎 国际金价维持盘整		
	重点关注	国务院总理李克强:确保核电建设和运营管理绝对安全		
		人机大战今天上午进行人机配对赛		
		欧佩克减产协议延长9个月 规模维持不变,民航机场板块早盘走强		
	互动话题	欧佩克延长减产,航空板块早盘大涨		
	重要资讯	国务院总理李克强:确保核电建设和运营管理绝对安全		
		我国首部网络安全法6月1日实施		
		雁行今日公开市场净投放299亿元		
		端午假期,国内旅游收入将达330亿		
		人机大战今天上午进行人机配对赛		

续表

日期	新闻版块	主要内容	专家/嘉宾身份	问题来源
	重要资讯	第二届中国民营企业文化论坛在上海举行		
		2017 中国城市商业魅力排行榜发布		
		中国人寿推出"0 碳起跑 健康中国"公益理念		
	"正在"直播区	万达网络与银联、京东金融联合完成区块链跨境应用实验		
		雄安板块、北京科锐等多股涨停,核电股出现拉升		
		李克强总理做出重要批示:"华龙一号"是推进实施中国制造 2025 的标志性工程		
		航空股强势走高		
2017.5.26 (周五) 上期	全市场扫描	国内指数、亚太市场、外汇市场、股指期货		
	板块牛熊榜	欧佩克延长减产 9 个月,国际油价大跌	周琦:联讯证券	主持人提问
		民航机场板块早盘快速走强,中国民航局局长指出将以民航供给侧结构性改革作为主线,建立世界型机场群		
	市场纵贯线	周琦:改革不一定立竿见影,上涨本质仍是市场行为		
		债市下跌主要源于市场风险偏好大幅下降		
	一周固定收益	郑文旭:银行理财的快速增长带来的资金配置需求的猛增是产生理财市场风险偏好下降的最显性因素	郑文旭:鑫元基金专户投资经理	主持人提问
		债市下跌主要源于市场风险偏好大幅下降,二季度整体去杠杆进度较一季度有大幅提速		
		郑文旭:预计金融去杠杆仍将持续较长时间;去杠杆力度及节奏的把握是关键;货币紧平衡,市场博弈情绪浓		

续表

日期		新闻版块	主要内容	专家嘉宾身份	问题来源
2017.5.26（周五）	上期	早盘收市	沪指窄幅整理涨0.09%,雄安板块再度活跃		
		重要资讯	市政建设十三五规划发布,综合管廊成重点		
			5月以来融资客加仓银行减持保险		
			1135公司预告中期业绩,170家增幅翻倍		
			6月6日苹果召开全球开发大会		
		午间论市	沪指窄幅整理涨0.09% 雄安板块再度活跃		主持人提问
			多重因素致个股"闪崩" 市场不应过度解读	吴照银:中航信托宏观策略总监	
			吴照银:市场投资再度回归价值 关注业绩	曾海龙:私募基金管理人,投资总监	
			曾海龙:上行阻力较大,年线附近展开拉锯,分化格局,中小板创业板为代表仍处在弱势		
			沪深弱势震荡,沪指微涨0.09%		
	下期	互动话题	可转债发行井喷 价格破发 投资价值浮现?		
		盘面情况	上证指数小幅翻红,其他指数跌;创业板在前期低点附近有了支撑		
			李龙栓:蓝筹股逆势上涨可延续	李龙栓:大通证券首席投资顾问	
			陈建中:反弹关键看中小盘活跃程度	陈建中:中银国际证券高级投资顾问	
		全市场扫描	国内指数 亚太市场,外汇市场,股指期货		
		最新资讯	中指院:2017年放弃需求与资金双向受抑		
			保监会:尽快补齐监管短板加大监管力度		
			新都退连续三日跌停,半日仅成交一手		

续表

日期	新闻版块	主要内容	专家/嘉宾身份	问题来源
2017.5.26（周五）下期	"正在"直播区	山水水泥回应冲突事件：董事会指示董事对山东山水总部进行接管收回行动		
		教育部同意筹设立茅台学院，系本科层非营利性民办高校		
		巨星科技携手史泰博进军机器人国际市场		
	大行其道	潘志伟：OPEC 会议结果符合预期，主要成员国会延长减产协议到9月，部分期望加大减产力度，减产力度加大存在困难	潘志伟：亚达蒙环球期货副总裁	主持人提问
		原油价格有下跌需要，投资者对 OPEC 会议结果感到失望		
		调整后油价达到到基本面，原油价格每桶 50 美元左右达到平衡		
		美国页岩油产量已接近沙特，俄罗斯，OPEC 对于油价掌控能力越来越弱		
	话题环节	再融资新规满百天，可转债发行预案井喷，多数停留在董事会预案，近两周通过证监会受理的可转债预案迅速上升		
		多家上市公司转道可转债 50 余家公司推可转债		
		多只可转债上市后破发"债底价值"隐现		
		股债市场深度调整，多只可转债破发		
	市场360	石化板块领涨，商品全线走弱		
		徐科：沥青、螺纹钢下跌原因与石油有关	徐科：华泰期货黑色金属研究员	
		5月螺纹钢先震荡后快速上涨	周健：分析师	

续表

日期	新闻版块	主要内容	专家/嘉宾身份	问题来源
2017.5.26（周五）下期	市场360	地产用钢需求中长期走弱		
	市场360	周健:指数层面围绕五连阳表演		
	市场360	周健:指数在年线会有反复,不构成强势反弹		
	汇市情况	人民币对于美元中间价下降三个绩点		
	最新资讯	首届全国医疗专利创新大赛落地上海	张涵:红点创投合伙人	
	最新资讯	雄安板块领先,次新开板在第一位,可燃冰等涨幅居前		
	最新资讯	周健:指数在年线会有反复,不构成强势反弹	周健:分析师	主持人提问
	最新资讯	钢构股午后集体拉升		
	板块牛熊榜	"补充质押"成为次新股"闪崩"的一大诱因		
	板块牛熊榜	平仓线以下股权质押市值3733亿元		
	板块牛熊榜	平仓线市值目前的行业为房地产、医药、传媒、化工		
	板块牛熊榜	股权质押总体风险可控		
	全市场扫描	国内指数、亚太市场、外汇市场、股指期货		
	最新资讯	1—5月长三角水泥熟料价格上涨近100/吨		
	最新资讯	*ST华泽收深交所关注函		
	亚太市场	台北、新加坡、马来西亚平盘,泰国、韩国指数看好	赵嘉阳:拔萃国际资产管理副总裁兼分析师	
	亚太市场	亚太股市普遍偏软		
	亚太市场	香港股市假期前走势稳定		

续表

日期	新闻版块	主要内容	专家/嘉宾身份	问题来源
2017.5.26（周五）下期	行业风口	人工智能:中国"后发制人"的机遇 人工智能三要素:数据 算法 计算能力 人工智能运用场景:金融 安防 教育 医疗 人工智能发展潜力较大 整体估值水平不低 现阶段人工智能的投资逻辑概念大于效果 中国人工智能技术处于世界先进水平 林晖:当今还未达到真正的人工智能,属于弱人工智能 工信部将部署人工智能重大国家战略,编制白皮书,加大投入人工智能行业 李彦宏:过去的互联网只是前菜,人工智能才是主菜 AI对教育界的"渗透"将不断加强 花旗预测:人工智能资产将呈现数级增长	林晖:流利说首席科学家 周健:分析师	主持人提问
	资讯焦点	整肃电销 保监会向三巨头开监管函 市场辩论会:沪指3100点附近盘整,持股还是持币 全球三点半:欧佩克延长减产重挫油价,盘点油价下行风险 国内指数 亚太市场,外汇市场,股指期货		
	全市场扫描	保监会:尽快补全监管短板加大监管力度		
	资讯焦点	整肃电销 保监会向三巨头开监管函 徐阳:监管层监管趋严 徐阳:强监管仍是当前影响市场的主要因素	徐阳:安华证券首席宏观分析师	

续表

日期	新闻版块	主要内容	专家嘉宾身份	问题来源
2017.5.26（周五）下期	市场辩论会	话题：沪指3100点附近盘整，持股还是持币？ 种永：年线附近仍有反复，半仓持币过节 李龙拴：市场底部逐步显现，持股过节 陈建中：节前控制适当仓位，沪指处在相对合理价位 种永：年线附近仍有反复，半仓持股过节，券商应该被关注	种永：东方证券首席投资顾问 李龙拴：大通证券首席投资顾问 陈建中：中银国际证券高级投资顾问	主持人提问
	收盘倒计时	话题：沪指3100点附近盘整，持股还是持币？ 种永：二十天均线依旧向下 沪深本周探底回升，周涨幅0.63%重返3100 种永：大盘双底雏形初现，震荡积聚做多动能 李龙拴：6月市场反弹可期 陈建中：6月市场或进入信息修复阶段，中小盘分板块会被挫杀，苹果板块没有个股被挫杀 种永：一线消费股长牛原因是门槛高，要符合一些筛选条件	种永：东方证券首席投资顾问 李龙拴：大通证券首席投资顾问 陈建中：中银国际证券高级投资顾问	主持人提问
	资金流向	雄安股带动沪指翻红，午后呈现横盘震荡走势，个股涨跌几乎相当，华夏幸福今日继续延续窄幅震荡之势，预计大盘将冲高回落，资金大幅净流，巨力索具与雄安概念股等具有关的的成主力		
	全市场扫描	国内指数、亚太市场、外汇市场、股指期货		
	资讯播报	国务院总理李克强：确保核电建设和运营管理绝对安全 1~5月长三角水泥熟料价格上涨近100/吨		
		乐视体育宣布b+轮融资进展		

续表

日期	新闻版块	主要内容	专家/嘉宾身份	问题来源
2017.5.26（周五） 下期	"正在"直播区	中国外汇交易中心：考虑在人民币对美元汇率中间价报价模型中引入逆周期因子		
		外管局：4月中国外汇市场总计成交11.38万亿元人民币		
		现货黄金迅速拉涨		
	尾市盘点	沪指本周探底回升 周涨幅0.63%重返3100	种永：东方证券首席投资顾问	
		欧佩克将减产协议延长9个月 规模维持不变	李杰：申万期货能源化工高级分析师	
	全球三点半	周四油价暴跌近5%		
		2018年美国页岩油产量将达每桶1千万桶		
		七国集团峰会召开在即 意大利小城加强安保		
		美国上周初请失业金人数23.4万		
		美财长敦促过会无条件提高政府债务上限		
		6月6日苹果召开全球开发大会		
		欧佩克维持减产规模 盘点油价风险		
		市场已提前消化欧佩克会议结果预期		
		多头进一步扩大减产的预期落空		
		推高油价导致页岩油加快增产		
		关注美国页岩油增产情况		
		稳油价关键是降库存		

续表

日期	新闻版块	主要内容	专家/嘉宾身份	问题来源
2017.5.26（周五）	下期			
	港股收市	港股月内已积累较多升幅 短期整理	郭家耀：中国金洋资产管理董事总经理	
		油价暴跌 中国国航 h 股领涨航空股		
		中国恒大高位遭股东减持 股价一度跌超 5%		
		香港恒生指数上涨 0.03%		

附录 7 北京财经《天下财经》内容构成

日期	新闻版块	主要内容	专家/嘉宾身份	问题来源
2017.5.22（周一）	股市气象站	沪指延续弱势表现		
	股市八面风	国债逆回购新的计息方式今期正式实施 18只百元股呈现四大共性 乐视网管理层换血		
	点睛黄金眼	巨头看好短视频成为新的风口 短视频帮助微博在美股市值大幅增长	王凯:北京友谊万岁信息资讯有限公司分析师	投资代表提问
	盘面分析	沪指震荡下挫,深成指四连跌沪指震荡		
	盘面关键词 （大盘再次走弱 教你筛选强势股）	探底后将反转向上二次探底 如何挑选超跌个股 反弹趋势难延续 石油开采概念热度依旧	马曼然:牛金资管投资总监 申睿:新时代证券投资顾问	主持人提问
	股市帮帮团	首旅酒店小幅被套,是否割肉? 除权后个股继续下跌,断线如何操作?		观众提问

237

续表

日期	新闻版块	主要内容	专家/嘉宾身份	问题来源
2017.5.23（周二）市场是否加速赶底	股市气象站	沪指延续弱势表现		
	股市八面风	百家公司遭仓式减持 美股周一继续走高		
	盘面分析	沪指震荡下挫，深指四连跌沪指震荡	唐奇龙：首创证券投资顾问	观众提问
	盘面关键词	反弹关注"两大"因素		
	股市帮帮团	80后炒股高手独创"7天系列战法"		
2017.5.24（周三）地量调整，大盘何时见底？	股市气象站	创业板涨幅增加		
	股市八面风	补充质押公告扎堆 高股息率个股受市场热捧 A股再现增持热潮		
	点睛黄金眼	创新突破口之新材料 普通投资者如何寻找细分行业龙头	王凯：北京友谊万岁信息资讯有限公司分析师	投资代表提问
	盘面分析	沪指探底回升深成指终结五连跌	今梓：首创证券投资顾问	
	盘面关键词	双底不存在 反弹难参与 双底构筑 期待反弹	张翠霞：第一创业证券首席投资顾问	主持人提问
	股市帮帮团	双针探底是否预示调整结束？		观众提问

续表

日期	新闻版块	主要内容	专家/嘉宾身份	问题来源
2017.5.25（周四）二八分化，短期是否调仓换股	股市气象站	权重板块午后集体走强		
	股市人面风	155只股票价格低于1849点		
	盘面分析	沪指强势反弹收复3100点		
	盘面关键词	权重搭台，指数箱体整理 关注双底有效反抽 双底反弹	郭树华:太平洋证券财富中心 赵耀:中信建投证券投资顾问	主持人提问
	股市帮帮团	放量阳线 双底确认还是诱多?	唐奇龙:首创证券投资顾问	观众提问
2017.5.26（周五）指数振荡调整，如何布局后节行情?	股市气象站	成交量萎缩涨跌互现		
	股市人面风	上证50指数创近期新高 多家公司股权质押补仓		
	点睛黄金眼	华大基因引爆基因检测股	王凯:北京友谊万岁信息资讯有限公司分析师	投资代表提问
	盘面分析	沪指缩量震荡收出三连阳		
	盘面关键词	静待背驰买点 围绕年线续震荡	胡云龙:凯兴资产管理有限公司投资顾问 柳值:中信建投证券投资顾问	主持人提问
	股市帮帮团	关注泛金融板块的回调能否给出合适买点		观众提问

附录 8　浙江经视《财富大直播》内容构成①

日期	新闻版块	主要内容	专家/嘉宾身份	问题来源
2017.5.22（周一）	市场要闻	投服中心全国首例证券支持诉讼一审胜诉,14人获赔近234万	傅豪：浙江锐恒投资基金经理	主持人提问
	今日大盘	沪深两市重心下挫 次新股领跌		
	弹幕互动话题	看淡后市,还能操作吗？	华思伟：财通证券理财中心投资顾问	主持人提问
	专家观点	胡晓辉观点：中级调整没有结束 继续保持低仓位　张建堂观点：分化行情 人气恢复尚需时日	胡晓辉：联储证券温州营业部总经理　张建堂：中泰证券	主持人提问
	中方信富	风控软件给到大家哪些信号？	王战赢：中方信富	
	财富朋友圈	对雄安股的分析	胡晓辉：联储证券温州营业部总经理　张建堂：中泰证券	
	专家观点	胡晓辉观点：三成以下仓位操作　张建堂观点：清仓耐心等待	胡晓辉：联储证券温州营业部总经理　张建堂：中泰证券	

投服中心全国首例证券支持诉讼一审胜诉

① 注:《财富大直播》是《证券直播室》的升级版。

续表

日期		新闻版块	主要内容	专家/嘉宾身份	问题来源
2017.5.23（周二）	沪深两市震荡下行,白酒板块领涨	市场要闻	太极虫草"广告式公告"遭上交所问询,项目业绩持续亏损	童立峰:湘财证券	主持人提问
		今日大盘	沪深两市震荡下行,白酒板块逆势涨领	梁剑:川财证券 魏宁海:财经评论员	主持人提问
		弹幕互动话题	反弹何时才能到来?		
		专家观点	市场依旧弱势震荡寻底,节前小反弹有望	林毅:长城证券 陈培树:益盟操盘手	主持人提问
		中方信富朋友圈	风控软件给到大家哪些信号?		
		股民学堂	怎样选到好股?做好准备等等二次反弹		
			专家对股市盘面,市场分析		
2017.5.24（周三）	新抖腿总股本近四成欲出逃,成功脱手者鉴鉴	市场要闻	新抖腿总股本近四成欲出逃,成功脱手者鉴鉴	陈果:安信证券 李志林:华东师大	主持人提问
		今日大盘	沪指探底回升,雄安板块再度崛起		
		弹幕互动话题	二次探底是否预示着短线调整的结束?		
		专家观点	存量资金持续流出,市场反弹仍存隐患	黄晨宇:方正证券 吴劲松:评论员	主持人提问
		中方信富朋友圈	成长股才是正道		
		股民学堂	数据解盘,对这些反弹的行情中有哪些信息?		
			下跌行情中如何减少亏损?		
			专家对股市盘面,市场分析		

续表

日期		新闻版块	主要内容	专家/嘉宾身份	问题来源
2017.5.25（周四）	两市震荡上扬，沪指重返3100	市场要闻	两市震荡上扬，沪指大涨2.74%，创2016年1月来新高		
		今日大盘	上证50大涨，是追白马还是寻找超跌品种	国信证券 银河证券	主持人提问
		弹幕互动话题	一九分化，是追白马还是寻找超跌品种		
		专家观点	反弹之后继续寻底	童立峰：湘财证券 余志亮：盈盟操盘手	主持人提问
		中方信富	市场行情会不会持续大涨？		
		财富朋友圈	漂亮50还能追？ 你的个股是否要马上离场		
		股民学堂	专家对股市盘面、市场分析		
2017.5.26（周五）	两市行情分化，底部是否确立？	市场要闻	两市行情分化，底部是否确立？	银泰证券　申万宏源 中银国际证券	主持人提问
		今日大盘	创业板持续走低，创业板挤泡沫还要多久？		
		弹幕互动话题	超跌的股票可以买吗？	荀玉根：海通证券 杨德龙：前海开源	主持人提问
		专家观点	创业板并不便宜，买入风险依然较大		
		中方信富	只靠主观经验估市场涨跌难度较大	傅豪：财经评论员 孙立：华安证券	主持人提问
		财富朋友圈	反弹股票捕捉股票池6月份的投资机会		
		股民学堂	专家对股市盘面、市场分析		

附录9　2009—2016年《经济半小时》栏目11月选题统计表

	11月节目单统计		
	节目期数	节目单	分类
2009年	1	北京房价	民生
	2	电影产业	经济
	3	北大教授死亡之谜	其他
	4	拐卖儿童案件	民生
	5	疫苗	民生
	6	黑势力插手企业纠纷	民生
	7	甲流	民生
	8	解码器偷车	民生
	9	十月经济数据解读	经济
	10	被拐儿童	民生
	11	地沟油	民生
	12	南京徐宝宝事件	其他
	13	大雪封路	民生
	14	银滩海景房:美丽的谎言	经济
	15	三峡工程	民生
	16	强制拆迁	民生
	17	雨雪天气对菜价影响	民生
	18	木马网络犯罪	经济
	19	疯狂的大蒜	民生
	20	你戴的口罩安全吗	民生
	21	矿难	时政
	22	留守儿童	民生

	11月节目单统计		
	节目期数	节目单	分类
2010年	1	叫停减肥药	民生
	2	出租车问题	经济
	3	安全生产	民生
	4	血慌	民生
	5	糖尿病发病	民生
	6	碳交易迷局	经济
	7	保障性住房建设	民生
	8	G20峰会	时政
	9	G20峰会	时政
	10	汇率波动	经济
	11	医疗用品、器官捐赠	民生
	12	开矿热	经济
	13	上海特大火灾	时政
	14	不法飞行	其他
	15	上海特大火灾二	时政
	16	物价上涨	民生
	17	网络团购	经济
	18	食物添加剂反式脂肪酸管理	经济
	19	京沪高铁的经济作用	经济
	20	食物添加剂反式脂肪酸管理二	经济
	21	秋粮收成	民生
	22	秋粮收购	民生
	23	扶贫	民生
	24	房地产市场:限购令	经济
	25	美资产进驻香港	经济
	26	快递行业	经济

续表

	11月节目单统计		
	节目期数	节目单	分类
2011年	1	房价、楼市	经济
	2	走基层:内蒙古农民土豆销售	民生
	3	航天再起产业潮	经济
	4	东盟博览会	经济
	5	神秘账户涉案727亿	经济
	6	辽宁等地菜价困局	民生
	7	聚焦文化发展改革:精品是怎样炼成的	其他
	8	经济巨头聚焦农业	经济
	9	油慌背后	经济
	10	小微企业调研一	经济
	11	小微企业调研二	经济
	12	小微企业老难题新困境三	经济
	13	小微企业调研四	经济
	14	小微企业调研五	经济
	15	小微企业调研六	经济
	16	揭秘地下钱庄	经济
	17	小微企业调研七	经济
	18	楼市	经济
	19	姜价涨落	经济

	11 月节目单统计		
	节目期数	节目单	分类
2014 年	1	要命的外墙保温层	民生
	2	铲除村庄里的腐败:被劫走的救灾款	民生
	3	铲除村庄里的腐败:村官七年贪千万	民生
	4	铲除村庄里的腐败:村里能人贪腐	民生
	5	铲除村庄里的腐败:挖出村庄腐败	民生
	6	掘金新技术:超级水稻	经济
	7	掘金新技术:北斗导航	经济
	8	掘金新技术:机器人	经济
	9	掘金新技术:高铁	经济
	10	掘金新技术:基因技术	经济
	11	电商圈的钱生态	经济
	12	"亲"的诚信承诺	经济
	13	电商村的大平台	经济
	14	电子商务的国际范儿	经济
	15	铲除村庄里的腐败:一出离奇的案子	民生
	16	揭秘刘家坤的贪腐之路	民生
	17	炙热的普洱茶上	经济
	18	炙热的普洱茶下	经济
	19	蹊跷的收费:避雷针里念歪经	经济
	20	蹊跷的收费:出租车经营权该归谁	经济
	21	蹊跷的收费:货车司机的烦恼	经济
	22	蹊跷的收费:办个证有多难	经济
	23	警惕身边的网络安全	民生
	24	直击抓捕传销头目	民生
	25	美女老板落网记	民生
	26	跑路老板被擒记	民生
	27	外逃者自述回国是解脱	民生
	28	亿元金融诈骗犯被捕	民生
	29	网络传销擒王记	民生

	11 月节目单统计		
节目期数	节目单		分类
1	深秋时节访玉米:通辽		民生
2	深秋时节访玉米:吉林		民生
3	收藏市场看冷暖:普洱茶调查		经济
4	收藏市场看冷暖:红木调查		经济
5	收藏市场看冷暖:翡翠调查		经济
6	打击经济犯罪在行动:被"集资"的存款		经济
7	打击经济犯罪在行动:连锁酒店的集资陷阱		经济
8	打击经济犯罪在行动:五金厂里的假币大案		经济
9	打击经济犯罪在行动:警惕!你身边的集资诈骗		经济
2015 年	10	出山跨海"邮"物流	经济
	11	打击经济犯罪在行动:物流公司的跨境黑线	经济
	12	秦岭沿线生态调查:违规采石场为何难叫停	经济
	13	秦岭沿线生态调查:开山之殇	经济
	14	走进戒毒所:正走出梦魇的婷婷	民生
	15	走进戒毒所:疯狂的起点	民生
	16	走进戒毒所:毒魔吞噬的花季	民生
	17	走进戒毒所:扭曲的亲情	民生
	18	走进戒毒所:无毒才丈夫	民生
	19	走进戒毒所:祸不单行	民生
	20	走进戒毒所:他们还是孩子	民生
	21	走进戒毒所:戒毒女孩的艺术梦	民生
	22	走进戒毒所:关爱医院的冷暖人生	民生
	23	走进戒毒所:齐心协力"斩"毒手	民生
	24	丽水滑坡救援纪事	时政
	25	聚焦道县洪水围城	时政
	26	罕见冬讯突袭贺州	民生
	27	洪水下的柿饼危机	经济
	28	聚焦江西吉水特大冬汛	民生

续表

11 月节目单统计			
	节目期数	节目单	分类
	1	办卡遭遇网络陷阱	民生
	2	网络图书销售:严打"李鬼"	民生
	3	莫让药水变成"毒水"	民生
	4	"女儿"的骗局	民生
	5	盐滩种稻　海水养鹅	民生
	6	海滩上的软黄金/红贝的红利	经济
	7	靠海吃海闯出致富路	经济
	8	海水浇出神奇蔬菜	民生
	9	骨科医生海底捞金	经济
	10	"大佬"备战"双十一"	经济
	11	"挂面哥"巧炒"双十一"	经济
	12	一个亿的战斗	经济
	13	云上的大桥	经济
2016 年	14	供给侧改革进行时:降成本"组合拳"怎么打?	经济
	15	供给侧改革进行时:砸掉"泥"饭碗	经济
	16	供给侧改革进行时:巧解"库存题"	经济
	17	供给侧改革进行时:温州"真功夫"	经济
	18	供给侧改革进行时:电镀之殇如何破?	经济
	19	供给侧改革进行时:拆除实验室到市场的"篱笆墙"	经济
	20	供给侧改革进行时:中国奶业的升级之路	经济
	21	供给侧改革进行时:走出"猪"周期	经济
	22	供给侧改革进行时:玉米的"后临储时代"	经济
	23	精准扶贫一年间:搬出大山	民生
	24	精准扶贫一年间:产业扶贫拔"穷根"	民生
	25	精准扶贫一年间:电商新动力	经济
	26	中国制造如何变身"智造"	经济
	27	海岸线上挖出来的"天坑"	民生
	28	关不掉的污染化工厂	民生
	29	重庆涪陵:"污染山"压顶小村庄	民生

附录 10　关于"影响观众收看'财经谈话类节目'的重要因素"的调查结果分析（2018）

　　本次调查旨在详细了解影响观众收看"财经谈话类节目"的重要因素，以 CCTV2 财经频道《央视财经评论》和《对话》两个栏目为例。

　　本次调查对象为 18 岁以上、大专及以上学历且月收入在 5000 元以上的"财经谈话类节目"的受众，调查目标主要锁定为高学历、高收入、高职位的三高人群。此次调查采用《问卷星》官方网站有偿服务——在线调查方式进行。调查问卷发放、发布起止日期为：2018 年 11 月 28 日至 11 月 30 日，回收有效样本量共计 313 份。

一、样本情况介绍

（一）覆盖范围

　　本次调查覆盖范围广泛，涉及全国 28 个省、自治区和直辖市。其中，参与调查人数排在前列的省份依次是广东、上海、北京、山东、浙江、江苏。同时，这些地

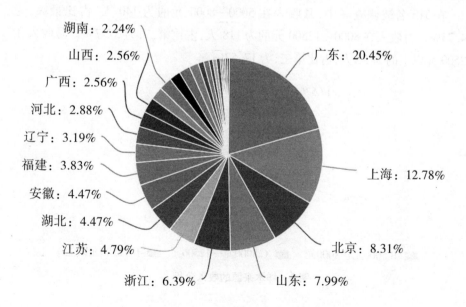

图 1　样本来源的地理位置分析

区的经济和社会发展也较为发达,符合调查要求,样本具备一定的代表性。

(二)年龄范围

18—35 岁的被调查者 216 人,占比最高,为 69.01%。36—45 岁的被调查者 77 人,占比第二,为 24.60%。46—55 岁的被调查者 16 人,占比第三,为 5.11%。55 岁以上的被调查者 4 人,占比第四,为 1.28%。

总体而言,被调查者的年龄主要集中于 18—35 岁,占 69.01%,符合调查要求。

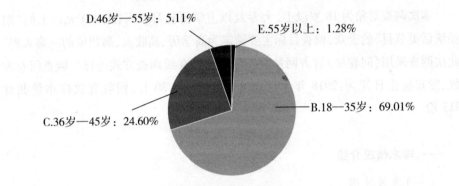

图2　样本来源的年龄分析

(三)收入方面:被调查者的收入水平普遍较高

在 313 名被调查者中,月收入在 5000—8000 元的为 140 人,占比最高,为 44.73%。月收入在 8000—12500 元的为 118 人,占比第二,为 37.7%。月收入在 12500 元以上的为 55 人,占比第三,为 17.57%。

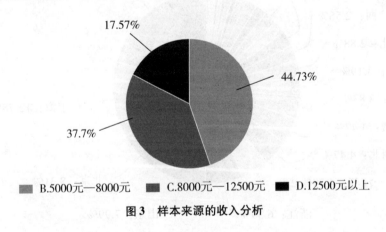

图3　样本来源的收入分析

（四）文化程度方面：被调查者普遍学历较高

在 313 名被调查者中，学历为本科的 244 人，占比最高，为 77.96%。学历为研究生及以上的 37 人，占比第二，为 11.82%。学历为大专的 32 人，占比第三，为 10.22%。

总体而言，被调查者中学历为本科、研究生及以上的占据绝对地位，占比为 89.78%。

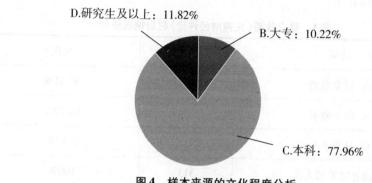

图4　样本来源的文化程度分析

（五）从事职业方面：被调查者的职业分布较为广泛，但也有典型性

在 313 名被调查者中，身份为企业/公司中高层管理人员的 163 人，占比最高，为 52.08%。职业为专业技术人员的 105 人，占比第二，为 33.55%。职业和身份为党政机关事业单位干部的 22 人，占比第三，为 7.03%。从事其他职业的为 13 人，占比第四，为 4.15%。个体户/自由职业者有 10 人，占比第五，为 3.19%。

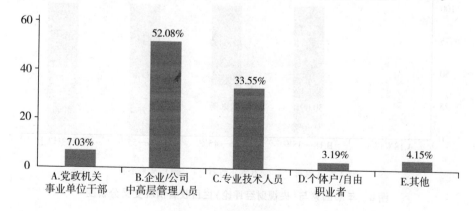

图5　样本来源的职业分析

二、关于影响观众收看《央视财经评论》栏目的重要因素的数据与分析

如表1所示,在313名被调查者中,选择"经常收看"的有208人,占比达66.45%;选择"偶尔收看"的有104人,占比为33.23%;选择"从来不看"的仅1人,占比为0.32%。

由此可见,在全部调查者中,高达99.68%的受众观看过《央视财经评论》栏目,比较具有代表性。

表1 受众收看《央视财经评论》栏目情况统计

选项	小计	比例
A. 经常收看	208	66.45%
B. 偶尔收看	104	33.23%
C. 从来不看	1	0.32%
本题有效填写人次	313	100%

(一)年龄因素

《央视财经评论》栏目的主要受众年龄为18—45岁,并呈递减趋势。

如图6所示,在各个年龄阶段中,《央视财经评论》栏目的受众主要是18—45岁。

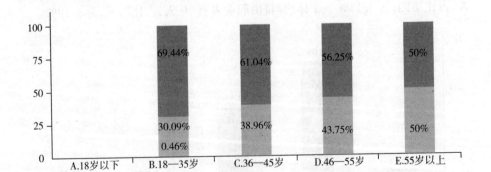

图6 年龄因素与《央视财经评论》栏目收看情况交叉分析图

其中,在被调查的313人中,18—35岁,"经常收看"《央视财经评论》栏目的受众占比为69.44%,"偶尔收看"占比为30.09%,"从来不看"占比为0.46%。

36—45岁,"经常收看"《央视财经评论》栏目的受众占比为61.04%,"偶尔收看"占比为38.96%。46—55岁,"经常收看"《央视财经评论》栏目的受众占比为56.25%,"偶尔收看"占比为43.75%。55岁以上,"经常收看"《央视财经评论》栏目的受众比例和"偶尔收看"《央视财经评论》栏目的受众比例各占50%。

由此可见,在18岁以上,年龄越大选择"经常收看"的受众呈递减趋势,但选择"偶尔收看"的受众呈递增趋势。

(二)收入因素

收入越高,关注度越高,且呈递增趋势。

如图7所示,月收入在5000—8000元的受众中,"经常收看"《央视财经评论》栏目的占比达65%,"偶尔收看"的占比34.29%,"从来不看"的占比0.71%。月收入在8000—12500元的受众中,"经常收看"《央视财经评论》栏目的占比66.1%,"偶尔收看"的占比33.9%。月收入在12500元以上的受众中,"经常收看"《央视财经评论》栏目的占比达70.91%,"偶尔收看"的占比20.09%。

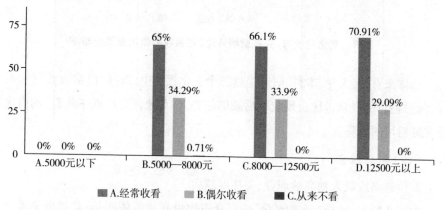

图7 收入水平与《央视财经评论》栏目收看情况交叉分析图

同时可以看出,在5000元以上的这三个收入阶层中,受众选择"经常收看"的占比随收入的增加呈现出递增的趋势,相对地,选择"偶尔收看"的占比随收入的增加呈现出递减的趋势。

(三)文化程度因素

本科及以上学历关注度高,且本科学历受众最多。

如图8所示,学历在研究生及以上的受众中,"经常收看"《央视财经评论》栏目的占比为59.46%,"偶尔收看"的占比为40.54%,该群体选择"从来不看"的人数为0。学历为本科的受众中,"经常收看"《央视财经评论》栏目的占比高达70.9%,"偶尔收看"的占比为28.69%,该群体选择"从来不看"的人数占比较少,仅为0.41%。学历为大专的受众中,"经常收看"《央视财经评论》栏目的占比为40.63%,"偶尔收看"的占比为59.38%,该群体选择"从来不看"的人数为0。选择"经常收看"的人数在本科及以上人群中均占比最多,分别为本科70.9%、研究生及以上59.46%。

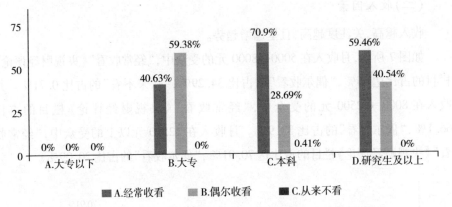

图8　文化程度与《央视财经评论》栏目收看情况交叉分析图

总体来看,在大专、本科、研究生这三个文化程度中,选择"经常收看"《央视财经评论》栏目的受众占比呈现先增后减的趋势,相对地,选择"偶尔收看"的占比则是先减后增的趋势。

(四)职业因素

职位越高或收入越高的职业,关注度越高。

如图9所示,选择"经常收看"的受众占比由高到低依次是:党政机关事业单位干部(77.27%)、企业/公司中高层管理人员(69.94%)、专业技术人员(64.76%)、个体户/自由职业者(40%)、其他(38.46%)。

可见,高职位或收入越高的职业选择"经常收看"的人群占比越高。

选择"偶尔收看"的受众占比由高到低依次是:其他、个体户/自由职业者、专业技术人员、企业/公司中高层管理人员、党政机关事业单位干部。

可见,工作越不稳定,"偶尔收看"《央视财经评论》栏目的受众越多。

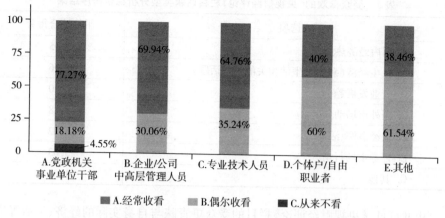

图9 职业因素与《央视财经评论》栏目收看情况交叉分析图

（五）吸引受众收看《央视财经评论》栏目的主要因素分析

如表2所示,吸引受众收看《央视财经评论》栏目的主要因素依次为:感兴趣的内容,知名度高、权威性强的嘉宾,解疑释惑的功能,喜爱的节目主持人。其中,平均综合得分最高的是"感兴趣的内容"为3.32,其次是"知名度高、权威性强的嘉宾"为2.93,平均综合得分最低的是"喜爱的节目主持人"为1.44。

表2 吸引受众收看《央视财经评论》栏目的主要因素综合排序结果

选项	平均综合得分
B. 感兴趣的内容	3.32
A. 知名度高、权威性强的嘉宾	2.93
C. 解疑释惑的功能	2.31
D. 喜爱的节目主持人	1.44

由此可见,《央视财经评论》栏目的受众更看重节目本身的实质内容,包括节目的权威性和实用性。

（六）受众喜欢的《央视财经评论》栏目的话题类型分析

如表3所示,受众喜欢的《央视财经评论》栏目的话题类型依次为:国内经济热点,民生经济(和百姓生活相关的各类话题),行业发展趋势,国外市场动向,政经事件、活动,证券市场行情,其他。其中,平均综合得分最高的是"国内经济热点"为5.95,其次是"民生经济(和百姓生活相关的各类话题)"为4.96,平均综合得分最低的是"其他",为1.06。

表3　受众喜欢的《央视财经评论》栏目话题类型分析综合排序结果

选项	平均综合得分
B. 国内经济热点	5.95
A. 民生经济(和百姓生活相关的各类话题)	4.96
D. 行业发展趋势	4.80
C. 国外市场动向	3.88
F. 政经事件、活动	3.72
E. 证券市场行情	3.63
G. 其他	1.06

由此可见,《央视财经评论》栏目的受众更青睐与自身实际的经济、生活等方面联系较为紧密的各类话题,而对于宏观经济形势的话题不大感兴趣。

(七)受众对《央视财经评论》栏目中嘉宾类型的诉求分析

《央视财经评论》栏目中的嘉宾主要分为两种类型:专家评论员和媒体评论员。如表4所示,该栏目受众喜欢的嘉宾类型依次为:专家评论员(得分1.78)、媒体评论员(得分1.22)。

表4　受众喜欢的《央视财经评论》栏目嘉宾类型分析综合排序结果

选项	平均综合得分
A. 专家评论员	1.78
B. 媒体评论员	1.22

由此可见,《央视财经评论》栏目的受众更看重嘉宾的专业性。

(八)收看媒介分析

如表5所示,受众收看《央视财经评论》栏目的主要媒介依次为:电视机、手机、电脑、其他。其中通过"电视机"收看《央视财经评论》栏目的平均综合得分最高,为3.54;其次为"手机"和"电脑",分别为2.28和2.11;"其他"为0.39。

表5　受众收看《央视财经评论》栏目的媒介分析综合排序结果

选项	平均综合得分
A. 电视机	3.54
C. 手机	2.28
B. 电脑	2.11
D. 其他	0.39

　　由此可见,尽管互联网的发展日新月异,但"电视机"仍然是《央视财经评论》栏目受众的主要收看渠道。

　　(九)收看新媒体平台分析

　　如表6所示,受众收看《央视财经评论》栏目的主要新媒体平台依次为:视频网站、微博、微信、其他。在313名受调查者中,除去一个无效填写,有288位受众通过"视频网站"收看《央视财经评论》栏目,占比高达92.31%;159人通过微博收看,占比50.96%;159人通过微信收看,占比49.36%;还有45人通过其他新媒体平台收看,占比14.42%。

表6　受众收看《央视财经评论》栏目的新媒体平台分析综合排序结果

选项	小计	比例
A. 微博	159	50.96%
B. 微信	154	49.36%
C. 视频网站	288	92.31%
D. 其他	45	14.42%
本题有效填写人次	312	

　　由此可见,新媒体的介入对观众的收看习惯产生了巨大的影响。视频网站成为《央视财经评论》受众在新媒体平台收看该栏目的首选。微博和微信这两大平台也对该栏目受众的收看行为发挥了不可或缺的作用。

　　(十)受众对《央视财经评论》栏目的发展期望

　　如表7所示,受众对《央视财经评论》栏目的发展期望依次为:专业性、权威性、通俗性、贴近性、维持现状。其中,"专业性"的平均综合得分最高,为3.85;其次是"权威性",为3.48,"通俗性"为3.20,"贴近性"为3.15;平均综合得分最低的是"维持现状",为1.33。

表7　受众对《央视财经评论》栏目的发展期望综合排序结果

选项	平均综合得分
A. 专业性	3.85
D. 权威性	3.48
B. 通俗性	3.20
C. 贴近性	3.15
E. 维持现状	1.33

由此看见,《央视财经评论》栏目的受众对于节目的改变呼声强烈,特别在"专业性"和"权威性"方面应该予以重视。以上结果也从侧面印证了财经节目成功的关键在于把握好"专业化"和"大众化"两个特点。

(十一)受众从来不看《央视财经评论》栏目的主要因素分析

了解受众为何不收看《央视财经评论》栏目,有利于该栏目的节目定位、内容与风格,从而吸引更多受众。

如表8所示,受众从来不看《央视财经评论》栏目的主要原因有两个:内容太专业、看不懂(平均综合得分8分)和形式死板(平均综合得分7分)。

表8　受众从来不看《央视财经评论》栏目的主要因素排序

选项	平均综合得分
D. 内容太专业、看不懂	8
G. 形式死板	7
F. 不喜欢主持人	0
H. 其他	0
E. 问题分析不透彻	0
B. 对选题不感兴趣	0
C. 选题贴近性弱	0
A. 权威性、可信度不够	0

由此可见,节目本身的表现形式和节目内容是影响观众收看《央视财经评论》栏目的主要因素,而节目主持人等其他因素并不是受众不选择收看的重要因素。

三、关于影响观众收看《对话》栏目的重要因素的数据与分析

如表9所示,在313名被调查者中,选择"经常收看"的有104人,占比达33.23%;选择"偶尔收看"的有196人,占比为62.62%;选择"从来不看"的有13人,占比为4.15%。

表9　受众收看《对话》栏目情况统计

选项	小计	比例
A. 经常收看	104	33.23%
B. 偶尔收看	196	62.62%

选项	小计	比例
C. 从来不看	13	4.15%
本题有效填写人次	313	

由此可见,在全部调查者中,高达95.85%的受众观看过《对话》栏目,比较具有代表性。

(一)年龄因素

《对话》栏目的主要受众年龄为18—45岁,并在该年龄段内呈递增趋势。

如图10所示,在各个年龄阶段中,《对话》栏目的受众主要是18—45岁。

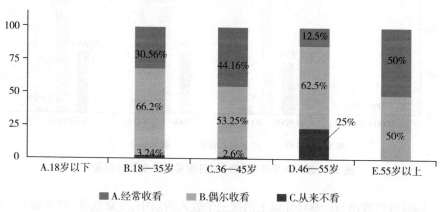

图10　年龄因素与《对话》栏目收看情况交叉分析图

其中,在被调查的313人中,18—35岁,"经常收看"《对话》栏目的受众占比为30.56%,"偶尔收看"占比为66.2%,"从来不看"占比为3.24%。36—45岁,"经常收看"《对话》栏目的受众占比为44.16%,"偶尔收看"占比为53.25%,"从来不看"占比为2.6%。46—55岁,"经常收看"《对话》栏目的受众占比为12.5%,"偶尔收看"占比为62.5%,"从来不看"占比为25%。55岁以上,"经常收看"《对话》栏目的受众比例和"偶尔收看"《对话》栏目的受众比例各占50%。

由此可见,在18—45岁之间,年龄越大选择"经常收看"的受众呈递增趋势。在18岁以上的这四个年龄段中,46—55岁这个年龄段在经常收看《对话》的受众中占比最少,仅有12.5%。

（二）收入因素

收入越高，关注度越高，且呈递增趋势。

如图 11 所示，月收入在 5000—8000 元的受众中，"经常收看"《对话》栏目的占比为 30%，"偶尔收看"的占比达 64.29%，"从来不看"的占比为 5.71%。月收入在 8000—12500 元的受众中，"经常收看"《对话》栏目的占比 35.59%，"偶尔收看"的占比 61.86%，"从来不看"的占比为 2.54%。月收入在 12500 元以上的受众中，"经常收看"《对话》栏目的占比为 36.36%，"偶尔收看"的占比达 60%，"从来不看"的占比为 3.64%。

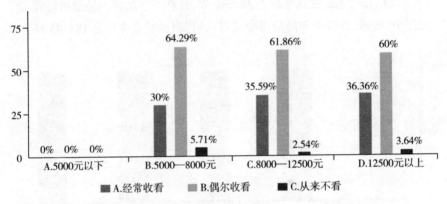

图 11　收入水平与《对话》栏目收看情况交叉分析图

同时可以看出，在 5000 元以上的这三个收入阶层中，受众选择"经常收看"的占比随收入的增加呈现出递增的趋势，但增幅不大。相对而言，选择"偶尔收看"的占比随收入的增加呈现出递减的趋势，减幅也不明显。选择"从不收看"的占比在这三个收入阶段呈先减后增的趋势。

（三）文化程度因素

本科学历关注度相对较高，文化程度对于节目关注度影响不明显。

如图 12 所示，学历在研究生及以上的受众中，"经常收看"《对话》栏目的占比为 27.03%，"偶尔收看"占比为 64.86%，"从来不看"占比为 8.11%。学历为本科的受众中，"经常收看"《对话》栏目的占比为 35.25%，"偶尔收看"占比为 61.48%，"从来不看"占比为 3.28%。学历为大专的受众中，"经常收看"《对话》栏目的占比为 25%，"偶尔收看"的占比为 68.75%，"从来不看"占比为 6.25%。

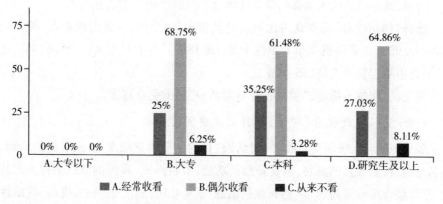

图12 文化程度与《对话》栏目收看情况交叉分析图

由此可见,在大专及以上的这三个文化程度中,选择"经常收看"《对话》栏目的人数在本科学历人群中占比最多,选择"偶尔收看"《对话》栏目的人数在大专学历人群中占比最多,选择"从来不看"《对话》栏目的人数则在研究生及以上学历人群中占比最多。但总体来看,文化程度对受众关注该节目的影响不算特别明显。

(四)职业因素

职位越高或收入越高的职业,关注度越高。

如图13所示,选择"经常收看"《对话》栏目的受众占比由高到低依次是:企业/公司中高层管理人员(40.49%)、党政机关事业单位干部(27.27%)、专业技术人员(25.71%)、其他(23.08%)、个体户/自由职业者(20%)。

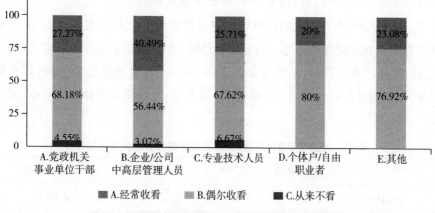

图13 职业因素与《对话》栏目收看情况交叉分析图

可见,高职位或收入越高的职业选择"经常收看"的人群占比越高。

选择"偶尔收看"的受众占比由高到低依次是:个体户/自由职业者(80%)、其他(76.92%)、党政机关事业单位干部(68.18%)、专业技术人员(67.62%)、企业/公司中高层管理人员(56.44%)。

可见,工作越不稳定,"偶尔收看"《对话》栏目的受众越多。

(五)吸引受众收看《对话》栏目的主要因素分析

如表10所示,吸引受众收看《对话》栏目的主要因素依次为:感兴趣的话题,知名度高、权威性强的嘉宾,解疑释惑的功能,节目形式,喜爱的节目主持人。其中,平均综合得分最高的是"感兴趣的话题",为4.16;其次是"知名度高、权威性强的嘉宾",为3.59;平均综合得分最低的是"喜爱的节目主持人",为1.74。

表10　吸引受众收看《对话》栏目的主要因素综合排序结果

选项	平均综合得分
B. 感兴趣的话题	4.16
A. 知名度高、权威性强的嘉宾	3.59
C. 解疑释惑的功能	2.9
D. 节目形式	2.61
E. 喜爱的节目主持人	1.74

由此可见,《对话》栏目的受众更看重节目本身的实质内容,包括节目的权威性和实用性。

(六)受众喜欢的《对话》栏目的话题类型分析

如表11所示,受众喜欢的《对话》栏目的话题类型依次为:社会热点,民生类(和百姓生活相关的各类话题),行业发展趋势,经济热点,企业家的经营之道、成功之路,文化产业。其中,平均综合得分最高的是"社会热点",为4.39;其次是"民生类(和百姓生活相关的各类话题)",为4.03;平均综合得分最低的是"文化产业",为1.67。

表11　受众喜欢的《对话》栏目话题类型分析综合排序结果

选项	平均综合得分
B. 社会热点	4.39
A. 民生类(和百姓生活相关的各类话题)	4.03

续表

选项	平均综合得分
D. 行业发展趋势	3.72
E. 经济热点	3.61
C. 企业家的经营之道、成功之路	3.58
F. 文化产业	1.67

由此可见,《对话》栏目的受众更青睐与自身实际的经济、生活等方面联系较为紧密的各类话题,而对于文化产业的话题不大感兴趣。

（七）受众对《对话》栏目中嘉宾类型的诉求分析

如表 12 所示,《对话》栏目中受众喜欢的嘉宾类型依次为:著名企业家、专家学者、普通成功人士、其他。其中,平均综合得分最高的是"著名企业家",为 3.35;其次是"专家学者",为 3.01;平均综合得分较低的是"普通成功人士"和"其他",分别为 2.57 和 1.07。

表 12　受众喜欢的《对话》栏目嘉宾类型分析综合排序结果

选项	平均综合得分
B. 著名企业家	3.35
A. 专家学者	3.01
C. 普通成功人士	2.57
D. 其他	1.07

由此可见,《对话》栏目的受众更看重嘉宾的典型性、知名度和影响力。

（八）收看媒介分析

如表 13 所示,受众收看《对话》栏目的主要媒介依次为:电视机、手机、电脑、其他。其中通过"电视机"收看《对话》栏目的平均综合得分最高,为 3.51;其次为"手机"和"电脑",分别为 2.24 和 2.12;"其他"为 0.38。

表 13　受众收看《对话》栏目的媒介分析综合排序结果

选项	平均综合得分
A. 电视机	3.51
C. 手机	2.24

续表

选项	平均综合得分
B. 电脑	2.12
D. 其他	0.38

由此可见,尽管互联网的发展日新月异,但"电视机"仍然是《对话》栏目受众的主要收看渠道。

(九)收看新媒体平台分析

如表14所示,受众收看《对话》栏目的主要新媒体平台依次为:视频网站、微博、微信、其他。在313名受调查者中,除去13个无效填写,有269位受众通过"视频网站"收看《对话》栏目,占比高达89.67%;143人通过"微博"收看,占比47.67%;142人通过"微信"收看,占比47.33%;还有3人通过"其他"新媒体平台收看,占比仅1%。

表14　受众收看《对话》栏目的新媒体平台分析综合排序结果

选项	小计	比例
A. 微博	143	47.67%
B. 微信	142	47.33%
C. 视频网站	269	89.67%
D. 其他	3	1%
本题有效填写人次	300	

由此可见,新媒体的介入对于观众的收看习惯产生了巨大的影响。视频网站成为《对话》的受众在新媒体平台收看该栏目的首选。微博和微信这两大平台也对该栏目受众的收看行为发挥了重要作用。

(十)受众对《对话》栏目的发展期望

如表15所示,受众对《对话》栏目的发展期望依次为:专业性、贴近性、权威性、故事性、维持现状。其中,"专业性"的平均综合得分最高,为3.54;其次是"贴近性",为3.53,"权威性"为3.48,"故事性"为3.08;平均综合得分最低的是"维持现状",为1.38。

表15 受众对《对话》栏目的发展期望综合排序结果

选项	平均综合得分
D. 专业性	3.54
B. 贴近性	3.53
C. 权威性	3.48
A. 故事性	3.08
E. 维持现状	1.38

由此可见,《对话》栏目的受众对于节目的改变呼声强烈,特别在"专业性"和"贴近性"方面应该予以重视。这也从侧面印证了该栏目成功的关键在于把握好"专业化"和"大众化"两个特点。

(十一)受众从来不看《对话》栏目的主要因素分析

如表16所示,受众从来不看《对话》栏目的主要原因依次为:对选题不感兴趣,太专业、看不懂,时效性不强,形式死板,不喜欢主持人,其他,权威性、可信度不够。

表16 受众从来不看《对话》栏目的主要因素排序

选项	平均综合得分
B. 对选题不感兴趣	4.85
D. 太专业、看不懂	3.08
E. 时效性不强	2.85
C. 形式死板	2.77
F. 不喜欢主持人	0.92
G. 其他	0.85
A. 权威性、可信度不够	0.38

由此可见,节目选题和内容是影响观众收看《对话》栏目的主要因素,而节目主持人、权威性/可信度等并不是受众不收看的重要因素。

四、关于影响观众收看"证券类电视节目"的重要因素的数据与分析

(一)受众收看证券类电视节目的情况分析

如表17所示,在313名被调查者中,选择"经常收看"的有76人,占比为24.28%;选择"偶尔收看"的有204人,占比为65.18%;选择"从来不看"的有33

人,占比为 10.54%。

表 17　受众关注证券类电视节目的情况统计

选项	小计	比例
A. 经常收看	76	24.28%
B. 偶尔收看	204	65.18%
C. 从来不看	33	10.54%
本题有效填写人次	313	

由此可见,在全部调查者中,89.46% 的受众观看过证券类电视节目,比较具有代表性。

(1)年龄因素

如图 14 所示,年龄因素与证券类电视节目收看情况并无绝对联系。

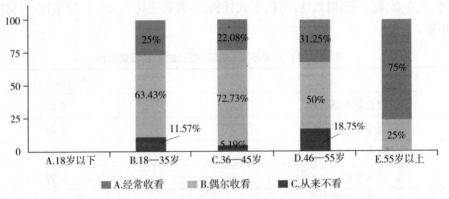

图 14　年龄与证券类电视节目收看情况交叉分析图

(2)收入因素

收入越高,关注度越高,且呈递增趋势。

如图 15 所示,月收入在 12500 元以上的受众中,"经常收看"证券类电视节目的占比为 32.73%,"偶尔收看"占比为 58.18%,"从来不看"占比为 9.09%。月收入在 8000—12500 元的受众中,"经常收看"证券类电视节目的占比为 27.97%,"偶尔收看"占比 65.25%,"从来不看"占比为 6.78%。月收入在 5000—8000 元的受众中,"经常收看"证券类电视节目的占比为 17.86%,"偶尔收看"占比为 67.86%,"从来不看"占比为 14.29%。

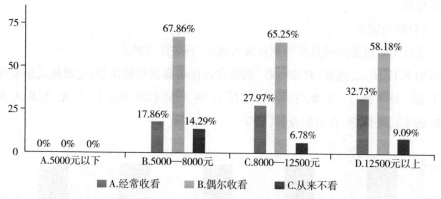

图15　收入水平与证券类电视节目收看情况交叉分析图

　　由此可见,在 5000—8000 元、8000—12500 元、12500 元以上这三个收入阶层范围内,受众选择"经常收看"的占比随收入的增加呈现出递增的趋势。相对地,选择"偶尔收看"的占比随收入的增加呈现出递减的趋势。

　　(3)文化水平因素

　　文化程度越高,关注度越高,且呈递增趋势。

　　如图 16 所示,在选择"经常收看"的受众中,学历为大专、本科、研究生及以上占比分别为 9.38%、25%、32.43%。在选择"偶尔收看"的受众中,学历为大专、本科、研究生及以上占比分别为 78.13%、65.16%、54.05%。在选择"从来不看"的受众中,学历为大专、本科、研究生及以上占比分别为 12.5%、9.84%、13.51%。

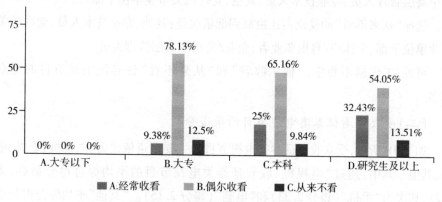

图16　文化水平与证券类电视节目收看情况交叉分析图

　　由此可见,证券类电视节目的受众选择"经常收看"的占比随文化程度的增加呈现出递增的趋势。相对地,选择"偶尔收看"的占比随文化程度的增加呈现出递减的趋势。

（4）职业因素

受众的职位越高或从事的职业收入越高,则关注度越高。

如图 17 所示,选择"经常收看"的受众占比由高到低依次是:党政机关事业单位干部（31.82%）、企业/公司中高层管理人员（26.38%）、专业技术人员（22.86%）、个体户/自由职业者（20%）。

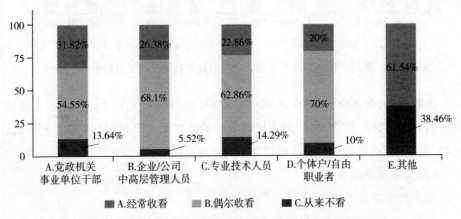

图17　职业因素与证券类电视节目收看情况交叉分析图

可见,高职位或高收入的职业选择"经常收看"的人群占比越高。

选择"偶尔收看"的受众占比由高到低依次是:个体户/自由职业者、企业/公司中高层管理人员、专业技术人员、其他、党政机关事业单位干部。

选择"从来不看"的受众占比由高到低依次是:其他、专业技术人员、党政机关事业单位干部、个体户/自由职业者、企业/公司中高层管理人员。

可见,工作越不稳定,"偶尔收看"和"从来不看"证券类电视节目的受众越多。

（二）受众收看证券类电视节目的渠道分析

如表 18 所示,受众收看证券类电视节目的主要渠道依次为:电视机、手机、电脑、其他。其中,通过"电视机"收看证券类电视节目的平均综合得分最高,为3.21,其次为"手机"（得分2.33）和"电脑"（得分2.15）。"其他"平均综合得分最低,为0.28。

表 18　受众收看证券类电视节目的渠道统计

选项	平均综合得分
A. 电视机	3.21
C. 手机	2.33
B. 电脑	2.15
D. 其他	0.28

由此可见,尽管互联网的发展日新月异,但"电视机"仍然是证券类电视节目受众的主要收看渠道。同时,也应该注意到新媒体的介入对于观众收看习惯的影响。

(三)受众对证券类电视节目的内容偏好的分析

如表 19 所示,受众喜欢的证券类电视节目的内容依次为:国内外市场动态、国内外新闻报道、大盘走势分析、个股分析。在 280 次有效填写中,244 人选择对"国内外市场动态"感兴趣,占比 87.14%;227 人选择对"国内外新闻报道"感兴趣,占比 81.07%;217 人选择对"大盘走势分析"感兴趣,占比 77.5%;146 人选择对"个股分析"感兴趣,占比 52.14%。

表 19　受众对证券类电视节目的内容偏好统计

选项	小计	比例
A. 国内外新闻报道	227	81.07%
B. 国内外市场动态	244	87.14%
C. 大盘走势分析	217	77.5%
D. 个股分析	146	52.14%
本题有效填写人次	280	

由此可见,证券类电视节目的受众更想要获得的是国内外最新经济动态和形势政策等宏观方面的经济信息以及大盘走势分析这样的中观层面的经济信息,对于个股分析这种微观层面的内容反而没有太大兴趣。

(四)受众从不收看证券类电视节目的原因分析

了解受众为何不收看证券类电视节目,有利于财经谈话类节目定位、内容与风格,从而吸引更多受众。

如表 20 所示,受众从不收看证券类电视节目的主要原因依次为:对内容不感兴趣;分析不到位,缺乏指导意义;内容针对性、贴近性不强;嘉宾缺乏权威性;不喜欢嘉宾的风格;其他;主持人不专业。

表20　受众不收看证券类电视节目的原因统计

选项	平均综合得分
B. 对内容不感兴趣	6.03
D. 分析不到位,缺乏指导意义	3.76
C. 内容针对性、贴近性不强	3.48
A. 嘉宾缺乏权威性	2.12
F. 不喜欢嘉宾的风格	1.55
G. 其他	1.52
E. 主持人不专业	1.24

　　在诸多影响因素中,平均综合得分最高的因素是"对内容不感兴趣",为6.03分。其次是"分析不到位,缺乏指导意义"和"内容针对性、贴近性不强",分别为3.76分和3.48分。平均综合得分最低的因素是"主持人不专业",为1.24分。

　　由此可见,节目本身的实际指导意义、节目内容的专业性和大众性是影响观众收看证券类电视节目的主要因素。而证券类电视节目主持人并不是受众不选择收看的重要因素。

附录 11 关于影响观众收看财经类资讯节目的重要因素 的调查问卷

1. 您的年龄：　　　　[单选题]

选项	小计	比例
A. 18 岁以下	0	0%
B. 18—35 岁	216	69.01%
C. 36—45 岁	77	24.6%
D. 46—55 岁	16	5.11%
E. 55 岁及以上	4	1.28%
本题有效填写人次	313	

2. 您的月收入是：　　　　[单选题]

选项	小计	比例
A. 5000 元以下	0	0%
B. 5000—8000 元	140	44.73%
C. 8000—12500 元	118	37.7%
D. 12500 元以上	55	17.57%
本题有效填写人次	313	

3. 您的文化程度：　　　　[单选题]

选项	小计	比例
A. 大专以下	0	0%
B. 大专	32	10.22%
C. 本科	244	77.96%
D. 研究生及以上	37	11.82%
本题有效填写人次	313	

4. 您目前从事的职业是：　　　　　［单选题］

选项	小计	比例
A. 党政机关事业单位干部	22	7.03%
B. 企业/公司中高层管理人员	163	52.08%
C. 专业技术人员	105	33.55%
D. 个体户/自由职业者	10	3.19%
E. 其他	13	4.15%
本题有效填写人次	313	

5. 您平时是否收看 CCTV2 的《央视财经评论》栏目：　　　　［单选题］

选项	小计	比例
A. 经常收看	208	66.45%
B. 偶尔收看	104	33.23%
C. 从来不看	1	0.32%
本题有效填写人次	313	

6. 吸引您收看 CCTV2《央视财经评论》栏目的主要因素依次是（按最主要到次要排序）：　　　　［排序题］

选项	平均综合得分
B. 感兴趣的内容	3.32
A. 知名度高、权威性强的嘉宾	2.93
C. 解疑释惑的功能	2.31
D. 喜爱的节目主持人	1.44

7. 您更喜欢《央视财经评论》栏目中的哪类话题(按喜欢程度递减排序):
   [排序题]

选项	平均综合得分
B. 国内经济热点	5.95
A. 民生经济(和百姓生活相关的各类话题)	4.96
D. 行业发展趋势	4.8
C. 国外市场动向	3.88
F. 政经事件、活动	3.72
E. 证券市场行情	3.63
G. 其他	1.06

8. 您更看重《央视财经评论》中的嘉宾身份是(按重要性递减排序):
   [排序题]

选项	平均综合得分
A. 专家评论员	1.78
B. 媒体评论员	1.22

9. 您认为 CCTV2 的《央视财经评论》栏目应该加强(按重要性递减排序):
   [排序题]

选项	平均综合得分
A. 专业性	3.85
D. 权威性	3.48
B. 通俗性	3.2
C. 贴近性	3.15
E. 维持现状	1.33

10. 您经常通过什么媒介收看 CCTV2 的《央视财经评论》栏目：　［多选排序题］　［排序题］

选项	平均综合得分
A. 电视机	3.54
C. 手机	2.28
B. 电脑	2.11
D. 其他	0.39

11. 您经常通过什么新媒体平台收看《央视财经评论》栏目：　［多选题］

选项	小计	比例
A. 微博	159	50.96%
B. 微信	154	49.36%
C. 视频网站	288	92.31%
D. 其他	45	14.42%
本题有效填写人次	312	

12. 您从不收看 CCTV2 的《央视财经评论》栏目的原因是：　［排序题］

选项	平均综合得分
D. 内容太专业、看不懂	8
G. 形式死板	7
F. 不喜欢主持人	0
H. 其他	0
E. 问题分析不透彻	0
B. 对选题不感兴趣	0
C. 选题贴近性弱	0
A. 权威性、可信度不够	0

13. 您平时是否收看 CCTV2 的《对话》栏目：　　　　　　　［单选题］

选项	小计	比例
A. 经常收看	104	33.23%
B. 偶尔收看	196	62.62%
C. 从来不看	13	4.15%
本题有效填写人次	313	

14. 吸引您收看 CCTV2《对话》栏目的主要因素依次是（按最主要到次要排序）：　　　　　　　［排序题］

选项	平均综合得分
B. 感兴趣的话题	4.16
A. 知名度高、权威性强的嘉宾	3.59
C. 解疑释惑的功能	2.9
D. 节目形式	2.61
E. 喜爱的节目主持人	1.74

15. 您更喜欢《对话》栏目中的哪类话题（按喜欢程度递减排序）：　［排序题］

选项	平均综合得分
B. 社会热点	4.39
A. 民生类(和百姓生活相关的各类话题)	4.03
D. 行业发展趋势	3.72
E. 经济热点	3.61
C. 企业家的经营之道、成功之路	3.58
F. 文化产业	1.67

16. 您更看重《对话》中的嘉宾身份是(按重要性递减排序)：

　　[排序题]

选项	平均综合得分
B. 著名企业家	3.35
A. 专家学者	3.01
C. 普通成功人士	2.57
D. 其他	1.07

17. 您认为 CCTV2 的《对话》栏目应该加强(按重要性递减排序)：

　　[排序题]

选项	平均综合得分
D. 专业性	3.54
B. 贴近性	3.53
C. 权威性	3.48
A. 故事性	3.08
E. 维持现状	1.38

18. 您经常通过什么媒介收看 CCTV2 的《对话》栏目：[多选排序题](若多选请按照主要渠道至次要渠道排序)　[排序题]

选项	平均综合得分
A. 电视机	3.51
C. 手机	2.24
B. 电脑	2.12
D. 其他	0.38

19. 您经常通过什么新媒体平台收看《对话》栏目：　　[多选题]

选项	小计	比例
A. 微博	143	47.67%
B. 微信	142	47.33%
C. 视频网站	269	89.67%
D. 其他	3	1%
本题有效填写人次	300	

20. 您从不收看 CCTV2《对话》栏目的原因是：[排序题]

选项	平均综合得分
B. 对选题不感兴趣	4.85
D. 太专业、看不懂	3.08
E. 时效性不强	2.85
C. 形式死板	2.77
F. 不喜欢主持人	0.92
G. 其他	0.85
A. 权威性、可信度不够	0.38

21. 您平时是否收看证券类电视节目(如 CCTV2 的《交易时间》,上海第一财经频道的《市场零距离》等)：　　[单选题]

选项	小计	比例
A. 经常收看	76	24.28%
B. 偶尔收看	204	65.18%
C. 从来不看	33	10.54%
本题有效填写人次	313	

22. 您经常通过什么渠道收看证券类电视节目：　　［排序题］

选项	平均综合得分
A. 电视机	3.21
C. 手机	2.33
B. 电脑	2.15
D. 其他	0.28

23. 您感兴趣的证券类节目中的内容是：　［多选题］

选项	小计	比例
A. 国内外新闻报道	227	81.07%
B. 国内外市场动态	244	87.14%
C. 大盘走势分析	217	77.5%
D. 个股分析	146	52.14%
本题有效填写人次	280	

24. 您从来不看证券类电视节目的原因是：　　［排序题］

选项	平均综合得分
B. 对内容不感兴趣	6.03
D. 分析不到位,缺乏指导意义	3.76
C. 内容针对性、贴近性不强	3.48
A. 嘉宾缺乏权威性	2.12
F. 不喜欢嘉宾的风格	1.55
G. 其他	1.52
E. 主持人不专业	1.24

附录12　关于影响观众收看财经谈话类节目的
重要因素的调查问卷(2014)

时间:2014 年 3 月 23 日

调查背景:参考资料

调查方法:

开始时间:2014 - 3 - 20 　　　结束时间:2014 - 3 - 23

样本总数:466 份

原始数据来源:http://www. sojump. com/report/3154738. aspx? qc =

本报告分析内容:自定义查询

本报告样本筛选规则:

本报告包含样本数量:466 份

数据与分析:

1. 您的年龄: 　 [单选题]

选项	小计	比例
A. 25—34 岁	180	38. 63%
B. 35—44 岁	149	31. 97%
C. 45—54 岁	116	24. 89%
D. 55—64 岁	18	3. 86%
E. 65 岁及以上	3	0. 64%
本题有效填写人次	466	

2. 您的月收入: 　 [单选题]

选项	小计	比例
D. 5000—8000 元	155	33. 26%
C. 3500—5000 元	133	28. 54%
E. 8000—12500 元	88	18. 88%
B. 2000—3500 元	62	13. 3%

续表

选项	小计	比例
F. 12500 元以上	28	6.01%
A. 2000 元以下	0	0%
本题有效填写人次	466	

3. 您的文化程度：　　［单选题］

选项	小计	比例
C. 本科	354	75.97%
B. 高中 – 大专	77	16.52%
D. 研究生及以上	35	7.51%
A. 高中以下	0	0%
本题有效填写人次	466	

4. 您目前从事的职业是：　　［单选题］

选项	小计	比例
A. 干部/管理人员	254	54.51%
B. 个体/私营企业	88	18.88%
C. 初级公务员/雇员	88	18.88%
D. 工人	22	4.72%
E. 学生	0	0%
F. 无业	1	0.21%
G. 其他	13	2.79%
本题有效填写人次	466	

5. 您平时是否经常收看财经谈话类节目(如 CCTV2 财经频道《央视财经评论》《对话》,以下均以这两个栏目为例): ［单选题］

选项	小计	比例
A. 经常收看	298	63.95%
B. 偶尔收看	162	34.76%
C. 几乎不看	6	1.29%
本题有效填写人次	466	

6. 吸引您收看 CCTV2 财经频道《央视财经评论》《对话》的主要因素依次是: ［排序题］

选项	平均综合得分
B. 感兴趣的话题	4.32
A. 知名度高、权威性强的嘉宾	3.37
C. 解疑释惑的功能	3.06
D. 引人入胜的节目形式	2.64
E. 喜爱的节目主持人	1.61

7. 您更喜欢 CCTV2 财经频道《央视财经评论》《对话》的哪类话题: ［排序题］

选项	平均综合得分
B. 社会热点	4.63
A. 民生类(和百姓生活相关的各类话题)	4.34
E. 投资理财	3.59
C. 企业家的经营之道、成功之路	3.51
D. 行业发展	3.11
F. 文化产业	1.82

8. 您更看重 CCTV2 财经频道《央视财经评论》《对话》的嘉宾身份是:
[排序题]

选项	平均综合得分
C. 行业精英	4.71
B. 著名企业家	4.43
A. 专家学者	3.89
D. 普通成功人士	3.82
E. 媒体评论员	2.96
F. 无所谓	1.19

9. 您几乎不收看 CCTV2 财经频道《央视财经评论》《对话》的原因是:
[多选题]

选项	小计	比例
B. 枯燥、死板	153	32.83%
G. 形式缺乏创新	153	32.83%
A. 对内容不感兴趣	152	32.62%
C. 太专业、看不懂	137	29.4%
D. 时效性不强	125	26.82%
H. 其他	92	19.74%
F. 权威性、可信度不够	90	19.31%
E. 不喜欢主持人	54	11.59%
本题有效填写人次	466	

10. 您经常通过什么渠道收看 CCTV2 财经频道《央视财经评论》《对话》:
[排序题]

选项	平均综合得分
A. 电视机	3.73
B. 电脑	3.1
C. 手机	2.1
D. 其他	1.08

11. 您收看 CCTV2 财经频道《央视财经评论》《对话》时,对于节目形式: [单选题]

选项	小计	比例
A. 非常关注	140	30.04%
B. 关注	292	62.66%
C. 不关注	34	7.3%
本题有效填写人次	466	

12. 您认为 CCTV2 财经频道《央视财经评论》《对话》应该加强: [排序题]

选项	平均综合得分
C. 贴近性	3.74
B. 权威性	3.56
A. 专业性	3.31
D. 通俗性	3.17
E. 维持现状	1.22

13. 您平时是否经常收看证券类电视节目(如 CCTV2 财经频道的《交易时间》,上海第一财经频道的《市场零距离》): [单选题]

选项	小计	比例
A. 经常收看	186	39.91%
B. 偶尔收看	245	52.58%
C. 几乎不看	35	7.51%
本题有效填写人次	466	

14. 您经常通过什么渠道收看证券类电视节目：　　［单选题］

选项	小计	比例
A. 电视机	334	71.67%
B. 电脑	121	25.97%
C. 手机	8	1.72%
D. 其他	3	0.64%
本题有效填写人次	466	

15. 您几乎不收看证券类电视节目的原因是：　　［多选题］

选项	小计	比例
B. 嘉宾分析不到位，缺乏指导意义	265	56.87%
A. 对内容不感兴趣	162	34.76%
F. 太专业、看不懂	147	31.55%
C. 嘉宾缺乏权威性	141	30.26%
E. 不喜欢嘉宾的风格	87	18.67%
D. 主持人不专业	86	18.45%
其他	79	16.95%
本题有效填写人次	466	

附录 13　影响观众收看财经谈话类节目重要因素的两次调查结果对比分析

为了详细了解影响观众收看"财经谈话类节目"的重要因素,我们以 CCTV2 财经频道《央视财经评论》和《对话》两个栏目为例,分别于 2014 年 3 月和 2018 年 11 月采用《问卷星》官方网站有偿服务——在线调查方式进行了问卷调查。以下是关于这两次调查结果的对比分析:

一、关于影响观众收看"财经谈话类节目"的重要因素的数据与对比分析

表 1　受众收看财经谈话类节目情况统计(2014 年)

选项	小计	比例
A. 经常收看	298	63.95%
B. 偶尔收看	162	34.76%
C. 几乎不看	6	1.29%
本题有效填写人次	466	

表 2　受众收看《央视财经评论》栏目情况统计(2018 年)

选项	小计	比例
A. 经常收看	208	66.45%
B. 偶尔收看	104	33.23%
C. 从来不看	1	0.32%
本题有效填写人次	313	

表 3　受众收看《对话》栏目情况统计(2018 年)

选项	小计	比例
A. 经常收看	104	33.23%
B. 偶尔收看	196	62.62%
C. 从来不看	13	4.15%
本题有效填写人次	313	

如表 1 所示,2014 年的 466 名被调查者中,选择"经常收看"的有 298 人,占比达 63.95%;选择"偶尔收看"的有 162 人,占比为 34.76%;选择"几乎不看"的仅 6 人,占比仅为 1.29%

在全部调查者中,高达 98.71% 的受众观看过财经谈话类节目。

而在 2018 年的 313 名被调查者中,选择"经常收看"《央视财经评论》栏目的有 208 人,占比达 66.45%;选择"偶尔收看"的有 104 人,占比为 33.23%;选择"从来不看"的仅 1 人,占比为 0.32%。在全部调查者中,高达 99.68% 的受众观看过《央视财经评论》栏目。同样在这 313 名被调查者中,选择"经常收看"《对话》栏目的有 104 人,占比达 33.23%;选择"偶尔收看"的有 196 人,占比为 62.62%;选择"从来不看"的有 13 人,占比为 4.15%。在全部调查者中,有 95.85% 的受众观看过《对话》栏目。

由此可见,相较于 2014 年观看过财经谈话类节目的受众比例,2018 年观看过《央视财经评论》栏目的受众比例略微升高,而观看过《对话》栏目的受众比例有所下降。

（一）年龄因素

2018 年受众年龄更加年轻化。

如图 1 所示,在 2014 年被调查的 466 人中,财经谈话类节目的受众年龄阶段主要是 25—54 岁。其中,25—34 岁,"经常收看"财经谈话类节目的受众占比为 57.78%,"偶尔收看"占比为 42.22%。35—44 岁,"经常收看"财经谈话类节目的受众占比为 67.11%,"偶尔收看"占比为 32.21%,"几乎不看"占比 0.67%。45—

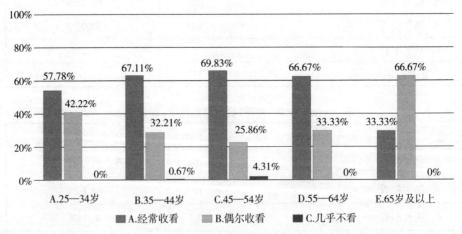

图 1　年龄因素与财经谈话类节目收看情况交叉分析图（2014 年）

54 岁,"经常收看"财经谈话类节目的受众占比为 69. 83% ,"偶尔收看"占比为
25. 86% ,"几乎不看"占比为 4. 31% 。55—64 岁,"经常收看"财经谈话类节目的
受众占比为 66. 67% ,"偶尔收看"占比为 33. 33% 。65 岁及以上,"经常收看"财
经谈话类节目的受众占比为 33. 33% ,"偶尔收看"则高达 66. 67% 。

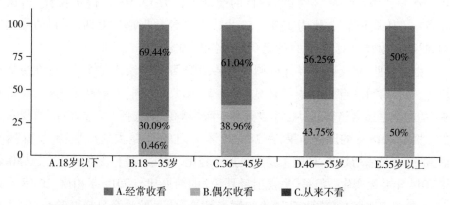

图 2　年龄因素与《央视财经评论》栏目收看情况交叉分析图(2018 年)

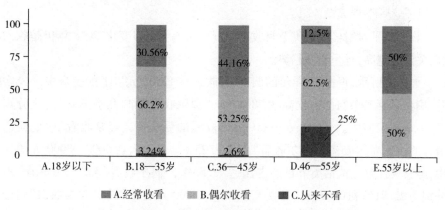

图 3　年龄因素与《对话》栏目收看情况交叉分析图(2018 年)

　　而在 2018 年被调查的 313 人中,《央视财经评论》栏目的受众年龄阶段主要
是 18—45 岁。其中,18—35 岁,"经常收看"《央视财经评论》栏目的受众占比为
69. 44% ,"偶尔收看"占比为 30. 09% ,"从来不看"占比为 0. 46% 。36—45 岁,
"经常收看"《央视财经评论》栏目的受众占比为 61. 04% ,"偶尔收看"占比为
38. 96% 。46—55 岁,"经常收看"《央视财经评论》栏目的受众占比为 56. 25% ,
"偶尔收看"占比为 43. 75% 。55 岁以上,"经常收看"《央视财经评论》栏目的受
众比例和"偶尔收看"《央视财经评论》栏目的受众比例各占 50% 。

同样在这 313 名被调查者中,《对话》栏目的受众年龄阶段主要是 18—45 岁。其中,18—35 岁,"经常收看"《对话》栏目的受众占比为 30.56%,"偶尔收看"占比为 66.2%,"从来不看"占比为 3.24%。36—45 岁,"经常收看"《对话》栏目的受众占比为 44.16%,"偶尔收看"占比为 53.25%,"从来不看"占比为 2.6%。46—55 岁,"经常收看"《对话》栏目的受众占比为 12.5%,"偶尔收看"占比为 62.5%,"从来不看"占比为 25%。55 岁以上,"经常收看"《对话》栏目的受众比例和"偶尔收看"《对话》栏目的受众比例各占 50%。

由此可见,相较于 2014 年的调查结果,2018 年财经谈话类节目的受众更加年轻化。此外,2014 年的调查结果显示,在 25—54 岁之间,年龄越大选择"经常收看"的受众呈递增趋势;但从 55 岁开始,年龄越高,则选择"经常收看"的受众越少。根据 2018 年的调查结果,在 18—45 岁之间,年龄越大选择"经常收看"《对话》的受众呈递增趋势,即除了受众更加年轻化,《对话》栏目受众的这一趋势相较于 2014 年并无变化。但是《央视财经评论》的结果却与 2014 年相反,在 18 岁以上,年龄越大选择"经常收看"《央视财经评论》栏目的受众呈递减趋势,但选择"偶尔收看"的受众呈递增趋势。

（二）收入因素

收入水平对财经谈话类节目收看情况的影响无明显变化,2018 年仍是收入越高,关注度越高,且呈递增趋势。

如图 4 所示,根据 2014 年的调查,月收入在 12500 元以上的受众中,"经常收看"财经谈话类节目的占比高达 78.57%,"偶尔收看"和"几乎不看"占比分别为 17.86% 和 3.57%。月收入在 8000—12500 元的受众中,"经常收看"财经谈话类节目的占比高达 75%,"偶尔收看"占比为 25%。月收入在 5000—8000 元的受众中,经常关注财经谈话类节目的占比达 73.55%,"偶尔收看"和"几乎不看"占比分别为 25.81% 和 0.65%。月收入在 3500—5000 元的受众中,"经常收看"财经谈话类节目的占比为 48.87%,"偶尔收看"和"几乎不看"占比分别为 49.62% 和 1.5%。月收入在 2000—3500 元的受众中,"经常收看"财经谈话类节目的占比为 50%,"偶尔收看"和"几乎不看"占比分别为 46.77% 和 3.23%。

而根据 2018 年的调查,月收入在 5000—8000 元的受众中,"经常收看"《央视财经评论》栏目的占比达 65%,"偶尔收看"的占比为 34.29%,"从来不看"的占比为 0.71%。月收入在 8000—12500 元的受众中,"经常收看"《央视财经评论》栏目的占比为 66.1%,"偶尔收看"占比为 33.9%。月收入在 12500 元以上的受众中,"经常收看"《央视财经评论》栏目的占比达 70.91%,"偶尔收看"的占比为 20.09%。

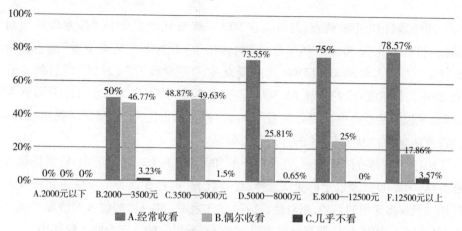

图 4 收入水平与财经谈话类节目收看情况交叉分析图（2014 年）

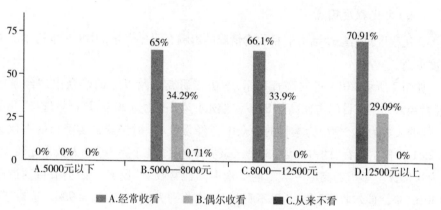

图 5 收入水平与《央视财经评论》栏目收看情况交叉分析图（2018 年）

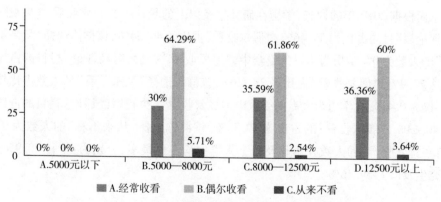

图 6 收入水平与《对话》栏目收看情况交叉分析图（2018 年）

同样是 2018 年的调查,月收入在 5000—8000 元的受众中,"经常收看"《对话》栏目的占比为 30%,"偶尔收看"的占比达 64.29%,"从来不看"的占比为 5.71%。月收入在 8000—12500 元的受众中,"经常收看"《对话》栏目的占比 35.59%,"偶尔收看"的占比 61.86%,"从来不看"的占比为 2.54%。月收入在 12500 元以上的受众中,"经常收看"《对话》栏目的占比为 36.36%,"偶尔收看"的占比达 60%,"从来不看"的占比为 3.64%。

2014 年的调查结果显示,在 2000—12500 元这五个收入阶层中,特别是收入在 5000—12500 元及以上的受众选择"经常收看"财经谈话类节目的占比随收入的增加呈现出递增的趋势,相对地,选择"偶尔收看"的占比随收入的增加呈现出递减的趋势。2018 年的调查结果表明,在 5000 元以上的这三个收入阶层中,这一趋势并无改变。

(三)文化程度因素

文化程度对财经谈话类节目收看情况的影响有明显变化,2018 年本科学历关注度更高。

如图 7 所示,2014 年的调查显示,学历在研究生及以上的受众中,"经常收看"财经谈话类节目的占比高达 80%,"偶尔收看"占比为 20%,该群体选择"几乎不看"的人数为 0。学历为本科的受众中,"经常收看"财经谈话类节目的占比达 65.25%,"偶尔收看"的占比为 33.9%,该群体选择"几乎不看"的人数占比较少,仅为 0.85%。学历为高中 – 大专的受众中,"经常收看"财经谈话类节目的占比为 50.65%,"偶尔收看"和"几乎不看"的占比分别为 45.45% 和 3.9%。选择"经常收看"的人数在三个人群中均占比最多,分别为:高中 – 大专 50.65%、本科 65.25%、研究生及以上 80%。

而根据 2018 年的调查,学历在研究生及以上的受众中,"经常收看"《央视财经评论》栏目的占比为 59.46%,"偶尔收看"占比为 40.54%,该群体选择"从来不看"的人数为 0。学历为本科的受众中,"经常收看"《央视财经评论》栏目的占比高达 70.9%,"偶尔收看"占比为 28.69%,该群体选择"从来不看"的人数占比较少,仅为 0.41%。学历为大专的受众中,"经常收看"《央视财经评论》栏目的占比为 40.63%,"偶尔收看"的占比为 59.38%,该群体选择"从来不看"的人数为 0。选择"经常收看"的人数在本科及以上人群中均占比最多,分别为:本科 70.9%、研究生及以上 59.46%。

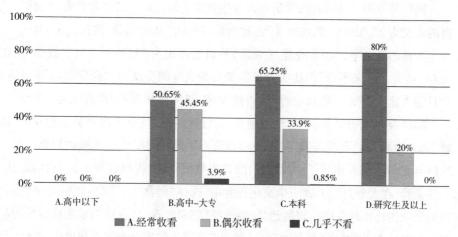

图7　文化程度与财经谈话类节目收看情况交叉分析图（2014 年）

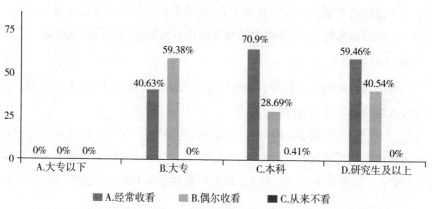

图8　文化程度与《央视财经评论》栏目收看情况交叉分析图（2018 年）

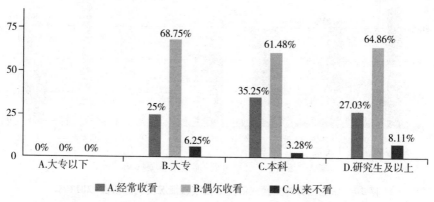

图9　文化程度与《对话》栏目收看情况交叉分析图（2018 年）

同样是 2018 年的调查,学历在研究生及以上的受众中,"经常收看"《对话》栏目的占比为 27.03%,"偶尔收看"占比为 64.86%,"从来不看"占比为 8.11%。学历为本科的受众中,"经常收看"《对话》栏目的占比为 35.25%,"偶尔收看"占比为 61.48%,"从来不看"占比 3.28%。学历为大专的受众中,"经常收看"《对话》栏目的占比为 25%,"偶尔收看"的占比为 68.75%,"从来不看"占比为 6.25%。

2014 年的调查结果表明,学历越高,关注度越高,且呈递增趋势。相对地,选择"偶尔收看"和"几乎不看"的占比随学历水平的提高呈现出递减的趋势。但是 2018 年的调查结果出现了明显的变化,首先是关于《央视财经评论》栏目的变化,总体来看,在大专及以上这三个文化程度中,选择"经常收看"《央视财经评论》栏目的受众占比呈现先增后减的趋势,而选择"偶尔收看"的占比则是先减后增的趋势。其次是关于《对话》栏目的变化,在大专及以上的这三个文化程度中,选择"经常收看"《对话》的人数在本科学历人群中占比最多,选择"偶尔收看"的人数在大专学历人群中占比最多,选择"从来不看"的人数则在研究生及以上学历人群中占比最多。但总体来看,文化程度对受众关注该节目的影响不算特别明显。

(四)职业因素

职业因素对财经谈话类节目收看情况的影响无太大变化,2018 年仍是职位越高或收入越高的职业,关注度越高。

如图 10 所示,根据 2014 年的调查显示,选择"经常收看"财经谈话类节目的受众占比由高到低依次是:干部/管理人员(74.8%)、个体/私营企业(60.23%)、工人(50%)、初级公务员/雇员(44.32%)、其他(38.46%)。选择"偶尔收看"和

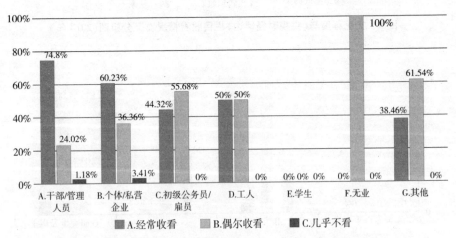

图 10　职业因素与财经谈话类节目收看情况交叉分析图(2014 年)

"几乎不看"的受众占比由高到低依次是：无业、其他、初级公务员/雇员、工人、个体/私营企业、干部/管理人员。

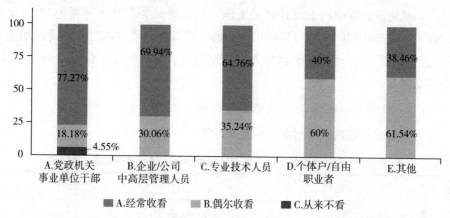

图11　职业因素与《央视财经评论》栏目收看情况交叉分析图（2018年）

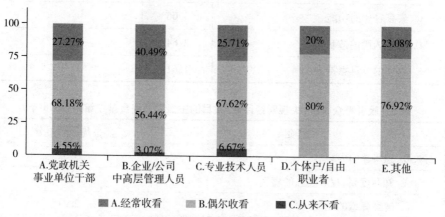

图12　职业因素与《对话》栏目收看情况交叉分析图（2018年）

　　而2018年的调查显示，选择"经常收看"《央视财经评论》栏目的受众占比由高到低依次是：党政机关事业单位干部（77.27%）、企业/公司中高层管理人员（69.94%）、专业技术人员（64.76%）、个体户/自由职业者（40%）、其他（38.46%）。选择"偶尔收看"的受众占比由高到低依次是：其他、个体户/自由职业者、专业技术人员、企业/公司中高层管理人员、党政机关事业单位干部。

　　同样是2018年的调查显示，选择"经常收看"《对话》栏目的受众占比由高到低依次是：企业/公司中高层管理人员（40.49%）、党政机关事业单位干部（27.27%）、专业技术人员（25.71%）、其他（23.08%）、个体户/自由职业者（20%）。选择"偶尔收看"的受众占比由高到低依次是：个体户/自由职业者

（80%）、其他（76.92%）、党政机关事业单位干部（68.18%）、专业技术人员（67.62%）、企业/公司中高层管理人员（56.44%）。

　　虽然两次调查中问卷设计时关于职业的具体分类名称不尽相同，但无论是2014年还是2018年，仍然可以得出同样的结论，即：高职位或收入越高的职业选择"经常收看"财经谈话类节目的人群占比越高。而工作越不稳定，"偶尔收看"的受众越多。

（五）吸引受众收看财经谈话类节目的主要因素对比分析

　　受众看重的依然是节目本身的实质内容。

表4　吸引受众收看财经谈话类节目的主要因素综合排序结果（2014年）

选项	小计	比例
B. 感兴趣的话题	4.32	
A. 知名度高、权威性强的嘉宾	3.37	
C. 解疑释惑的功能	3.06	
D. 引人入胜的节目形式	2.64	
E. 喜爱的节目主持人	1.61	

表5　吸引受众收看《央视财经评论》栏目的主要因素综合排序结果（2018年）

选项	平均综合得分
B. 感兴趣的内容	3.32
A. 知名度高、权威性强的嘉宾	2.93
C. 解疑释惑的功能	2.31
D. 喜爱的节目主持人	1.44

表6　吸引受众收看《对话》栏目的主要因素综合排序结果（2018年）

选项	平均综合得分
B. 感兴趣的话题	4.16
A. 知名度高、权威性强的嘉宾	3.59
C. 解疑释惑的功能	2.9
D. 节目形式	2.61
E. 喜爱的节目主持人	1.74

如表所示,根据2014年调查结果,吸引受众收看财经谈话类节目的主要因素依次为:感兴趣的话题,知名度高、权威性强的嘉宾,解疑释惑的功能,引人入胜的节目形式,喜爱的节目主持人。其中,平均综合得分最高的是"感兴趣的话题",为4.32;其次是"知名度高、权威性强的嘉宾",为3.37;平均综合得分最低的是"喜爱的节目主持人",为1.61。

根据2018年调查结果,吸引受众收看《央视财经评论》栏目的主要因素依次为:感兴趣的内容,知名度高、权威性强的嘉宾,解疑释惑的功能,喜爱的节目主持人。其中,平均综合得分最高的是"感兴趣的内容",为3.32;其次是"知名度高、权威性强的嘉宾",为2.93;平均综合得分最低的是"喜爱的节目主持人",为1.44。

同样是2018年的调查结果,吸引受众收看《对话》栏目的主要因素依次为:感兴趣的话题,知名度高、权威性强的嘉宾,解疑释惑的功能,节目形式,喜爱的节目主持人。其中,平均综合得分最高的是"感兴趣的话题",为4.16;其次是"知名度高、权威性强的嘉宾",为3.59;平均综合得分最低的是"喜爱的节目主持人",为1.74。

两次调查结果中吸引受众收看财经谈话类节目的主要因素排序没有任何变化,由此可见,无论是2014年还是2018年,财经谈话类节目的受众更看重的依然是节目本身的实质内容,包括节目的权威性和实用性。

（六）受众喜欢的财经谈话类节目的话题类型对比分析

受众依旧更青睐与自身实际的经济、生活等方面联系较为紧密的各类话题。

表7　受众喜欢的话题类型分析综合排序结果（2014年）

选项	平均综合得分
B. 社会热点	4.63
A. 民生类（和百姓生活相关的各类话题）	4.34
E. 投资理财	3.59
C. 企业家的经营之道、成功之道	3.51
D. 行业发展	3.11
F. 文化产业	1.82

表 8　受众喜欢的《央视财经评论》栏目话题类型分析综合排序结果（2018 年）

选项	平均综合得分
B. 国内经济热点	5.95
A. 民生经济（和百姓生活相关的各类话题）	4.96
D. 行业发展趋势	4.8
C. 国外市场动向	3.88
F. 政经事件、活动	3.72
E. 证券市场行情	3.63
G. 其他	1.06

表 9　受众喜欢的《对话》栏目话题类型分析综合排序结果（2018 年）

选项	平均综合得分
B. 社会热点	4.39
A. 民生类（和百姓生活相关的各类话题）	4.03
D. 行业发展趋势	3.72
E. 经济热点	3.61
C. 企业家的经营之道、成功之路	3.58
F. 文化产业	1.67

如表所示，根据 2014 年调查结果，受众喜欢的财经谈话类节目的话题类型依次为：社会热点，民生类（和百姓生活相关的各类话题），投资理财，企业家的经营之道，成功之路，行业发展，文化产业。其中，平均综合得分最高的是"社会热点"，为 4.63；其次是"民生类（和百姓生活相关的各类话题）"，为 4.34；平均综合得分最低的是"文化产业"，为 1.82。

根据 2018 年调查结果，受众喜欢的《央视财经评论》栏目的话题类型依次为：国内经济热点，民生经济（和百姓生活相关的各类话题），行业发展趋势，国外市场动向，政经事件、活动，证券市场行情，其他。其中，平均综合得分最高的是"国内经济热点"，为 5.95；其次是"民生经济（和百姓生活相关的各类话题）"，为 4.96；平均综合得分最低的是"其他"，为 1.06。

同样是 2018 年的调查显示，受众喜欢的《对话》栏目的话题类型依次为：社会热点,民生类(和百姓生活相关的各类话题),行业发展趋势,经济热点,企业家的经营之道、成功之路,文化产业。其中,平均综合得分最高的是"社会热点",为4.39;其次是"民生类(和百姓生活相关的各类话题)",为4.03;平均综合得分最低的是"文化产业",为1.67。

由此可见,与2014年的调查结果相比,2018年受众喜欢的财经谈话类节目的话题类型并无太大变化。财经谈话类节目的受众依旧更青睐与自身实际的经济、生活等方面联系较为紧密的各类话题,而对于宏观经济形势的话题不大感兴趣。

（七）受众对财经谈话类节目中嘉宾类型的诉求对比分析

嘉宾的专业性和权威性成为更重要的诉求点。

表10　受众喜欢的嘉宾类型分析综合排序结果（2014年）

选项	平均综合得分
C. 行业精英	4.71
B. 著名企业家	4.43
A. 专家学者	3.89
D. 普通成功人士	3.82
E. 媒体评论员	2.96
F. 无所谓	1.19

表11　受众喜欢的《央视财经评论》栏目嘉宾类型分析综合排序结果（2018年）

选项	平均综合得分
A. 专家评论员	1.78
B. 媒体评论员	1.22

表12　受众喜欢的《对话》栏目嘉宾类型分析综合排序结果（2018年）

选项	平均综合得分
B. 著名企业家	3.35
A. 专家学者	3.01
C. 普通成功人士	2.57
D. 其他	1.07

　　如表所示,根据2014年调查结果显示,受众喜欢的财经谈话类节目中的嘉宾类型依次为:行业精英、著名企业家、专家学者、普通成功人士、媒体评论员、无所谓。其中,平均综合得分最高的是"行业精英",为4.71;其次是"著名企业家",为4.43;平均综合得分较低的是"媒体评论员"和"无所谓",分别为2.96和1.19。

　　根据2018年调查结果,《央视财经评论》栏目中受众喜欢的嘉宾类型依次为:专家评论员(得分1.78)、媒体评论员(得分1.22)。而《对话》栏目中受众喜欢的嘉宾类型依次为:著名企业家、专家学者、普通成功人士、其他。其中,平均综合得分最高的是"著名企业家",为3.35;其次是"专家学者",为3.01;平均综合得分较低的是"普通成功人士"和"其他",分别为2.57和1.07。

　　由此可见,2014年财经谈话类节目的受众更看重嘉宾的典型性、知名度和影响力。2018年受众对财经谈话类节目中嘉宾类型的诉求更高、更多元,除了嘉宾的典型性、知名度和影响力之外,受众同样很看重嘉宾的专业性和权威性。

　　(八)收看媒介对比分析:电视机仍是最主要收看渠道

表13　受众收看财经谈话类节目的媒介分析综合排序结果(2014年)

选项	平均综合得分
A. 电视机	3.73
B. 电脑	3.1
C. 手机	2.1
D. 其他	1.08

表14　受众收看《央视财经评论》栏目的媒介分析综合排序结果(2018年)

选项	平均综合得分
A. 电视机	3.54
C. 手机	2.28
B. 电脑	2.11
D. 其他	0.39

表 15　受众收看《对话》栏目的媒介分析综合排序结果（2018 年）

选项	平均综合得分
A. 电视机	3.51
C. 手机	2.24
B. 电脑	2.12
D. 其他	0.38

如表所示,根据 2014 年调查结果显示,受众收看财经谈话类节目的主要媒介依次为:电视机、电脑、手机、其他。

而根据 2018 年调查结果,受众收看《央视财经评论》栏目和《对话》栏目的主要媒介顺序相同,依次为:电视机、手机、电脑、其他。

由此可见,虽然互联网的发展日新月异,但无论是 2014 年还是 2018 年,"电视机"仍然是财经谈话类节目受众的主要收看渠道。同时,相较于 2014 年电脑是很多受众选择的第二个主要渠道,2018 年手机超过电脑成为大多数受众的第二选择,这是由于移动互联网的快速发展对观众收视习惯产生的影响。

（九）受众对财经谈话类节目的发展期望对比分析

受众希望节目在"专业性"方面做得更好。

表 16　受众对财经谈话类节目的发展期望综合排序结果（2014 年）

选项	平均综合得分
C. 贴近性	3.74
B. 权威性	3.56
A. 专业性	3.31
D. 通俗性	3.17
E. 维持现状	1.22

表 17　受众对《央视财经评论》栏目的发展期望综合排序结果（2018 年）

选项	平均综合得分
A. 专业性	3.85
D. 权威性	3.48

续表

选项	平均综合得分
B. 通俗性	3.2
C. 贴近性	3.15
E. 维持现状	1.33

表18　受众对《对话》栏目的发展期望综合排序结果(2018年)

选项	平均综合得分
D. 专业性	3.54
B. 贴近性	3.53
C. 权威性	3.48
A. 故事性	3.08
E. 维持现状	1.38

如表所示,2014年调查结果显示,受众对财经谈话类节目的发展期望依次为:贴近性、权威性、专业性、通俗性、维持现状。

2018年调查结果显示,受众对《央视财经评论》栏目的发展期望依次为:专业性、权威性、通俗性、贴近性、维持现状。而受众对《对话》栏目的发展期望依次为:专业性、贴近性、权威性、故事性、维持现状。

由此可见,无论是2014年还是2018年,财经谈话类节目的受众对于节目的改变呼声都很强烈。2014年,受众认为财经谈话类节目在"贴近性"和"权威性"方面应该予以更多重视。2018年的调查结果表明除了"贴近性"和"权威性",受众希望财经谈话类节目在"专业性"方面能做得更好。这也从侧面印证了财经谈话类节目成功的关键在于把握好"专业化"和"大众化"两个特点。

(十)受众不收看财经谈话类节目的主要因素对比分析

2018年"内容太专业、看不懂"成为最主要原因。

表19　影响受众几乎不收看财经谈话类节目的主要因素排序(2014年)

选项	小计	比例
B. 枯燥、死板	153	32.83%

选项	小计	比例
G. 形式缺乏创新	153	32.83%
A. 对内容不感兴趣	152	32.62%
C. 太专业、看不懂	137	29.4%
D. 时效性不强	125	26.82%
H. 其他	92	19.74%
F. 权威性、可信度不够	90	19.31%
E. 不喜欢主持人	54	11.59%
本题有效填写人次	466	

表20　受众从来不看《央视财经评论》栏目的主要因素排序（2018 年）

选项	平均综合得分
D. 内容太专业、看不懂	8
G. 形式死板	7
F. 不喜欢主持人	0
H. 其他	0
E. 问题分析不透彻	0
B. 对选题不感兴趣	0
C. 选题贴近性弱	0
A. 权威性、可信度不够	0

表21　受众从来不看《对话》栏目的主要因素排序（2018 年）

选项	平均综合得分
B. 对选题不感兴趣	4.85
D. 太专业、看不懂	3.08
E. 时效性不强	2.85
C. 形式死板	2.77
F. 不喜欢主持人	0.92
G. 其他	0.85
A. 权威性、可信度不够	0.38

如表所示,根据2014年调查结果,受众几乎不收看财经谈话类节目的主要原因依次为:枯燥、死板,形式缺乏创新,对内容不感兴趣,太专业、看不懂,时效性不强,其他,权威性、可信度不够,不喜欢主持人。

2018年调查结果表明,受众从来不看《央视财经评论》栏目的主要原因有两个:内容太专业、看不懂,形式死板。而受众从来不看《对话》栏目的主要原因依次为:对选题不感兴趣,太专业、看不懂,时效性不强,形式死板,不喜欢主持人,其他,权威性、可信度不够。

相较于2014年的"枯燥、死板"和"形式缺乏创新","内容太专业、看不懂"成为2018年受众不看财经谈话类节目的最主要原因。由此可见,财经谈话类节目要想吸引更多受众,就要在节目内容表达的通俗性方面下更多功夫。同时,两次调查结果均表明:节目本身的表现形式和节目内容是影响观众收看财经谈话类节目的主要因素,而节目主持人等其他因素并不是受众不选择收看的重要因素。

二、关于影响观众收看"证券类电视节目"的重要因素的数据与对比分析

表22　受众收看证券类电视节目的情况统计(**2014**年)

选项	小计	比例
A. 经常收看	186	39.91%
B. 偶尔收看	245	52.58%
C. 几乎不看	35	7.51%
本题有效填写人次	466	

表23　受众收看证券类电视节目的情况统计(**2018**年)

选项	小计	比例
A. 经常收看	76	24.28%
B. 偶尔收看	204	65.18%
C. 从来不看	33	10.54%
本题有效填写人次	313	

如表所示,在2014年的466名被调查者中,选择"经常收看"证券类电视节目的有186人,占比为39.91%;选择"偶尔收看"的有245人,占比为52.58%;选择

"几乎不看"的有35人,占比为7.51%。即在全部调查者中,92.49%的受众观看过证券类电视节目。

而在2018年的313名被调查者中,选择"经常收看"证券类电视节目的有76人,占比为24.28%;选择"偶尔收看"的有204人,占比为65.18%;选择"从来不看"的有33人,占比为10.54%。即在全部调查者中,89.46%的受众观看过证券类电视节目。

由此可见,相较于2014年观看过证券类电视节目的受众比例,2018年观看过证券类电视节目的受众比例略微下降。

（一）年龄因素

年龄因素与证券类电视节目的收看情况并无绝对联系。

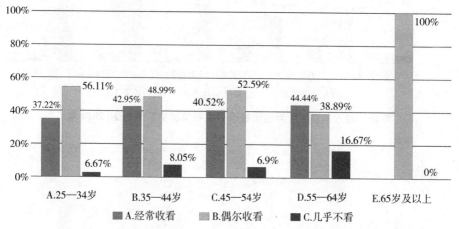

图13　年龄与证券类电视节目收看情况交叉分析图(**2014年**)

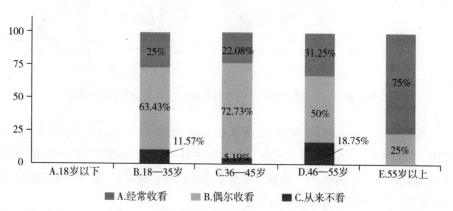

图14　年龄与证券类电视节目收看情况交叉分析图(**2018年**)

如图所示,两次调查结果均表明:年龄因素与证券类电视节目的收看情况并无绝对联系。

(二)收入因素

收入水平对证券类电视节目收看情况的影响基本无变化,2018年仍是收入越高,关注度越高,且呈递增趋势。

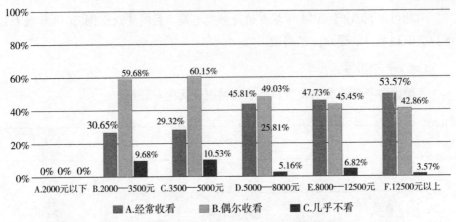

图15　收入水平与证券类电视节目收看情况交叉分析图(2014 年)

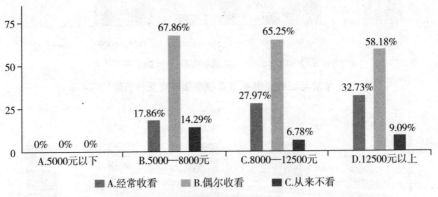

图16　收入水平与证券类电视节目收看情况交叉分析图(2018 年)

如图所示,2014 年和 2018 年的两次调查结果均显示,在 5000—8000 元、8000—12500 元、12500 元以上这三个收入阶层范围内,受众选择"经常收看"证券类电视节目的占比随收入的增加呈现出递增的趋势。相对地,选择"偶尔收看"的占比随收入的增加呈现出递减的趋势。

（三）文化水平因素

文化水平对证券类电视节目收看情况的影响基本无变化,2018 年仍是文化程度越高,关注度越高,且呈递增趋势。

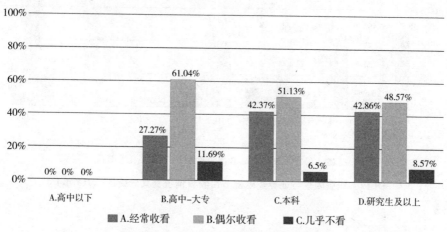

图 17　文化水平与证券类电视节目收看情况交叉分析图（**2014 年**）

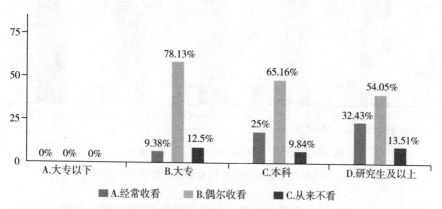

图 18　文化水平与证券类电视节目收看情况交叉分析图（**2018 年**）

如图所示,2014 年和 2018 年的两次调查结果均显示,证券类电视节目的受众选择"经常收看"的占比随文化程度的增加呈现出递增的趋势。相对地,选择"偶尔收看"的占比随文化程度的增加呈现出递减的趋势。

（四）职业因素

职业因素对证券类电视节目收看情况的影响无太大变化,2018 年仍是受众的职位越高或从事的职业收入越高,则关注度越高。

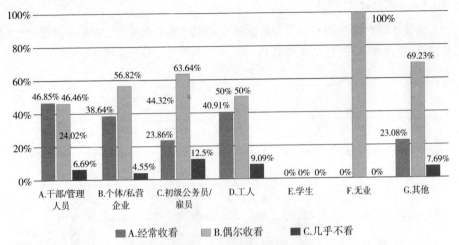

图 19　职业因素与证券类电视节目收看情况交叉分析图（2014 年）

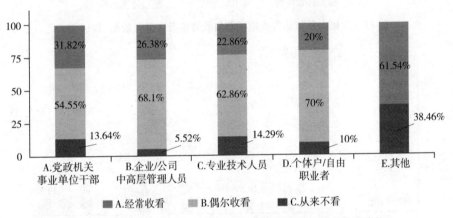

图 20　职业因素与证券类电视节目收看情况交叉分析图（2018 年）

如图所示,根据 2014 年调查结果,选择"经常收看"证券类电视节目的受众占比由高到低依次是:干部/管理人员（46.85%）、工人（40.91%）、个体/私营企业（38.64%）、初级公务员/雇员（23.86%）、其他（23.08%）。选择"偶尔收看"和"几乎不看"的受众占比由高到低依次是:无业、其他、初级公务员/雇员、工人、个体/私营企业、干部/管理人员。

可见,工作越不稳定,"偶尔收看"和"几乎不看"证券类电视节目的受众越多。

根据 2018 年调查结果,选择"经常收看"证券类电视节目的受众占比由高到低依次是:党政机关事业单位干部（31.82%）、企业/公司中高层管理人员

（26.38%）、专业技术人员（22.86%）、个体户/自由职业者（20%）。选择"偶尔收看"的受众占比由高到低依次是：个体户/自由职业者、企业/公司中高层管理人员、专业技术人员、其他、党政机关事业单位干部。选择"从来不看"的受众占比由高到低依次是：其他、专业技术人员、党政机关事业单位干部、个体户/自由职业者、企业/公司中高层管理人员。

　　虽然两次调查中问卷设计时关于职业的具体分类名称不尽相同，但无论是2014年还是2018年，仍然可以得出同样的结论，即：高职位或收入越高的职业选择"经常收看"证券类电视节目的人群占比越高；而工作越不稳定，"偶尔收看"的受众越多。

　　（五）受众收看证券类电视节目的渠道对比分析

　　电视机仍是最主要收看渠道。

表 24　受众收看证券类电视节目的渠道统计（2014 年）

选项	小计	比例
A. 电视机	334	71.67%
B. 电脑	121	25.97%
C. 手机	8	1.72%
D. 其他	3	0.64%
本题有效填写人次	466	

表 25　受众收看证券类电视节目的渠道统计（2018 年）

选项	平均综合得分
A. 电视机	3.21
C. 手机	2.33
B. 电脑	2.15
D. 其他	0.28

　　如表所示，2014年受众收看证券类电视节目的主要渠道依次为：电视机、电脑、手机、其他。而2018年受众收看证券类电视节目的主要渠道依次为：电视机、手机、电脑、其他。

　　两次调查结果显示受众收看证券类电视节目的主要渠道变化情况与受众收

看财经谈话类节目的主要渠道变化情况保持一致,即"电视机"仍然是证券类电视节目受众的主要收看渠道,并且2018年手机超过电脑成为大多数受众的第二选择。

（六）受众不收看证券类电视节目的原因对比分析

2018年"对内容不感兴趣"成为最主要因素。

表26 影响受众不收看证券类电视节目的因素（2014年）

选项	小计	比例
B. 嘉宾分析不到位,缺乏指导意义	265	56.87%
A. 对内容不感兴趣	162	34.76%
F. 太专业、看不懂	147	31.55%
C. 嘉宾缺乏权威性	141	30.26%
E. 不喜欢嘉宾的风格	87	18.67%
D. 主持人不专业	86	18.45%
其他	79	16.95%
本题有效填写人次	466	

表27 受众不收看证券类电视节目的原因统计（2018年）

选项	平均综合得分
B. 对内容不感兴趣	6.03
D. 分析不到位,缺乏指导意义	3.76
C. 内容针对性、贴近性不强	3.48
A. 嘉宾缺乏权威性	2.12
F. 不喜欢嘉宾的风格	1.55
G. 其他	1.52
E. 主持人不专业	1.24

如表所示,2014年调查结果显示,受众几乎不收看证券类电视节目的主要原因依次为:嘉宾分析不到位,缺乏指导意义;对内容不感兴趣;太专业、看不懂;嘉宾缺乏权威性;不喜欢嘉宾的风格;主持人不专业;其他。

　　而根据2018年调查结果,受众从不收看证券类电视节目的主要原因依次为:对内容不感兴趣;分析不到位,缺乏指导意义;内容针对性、贴近性不强;嘉宾缺乏权威性;不喜欢嘉宾的风格;其他;主持人不专业。

　　2014年"嘉宾分析不到位,缺乏指导意义"是受众不收看证券类电视节目的最主要原因,2018年"对内容不感兴趣"则成为最主要因素。因此,证券类电视节目应当更多地从受众角度考虑,提供受众真正关心和感兴趣的内容。

　　此外,尽管两次调查结果显示影响受众不收看证券类电视节目的因素排序有所变化,但总体来看我们仍可以得出这样的结论:节目本身的实际指导意义、节目内容的专业性和大众性是影响观众收看证券类电视节目的主要因素,而证券类电视节目主持人并不是受众不选择收看的重要因素。

附录14　2017—2018 年《对话》栏目选题表

序号	时间	节目名称	话题类型
		2017 年《对话》栏目选题表	
1	2017.01.01	人工智能:挑战 2017	前瞻性
2	2017.01.08	汽车的消费新逻辑	前瞻性
3	2017.01.15	一只马桶引发的产业革命	前瞻性
4	2017.01.22	对话达沃斯:全球复苏的中国角色	前瞻性/系列性
5	2017.02.05	海外并购的资本逻辑	前瞻性
6	2017.02.12	中国港出海	系列性
7	2017.02.19	中国港出海	系列性
8	2017.02.26	神奇农业在哪里	前瞻性
9	2017.03.05	"为中国实业代言"启动仪式	系列性
10	2017.03.12	打造中国制造的黄金名片	系列性/前瞻性
11	2017.03.19	中国钢铁是怎样炼成的	系列性
12	2017.03.26	2017:全球经济大趋势	前瞻性
13	2017.04.02	未来商业的 N 种可能	前瞻性
14	2017.04.09	为中国实业代言——创新的力量	系列性
15	2017.04.16	为中国实业代言——打造中国"心"	系列性
16	2017.04.23	为中国实业代言——寻找实业之"心"	系列性
17	2017.04.30	为中国实业代言——锻造中国工业脊梁	系列性
18	2017.05.07	实业的名义:中国实业振兴峰会	系列性/前瞻性
19	2017.05.13	中国品牌日特别节目:品牌的力量	系列性/前瞻性
20	2017.05.14	"一带一路"上的中国经济·通道	系列性/前瞻性
21	2017.05.21	"一带一路"上的中国经济·出海	系列性/前瞻性
22	2017.05.28	打造世界名片	系列性/前瞻性
23	2017.06.04	大数据时代的制造业新生态	前瞻性
24	2017.06.11	新能源的最后一公里	前瞻性
25	2017.06.18	精准扶贫驻村调研一月间	系列性

续表

序号	时间	节目名称	话题类型
		2017 年《对话》栏目选题表	
26	2017.06.25	共享单车　挑战宿命	前瞻性
27	2017.07.02	推动全球化与包容性增长	前瞻性
28	2017.07.09	中美贸易新航程	前瞻性
29	2017.07.16	中医药发展的"中国办法"	前瞻性
30	2017.07.23	好剧是如何炼成的	系列性
31	2017.07.30	当外国人遇到中国创新	前瞻性
32	2017.08.06	精准扶贫驻村调研一月间	系列性
33	2017.08.13	新变局下的改革一代	前瞻性
34	2017.08.20	中国航母走向深海	前瞻性
35	2017.08.27	寻找绿色生产力	前瞻性
36	2017.09.03	与世界对话的中国制造	前瞻性/系列性
37	2017.09.10	我是总师(上集)	系列性/前瞻性
38	2017.09.17	我是总师(下集)	系列性/前瞻性
39	2017.09.24	金砖合作又十年	前瞻性/系列性
40	2017.09.24	中国制造 2025 吉林论坛——智能制造与精益管理	前瞻性/系列性
41	2017.10.01	《辉煌中国》背后的力量	系列性
42	2017.10.08	音乐第一课	系列性/前瞻性
43	2017.10.15	行政体制改革浙江样本	系列性
44	2017.10.22	国企的改革算法(上)	系列性/前瞻性
45	2017.10.29	国企的改革算法(下)	系列性/前瞻性
46	2017.11.05	养老制造业之问	前瞻性/系列性
47	2017.11.12	企业家精神是怎样炼成的:筑造"水泥梦"	系列性
48	2017.11.19	企业家精神是怎样炼成的:打造中国"芯"	系列性
49	2017.11.26	超级工程背后的工匠们	系列性
50	2017.12.03	实体经济发展中的金融力量	前瞻性
51	2017.12.10	出行的未来	前瞻性
52	2017.12.17	中国制造新时代	前瞻性/系列性
53	2017.12.24	对外开放新格局	前瞻性

续表

序号	时间	节目名称	话题类型
		2018 年《对话》栏目选题表	
1	2018.01.07	触摸硅谷　第一集　万物感知	前瞻性、系列性
2	2018.01.14	触摸硅谷　第一集　机器大脑	前瞻性、系列性
3	2018.01.21	触摸硅谷　第一集　生存革命	前瞻性、系列性
4	2018.01.28	直击达沃斯　新时代的中国机遇	前瞻性
5	2018.02.04	索菲亚:机器还是人?	前瞻性
6	2018.02.11	游戏产业:向"野蛮生长"说不	前瞻性
7	2018.02.25	我是总师——导弹总师	系列性
8	2018.03.04	我是总师——风云卫星总师	系列性
9	2018.03.11	美好生活大调查	前瞻性
10	2018.03.18	我是总师——反隐身雷达总师	系列性
11	2018.03.25	科学又春天	前瞻性
12	2018.04.01	新时代:企业的传承与变革	前瞻性
13	2018.04.08	我是总师——天舟一号总师	系列性
14	2018.04.15	提问中国城镇化	前瞻性
15	2018.04.22	全球化时代的企业竞争力	前瞻性
16	2018.04.29	中国汽车的责任与担当	前瞻性
17	2018.05.06	中国动漫的大航海时代	前瞻性
18	2018.05.13	打造商业正能量	前瞻性
19	2018.05.20	解锁智能时代	前瞻性
20	2018.05.27	"独角兽"是怎么养成的?	前瞻性
21	2018.06.03	把脉区块链	前瞻性
22	2018.06.10	科学精神的"中国范儿"	前瞻性
23	2018.06.17	海归中国梦	前瞻性、系列性
24	2018.06.24	造车新势力	前瞻性
25	2018.07.01	汽车工业中国路	前瞻性
26	2018.07.15	索菲亚:机器还是人?	前瞻性
27	2018.07.22	感知中国经济 2018	前瞻性

续表

		2018 年《对话》栏目选题表	
序号	时间	节目名称	话题类型
28	2018.07.29	能源新通路	前瞻性
29	2018.08.05	十年高铁	前瞻性
30	2018.08.12	文化旅游的中国时刻	前瞻性
31	2018.08.19	军民融合如何"融"？	前瞻性
32	2018.08.26	大漠深处的"绿色传奇"	前瞻性
33	2018.09.02	大学教育,为什么？	前瞻性
34	2018.09.09	"一带一路"上的中国方案 东非新颜	前瞻性、系列性
35	2018.09.16	华商"中国梦"	前瞻性、系列性
36	2018.09.23	改革开放四十年:开放与融合	前瞻性
37	2018.09.30	在故宫读懂博物馆	前瞻性
38	2018.10.07	"一带一路"上的中国方案:东非新颜	前瞻性、系列性
39	2018.10.14	"一带一路"上的中国方案:古港重生	前瞻性、系列性
40	2018.10.21	"一带一路"上的中国方案:未来之城	前瞻性、系列性
41	2018.10.28	圆梦港珠澳	前瞻性
42	2018.11.04	民企来信	前瞻性
43	2018.11.10	开放中国的进口角色	前瞻性
44	2018.11.18	亚太合作中的新能源机遇	前瞻性
45	2018.11.25	破局养老制造业	前瞻性
46	2018.12.02	海尔实验室	前瞻性
47	2018.12.09	四十年 金融的力量与责任	前瞻性
48	2018.12.16	改革再出发 实业新征程	前瞻性
49	2018.12.23	工业的力量	前瞻性
50	2018.12.30	青山变金山	前瞻性

节目选题来自《对话》节目官网:http://tv.cctv.com/lm/duihua/,统计如下:
2017 年《对话》栏目总共有 53 期节目。
单纯的前瞻性话题的节目总共有 20 期。
单纯的系列性话题的节目总共有 16 期。

前瞻性＋系列性话题的节目总共有 17 期。

前瞻性/前瞻性＋系列性话题的节目总共有 37 期。

系列性/前瞻性＋系列性话题的节目总共有 33 期。

2018 年《对话》栏目总共有 50 期节目。

单纯的前瞻性话题的节目总共有 37 期。

单纯的系列性话题的节目总共有 4 期。

前瞻性＋系列性话题的节目总共有 9 期。

前瞻性/前瞻性＋系列性话题的节目总共有 46 期。

系列性/前瞻性＋系列性话题的节目总共有 13 期。

综上:

2017—2018 年《对话》栏目总共有 103 期节目。

单纯的前瞻性话题的节目总共有 57 期,占比 55%。

单纯的系列性话题的节目总共有 20 期,占比 20%。

前瞻性＋系列性话题的节目总共有 26 期,占比 25%。

前瞻性/前瞻性＋系列性话题的节目总共有 83 期,占比 81%。

系列性/前瞻性＋系列性话题的节目总共有 46 期,占比 45%。

附录15　2017—2018 年《头脑风暴》节目选题表

序号	时间	节目名称	话题类型
1	2017.01.03	2017 年牛市卷土重来？	前瞻性
2	2017.01.09	朋友圈：能否刷出商业新生态？	前瞻性
3	2017.01.14	共享单车：如何骑出新方向？	前瞻性
4	2017.01.23	乡愁经济能否拓出新天地？	前瞻性
5	2017.02.11	布局 2017 之人生布局	前瞻性、系列性
6	2017.02.18	布局 2017——企业布局	前瞻性、系列性
7	2017.02.26	布局 2017——未来布局	前瞻性、系列性
8	2017.03.04	中华美味　谁说了算	前瞻性
9	2017.03.11	布局 2017 之商业布局	前瞻性、系列性
10	2017.01.15	我们需要怎样的大数据？	前瞻性
11	2017.03.18	诗词热，是真火还是虚火	当下热点
12	2017.03.25	颜值经济火了谁？	当下热点
13	2017.04.08	知识经济：能否迎来付费曙光？	前瞻性
14	2017.04.15	基因产业：泡沫里的金矿？	前瞻性
15	2017.04.22	大国新工匠，如何练就？	当下热点
16	2017.04.29	拷问艺人精神	当下热点
17	2017.05.07	收入多少最幸福？	当下热点
18	2017.05.20	我们为什么需要《诗书中华》？	当下热点
19	2017.05.27	一带一路：浦东启航	系列性
20	2017.06.04	大国重器：浦东铸就	系列性
21	2017.06.10	创投风向：浦东引领	系列性
22	2017.06.17	收入多少最幸福？	当下热点
23	2017.06.24	寻找品质香港的未来	前瞻性、系列性

续表

序号	时间	节目名称	话题类型
24	2017.07.01	见证香港金融大时代	前瞻性、系列性
25	2017.07.09	香港电影如何续写传奇	前瞻性、系列性
26	2017.07.15	探寻香港创意的未来	前瞻性、系列性
27	2017.07.22	95后来了,如何激荡年轻的职场?	系列性
28	2017.07.29	95后来了:如何练就创业达人?	系列性
29	2017.08.05	95后,该如何抓住你的品位?	系列性
30	2017.08.12	一带一路:浦东启航	前瞻性、系列性
31	2017.08.20	大国重器:浦东铸就	前瞻性、系列性
32	2017.08.26	创投风向:浦东引领	前瞻性、系列性
33	2017.09.02	寻找品质香港的未来	前瞻性、系列性
34	2017.09.09	收入多少最幸福?	前瞻性、系列性
35	2017.09.16	95后来了:年轻的战场,如何激荡	前瞻性、系列性
36	2017.09.23	95后来了,如何引领消费新潮流?	前瞻性、系列性
37	2017.10.28	未来去不去养老院?	前瞻性、系列性
38	2017.11.04	我们真的需要共享经济吗?	当下热点
39	2017.11.11	人工智能:拥抱还是警惕	前瞻性
40	2017.11.18	好马吃不吃回头草?	当下热点
41	2017.12.09	未来去不去养老院?	前瞻性、系列性
42	2017.12.17	数字的力量系列——我们的幸福指数有多高?	系列性
43	2017.12.19	数字的力量系列——我们的幸福指数有多高?	系列性
44	2017.12.23	数字的力量系列——中国企业如何做强	系列性
45	2018.01.08	城市如何让未来更美好	前瞻性
46	2018.01.15	一带一路　新机遇有多少?	前瞻性
47	2018.02.05	租不租? 2018地产新业态	前瞻性
48	2018.02.26	谁能逆袭中年危机?	系列性
49	2018.02.28	谁能逆袭中年危机?	系列性

续表

序号	时间	节目名称	话题类型
50	2018.03.11	数字的力量系列——我们的幸福指数有多高?	系列性
51	2018.03.18	区块链之问	系列性
52	2018.03.19	区块链之问	系列性
53	2018.03.26	新零售:谁能决胜下半场	前瞻性
54	2018.04.02	老品牌　新物种　老上海　新姿态	前瞻性
55	2018.04.10	谁来引领中国 AI?	前瞻性
56	2018.04.23	浦东:对标新发展	系列性
57	2018.05.02	浦东:开发新高地	系列性
58	2018.05.08	新能源汽车:能开多远?	前瞻性
59	2018.05.22	减税养老　如何实现?	前瞻性
60	2018.05.28	新疆域:小而美还是大而全?	前瞻性、系列性
61	2018.06.04	新资本:上市是不是最终归宿?	前瞻性
62	2018.06.17	新疆域:做大而全还是小而美?	前瞻性、系列性
63	2018.06.24	新巨头:谁能超越 BAT?	前瞻性、系列性
64	2018.06.25	新巨头:谁能超越 BAT?	前瞻性、系列性
65	2018.07.02	5G 时代多少梦想可以实现?	前瞻性
66	2018.07.09	颜值经济:能有多美?	前瞻性
67	2018.07.16	"决战"世界杯,谁是赢家?	前瞻性
68	2018.07.23	新青年:谁是真偶像?	系列性
69	2018.07.30	宝贝经济:"真金"何在?	前瞻性
70	2018.08.05	区块链之问	系列性
71	2018.08.06	区块链之问	系列性
72	2018.09.03	新青年:谁是真偶像?	系列性
73	2018.09.10	实体书店:未来会怎样?	前瞻性
74	2018.09.17	上市潮:能否成就伟大企业?	前瞻性、系列性
75	2018.09.23	上市潮:能否成就伟大企业?	前瞻性、系列性

序号	时间	节目名称	话题类型
76	2018.10.08	我们的时间都去哪儿了？	当下热点
77	2018.10.24	继任"攻略"：守成还是颠覆？	前瞻性
78	2018.10.29	全球商业如何布局？	前瞻性
79	2018.11.06	中国消费：全球红利如何共享？	当下热点
80	2018.11.16	宝贝经济："真金"何在？	前瞻性
81	2018.11.19	寻梦想 进博会因开放而绽放	当下热点
82	2018.11.19	AI时代 数据安全谁来捍卫？	前瞻性
83	2018.12.03	致初心：创业情怀如何坚守？	当下热点、系列性
84	2018.12.10	问底线：商业伦理如何遵循？	当下热点、系列性
85	2018.12.16	谋责任：企业价值如何践行？	前瞻性、系列性
86	2018.12.30	服务业："年终考卷"得几分？	当下热点

选题来源：第一财经网站：https://www.yicai.com/video/tounaofengbao/

《头脑风暴》节目选题中：

1.单纯"前瞻性"选题的数量为 27 个,约占总体选题的 31.4%。

2.单纯"系列性"选题的数量为 20 个,约占总体选题的 23.3%。

3."前瞻性、系列性"选题的数量为 24 个,约占总体选题的 27.9%。

4."前瞻性 + 前瞻性、系列性"选题的数量为 51 个,约占总体选题的 59.3%。

5."系列性 + 前瞻性、系列性"选题的数量为 44 个,约占总体选题的 51.2%。

后 记

　　本书是我从一位电视媒体从业者转为教学科研工作者之后,给予自己新职业的一份礼物。因此,整个研究过程都带着将学术研究神圣化的无形压力。最初,这是原国家新闻出版广电总局的一个社科项目,研究的落脚点是电视经济节目的"现状与对策"。始料未及的是,刚刚写完结项报告,一些最重要的"现状"就成了历史,比如第一财经结束了与宁夏卫视的合作。这种骤变一度将自己推入巨大的虚空中,颠覆了以往我对电视媒体的认识。之前我一直认为,电视媒体是一种只有现在、没有历史的存在,因为它永远指向当下。当遭遇到你以为已经把握住的当下突然间不复存在,而你还要将这不复存在的当下用文字锁定在书中时,才真切地感受到,正如人不可能两次踏入同一条河流,电视这种大众传媒其实永远处于一种只有历史没有现在的状态。激变的时代,一次性即过的传播形式,决定了无论研究者多么迅疾地站在潮头,你正在关注的某一正在进行中的电视节目或者传播现象,因生存问题或者其他外在的原因,随时都有可能突然在屏幕上消逝成为过往,而你给出的对策针对的却是它还在运行时的状态,这无疑是一种莫大的讽刺,正所谓皮之不存,毛将焉附。电视媒体不像文学艺术,文学艺术作品一旦推出,就成了恒定不变的文本,研究者面对的是固定对象;电视节目作为一种连续、流动的周期性文本和典型的媒介产品,"变"是它存在的基本状态,所以,唯有将"变"作为研究对象,才有可能真正把握电视节目的本质。尤其是电视经济节目,因题材的特殊性,很难和一般大众化的节目在同一情境下竞争,但其开路免费的频道状况,又迫使它不得不和其他类型的节目争夺受众。这就决定了深陷大众化和专业化困局中的电视经济节目,更需要不断地调整自己的生存策略,因此变数更大。而对"变"的过程的关注,其实就是典型的历史研究。于是,在这次成书时,我将最初的现状研究延展成了这里的历史透视。希望能在"过去的记录里"发现"未来的风色"。

　　此次研究过程中面对的最大困难是,电视经济节目的生存处境过于复杂,节目类型格外庞杂,就像冲出河道的河水,呈弥漫性状态。由于要和其他大众化的节目类型争夺受众,电视经济节目始终在向娱乐节目场借力探索,因此催生了大量生命周期短暂、历史局限明显的非典型性经济节目,如1996年出现的《欢乐家庭》《幸运52》等。而历史研究既不能忽略这些节目的存在,又不能将其作为真正意义上的经济节目来看待,这就需要找到一个二者兼顾的视点。本书最终选择以隐含在这些节目背后、推动电视经济节目发展的深层动机和基本认识为依据。换句话说,这类节目虽然是经济节目发展史上不可忽视的存在,但其真正的价值并非来自这些节目自身,而在于将这些节目引入电视经济节目的传播理念。这样,就促使本书从文本研究出发,但又不耽于具体的文本,而是着重于类型和传播理念研究,从类型和观念变化中,发现经济节目的发展规律。这种研究思路,使本书在从近四十年来的大量电视经济节目中选择研究案例时,可以不必拘泥于这些案例是否还存在于当下,而主要考虑它们对电视经济节目的发展是否真正发挥过推动作用。这种研究思路的优点是易于揭示经济节目的本质,弊端则是案例研究相对较少,这既是本研究的一个缺憾,也是下一阶段研究的动力和方向。

感谢研究过程中罗昶、蔡海龙两位年轻同仁的鼎力帮助,两位老师于盛夏酷暑中带领学生完成了第一财经和浙江经视的访谈;感谢胡楠、霍丽姗、杨泽、李怡、尹斯等同学在研究生阶段为这项研究付出的辛勤劳动,更怀念那些有你们陪伴的日子,你们的参与使这项研究于我有了更丰富的意义。

感谢我所在的北京工商大学为本书的出版给予的至关重要的资助(ZZCB2020-01),这份难得的肯定将督促我继续前行。

更要感谢出版社的林薇女士,她不仅以资深编辑特有的敏锐和通透为本书提出了诸多令人折服的修改建议,同时又在本书出版过程中给予了令我感动的督促与信任。

所有的人、事、物,在生存与发展过程中,都会遭遇各种各样的围困,一部行进史,就是一部突出重围的历史。电视经济节目的发展如此,本书的写作过程也是如此,人生大抵更是如此。

董华峰

2020年秋